中学教科書ワーク　学習カー

ポケットスタデ

Pocket Study

対義語

国 語 1 年

JN096319

対義語は？

1

意味　広く全体にいきわたっていること。

例文　一般の読者の意見を集めて，発表する。

対義語は？

☆☆☆

往　路
〈おうろ〉

2

意味　行きに通る道。

例文　往路は上り坂が続いた。

対義語は？

☆☆

革　新
〈かくしん〉

3

意味　古いやり方を改め新しくすること。

例文　通信技術の革新が進んでいる。

対義語は？

☆☆☆

拡　大
〈かくだい〉

4

意味　より大きく広げること。

例文　写真を拡大する。

対義語は？

☆☆

既　知
〈きち〉

5

意味　既《すで》に知っていること。

例文　既知の生物には当てはまらない。

対義語は？

☆☆☆

許　可
〈きょか〉

6

意味　願いを聞き入れて，許すこと。

例文　体育館を使用する許可が下りる。

対義語は？

☆☆☆

偶　然
〈ぐうぜん〉

7

意味　たまたま起こること。

例文　ばったり会うなんて，偶然だね。

対義語は？

☆☆☆

具　体
〈ぐたい〉

8

意味　目に見える形をもっていること。

例文　具体的に希望を述べる。

対義語は？

☆☆☆

形　式
〈けいしき〉

9

意味　決まったしかた。見かけ。

例文　同じ形式で書類を作成する。

対義語は？

☆☆☆

決　定
〈けってい〉

10

意味　はっきりと決まること。

例文　今年の目標が決定する。

対義語は？

☆☆☆

原　因
〈げんいん〉

11

意味　物事が生じるもとになるもの。

例文　失敗した原因は，無理をしすぎたからだ。

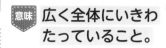

対義語は？

☆☆☆

特　殊

〈とくしゅ〉

意味 **普通《ふつう》とは違《ちが》っていること。**

ポイント

「特殊」の類義語は「特別」。

対義語は？

☆☆

保　守

〈ほしゅ〉

意味 **今までのやり方を守ること。**

ポイント

「革新」の「革」は,「改める」という意味を表す。

対義語は？

☆☆☆

未　知

〈みち〉

意味 **まだ知らないこと。**

ポイント

「既《き》」は「すでに起きていること」,「未」は「まだ～ない」という意味。

対義語は？

☆☆☆

必　然

〈ひつぜん〉

意味 **必ずそうなること。**

ポイント

「偶然《ぐうぜん》」の「偶」は「たまたま」の意味,「必然」の「必」は「かならず」の意味。

対義語は？

☆☆☆

内　容

〈ないよう〉

意味 **言葉などで表されたもの。中身。**

ポイント

「形式的」で，中身がなくうわべだけという意味を表すときの対義語は「実質的」。

対義語は？

☆☆☆

結　果

〈けっか〉

意味 **あることから生じた事柄《ことがら》。**

ポイント

「物事の原因と結果」という意味を一語で表したのが,「因果」。

使い方

- ミシン目で切り取り，穴をあけてリングなどを通して使いましょう。
- カード１枚で１組の対義語が覚えられます。それぞれが反対の面の答えです。

対義語は？

☆☆☆

復　路

〈ふくろ〉

意味 **帰り道。**

ポイント

「往復」は，反対の意味の字を組み合わせた熟語。「行って帰ること」という意味。

対義語は？

☆☆☆

縮　小

〈しゅくしょう〉

意味 **より小さく縮めること。**

ポイント

「拡大」の類義語は「拡張」。どちらも対義語は「縮小」になる。

対義語は？

☆☆☆

禁　止

〈きんし〉

意味 **やってはいけないと止めること。**

ポイント

「許可」は打ち消しの語を付けて「不許可」という対義語を作れる。

対義語は？

☆☆☆

抽　象

〈ちゅうしょう〉

意味 **共通項《こう》を抜《ぬ》き出してまとめること。**

ポイント

「具体的・抽象的」「具体化・抽象化」などと使われる。「具体」の類義語は「具象」。

対義語は？

☆☆☆

未　定

〈みてい〉

意味 **まだ決まらないこと。**

ポイント

「文化祭の日時は未定だ。」のように使う。「未定」の対義語には「既定《きてい》」もある。

対義語は？

☆☆

建設

〈けんせつ〉

意味 建物などを新たに作ること。

例文 大規模な橋の建設計画。

12

対義語は？

☆☆☆

権利

〈けんり〉

意味 決まりで認められた資格。

例文 意見を述べる権利がある。

13

対義語は？

☆☆☆

肯定

〈こうてい〉

意味 そのとおりであると認めること。

例文 事実関係を肯定する。

14

対義語は？

☆☆☆

質疑

〈しつぎ〉

意味 疑問点を尋《たず》ねること。

例文 最後に質疑の時間を設けます。

15

対義語は？

☆☆☆

集中

〈しゅうちゅう〉

意味 一つにまとめること。

例文 集中して夏休みの課題を進める。

16

対義語は？

☆☆

重視

〈じゅうし〉

意味 大切であると考えること。

例文 人柄《ひとがら》を重視して決める。

17

対義語は？

☆☆☆

収入

〈しゅうにゅう〉

意味 お金が入ること。

例文 毎月の収入を記録する。

18

対義語は？

☆☆☆

主観

〈しゅかん〉

意味 自分だけの見方・考え方。

例文 主観を入れずに検討する。

19

対義語は？

☆☆☆

守備

〈しゅび〉

意味 守ること。

例文 ゴール前の守備を固める。

20

対義語は？

☆☆☆

需要

〈じゅよう〉

意味 必要な物を求めること。

例文 果物の需要が増える。

21

対義語は？

☆☆

慎重

〈しんちょう〉

意味 注意深く，物事を行うこと。

例文 荷物を慎重に運ぶ。

22

対義語は？

☆☆☆

成功

〈せいこう〉

意味 物事がうまくいくこと。

例文 宇宙計画が成功する。

23

対義語は？

☆☆☆

義　務

〈ぎむ〉

意味 **決まりでしなければならないこと。**

ポイント

「勤労は国民の義務である。」のように使う。

対義語は？

☆☆

破　壊

〈はかい〉

意味 **壊《こわ》すこと。壊れること。**

ポイント

「建設的」(物事をよくしようと積極的に臨《のぞ》む)⟷「破壊的」(物事を打ち壊す)。

対義語は？

☆☆☆

応　答

〈おうとう〉

意味 **尋《たず》ねられたことに答えること。**

ポイント

「質疑」の類義語は「質問」。「質疑応答」という四字熟語で使うことも多い。

対義語は？

☆☆☆

否　定

〈ひてい〉

意味 **そうではないと打ち消すこと。**

ポイント

「肯《こう》」には「うなずく・聞き入れる」,「否」には「認めない」という意味がある。

対義語は？

☆☆

軽　視

〈けいし〉

意味 **大切ではないと軽く見ること。**

ポイント

対《つい》である「重」⟷「軽」を使った熟語は,「重度」⟷「軽度」,「重厚《じゅうこう》」⟷「軽薄《けいはく》」など。

対義語は？

☆☆☆

分　散

〈ぶんさん〉

意味 **分かれて散らばること。**

ポイント

「集中」を精神的なものに使う場合の対義語は「散漫《さんまん》」。

対義語は？

☆☆☆

客　観

〈きゃっかん〉

意味 **自分の考えを入れずに見ること。**

ポイント

「主客」とすると「主なものと付け足し」の意で,「主客《しゅかく》転倒《てんとう》」という四字熟語がある。

対義語は？

☆☆☆

支　出

〈ししゅつ〉

意味 **お金を支払《しはら》うこと。**

ポイント

「収」には「お金が入ること」,「支」には「支払うこと」という意味がある。

対義語は？

☆☆☆

供　給

〈きょうきゅう〉

意味 **必要な物を与《あた》えること。**

ポイント

経済用語の「需要《じゅよう》」は市場から物を買おうとすること,「供給」は市場に物を出して売ること。

対義語は？

☆☆☆

攻　撃

〈こうげき〉

意味 **攻《せ》めること。**

ポイント

「攻守《こうしゅ》」(攻めることと守ること）という熟語も覚えよう。

対義語は？

☆☆☆

失　敗

〈しっぱい〉

意味 **物事をやり損《そこ》なうこと。**

ポイント

ことわざ「失敗は成功のもと」は,「失敗から学ぶことが,後の成功につながる」意。

対義語は？

☆☆☆

軽　率

〈けいそつ〉

意味 **深く考えず，物事を行うこと。**

ポイント

「軽率」は,「軽卒」と書かないように注意する。

対義語は？

☆☆☆

生　産

〈せいさん〉

意味　生活に必要な物を作ること。

例文　町には，りんごを生産する農家が多い。

24

対義語は？

☆☆

精　密

〈せいみつ〉

意味　細かなところまで正確であること。

例文　精密な機械を組み立てる。

25

対義語は？

☆☆☆

積　極

〈せっきょく〉

意味　物事を自ら進んですること。

例文　体育祭の運営に積極的に関わった。

26

対義語は？

☆☆

前　進

〈ぜんしん〉

意味　前に進むこと。

例文　作品の完成に向けて，一歩前進する。

27

対義語は？

☆☆☆

全　体

〈ぜんたい〉

意味　ある事柄《ことがら》の全て。

例文　学校全体で，美化運動に取り組む。

28

対義語は？

☆☆☆

増　加

〈ぞうか〉

意味　増えること。

例文　市の人口は年々増加している。

29

対義語は？

☆☆☆

総　合

〈そうごう〉

意味　多くのものを一つにまとめること。

例文　みんなの考えを総合して発表する。

30

対義語は？

☆☆

創　造

〈そうぞう〉

意味　新しいものを初めて作り出すこと。

例文　新たな舞《ぶ》台《たい》を創造する。

31

対義語は？

☆☆☆

相　対

〈そうたい〉

意味　他のものとの関係で成り立つこと。

例文　相対的に女性の人数が多い。

32

対義語は？

☆☆☆

単　純

〈たんじゅん〉

意味　込《こ》み入っていないこと。

例文　単純な発想だが，着眼点がおもしろい。

33

対義語は？

☆☆☆

長　所

〈ちょうしょ〉

意味　優《すぐ》れているところ。

例文　彼《かれ》の長所はおおらかなところだ。

34

対義語は？

☆☆☆

直　接

〈ちょくせつ〉

意味　間に何も入れないこと。

例文　会場へ直接連絡《れんらく》してください。

35

対義語は？

☆☆

粗雑

〈そざつ〉

意味 荒《あら》っぽくていいかげんなこと。

ポイント 「粗《そ》」「雑《ざつ》」は，どちらも「雑で，丁寧《ていねい》でない様子」を表す。

対義語は？

☆☆

後退

〈こうたい〉

意味 後ろへ下がること。

ポイント 「前」⟷「後」，「進」⟷「退」と，それぞれの漢字も対《つい》の関係になっている。

対義語は？

☆☆☆

減少

〈げんしょう〉

意味 減ること。

ポイント 「増えることと減ること」を一語で示すのが「増減」。

対義語は？

☆☆☆

模倣

〈もほう〉

意味 まねること。似せること。

ポイント 「先生のお手本を模倣して書道の練習をした。」のように使う。

対義語は？

☆☆☆

複雑

〈ふくざつ〉

意味 込《こ》み入っていること。

ポイント 「単純」の類義語の「簡単」も「複雑」の対義語である。

対義語は？

☆☆☆

間接

〈かんせつ〉

意味 間に別のものを入れること。

ポイント 「彼《かれ》を間接的に知っている。」とは，他の人から彼のことを聞いて知っている，の意。

対義語は？

☆☆☆

消費

〈しょうひ〉

意味 物などを使ってなくすこと。

ポイント 「生産者」⟷「消費者」という使い方もある。

対義語は？

☆☆☆

消極

〈しょうきょく〉

意味 物事を自ら進んでしないこと。

ポイント 「積極的・消極的」，「積極性・消極性」などと使う。「積極的」の類義語は「意欲的」。

対義語は？

☆☆☆

部分

〈ぶぶん〉

意味 幾《いく》つかに分けたうちの一つ。

ポイント 「全体」には「全部」「全面」，また「部分」には「一部」の類義語がある。

対義語は？

☆☆☆

分析

〈ぶんせき〉

意味 細かく分けて調べること。

ポイント 「分析」の「析」には，「細かく分ける」という意味がある。

対義語は？

☆☆☆

絶対

〈ぜったい〉

意味 他に比べるものがないこと。

ポイント 接尾《せつび》語「的」（～の性質をもつ）を付けて，「相対的」⟷「絶対的」のように使われる。

対義語は？

☆☆☆

短所

〈たんしょ〉

意味 劣《おと》っているところ。

ポイント 「長所」＝「美点」⟷「短所」＝「欠点」。

対義語は？

☆☆☆

鈍感

〈どんかん〉

意味 感じ方が鈍《にぶ》いこと。

例文 弟は痛みに<u>鈍感</u>だ。

36

対義語は？

☆☆☆

能動

〈のうどう〉

意味 自分から働きかけること。

例文 何事にも<u>能動</u>的に挑戦《ちょうせん》したい。

37

対義語は？

☆☆

平凡

〈へいぼん〉

意味 ありふれていること。

例文 <u>平凡</u>な仕上がりの曲だった。

38

対義語は？

☆☆☆

便利

〈べんり〉

意味 役に立って，都合がよいこと。

例文 この道具は，とても<u>便利</u>だね。

39

対義語は？

☆☆

有名

〈ゆうめい〉

意味 世間によく知られていること。

例文 祖父は剣道《けんどう》の達人として<u>有名</u>だ。

40

対義語は？

☆☆☆

有利

〈ゆうり〉

意味 都合がよいこと。得なこと。

例文 人数の多いチームが<u>有利</u>だ。

41

対義語は？

☆☆☆

容易

〈ようい〉

意味 たやすいこと。易しいこと。

例文 工夫《くふう》して持ち運びが<u>容易</u>な形状にした。

42

対義語は？

☆☆☆

楽観

〈らっかん〉

意味 物事は全てうまくいくと思うこと。

例文 試験前は，必ず合格すると<u>楽観</u>的な気持ちでいた。

43

対義語は？

☆☆☆

利益

〈りえき〉

意味 もうけ。役に立つこと。

例文 バザーの<u>利益</u>は全額寄付した。

44

対義語は？

☆☆☆

理性

〈りせい〉

意味 冷静に，筋道立てて判断する能力。

例文 <u>理性</u>に従って行動する。

45

対義語は？

☆☆☆

理想

〈りそう〉

意味 考えられる限り最も望ましい状態。

例文 <u>理想</u>の部屋になるように，模様替《が》えした。

46

対義語は？

☆☆☆

冷静

〈れいせい〉

意味 気持ちが落ち着いている様子。

例文 <u>冷静</u>に判断して，状況《じょうきょう》を捉《とら》える。

47

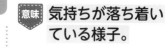

対義語は？

☆☆☆

受　動
〈じゅどう〉

意味　他からの働きかけを受けること。

ポイント
「受動的な態度の参加者が多い。」のように，「的」を付けて使うことが多い。

対義語は？

☆☆☆

不　便
〈ふべん〉

意味　便利でないこと。都合が悪いこと。

ポイント
「不」は，言葉の前に付けて「～ない」と打ち消す意味を表す。

対義語は？

☆☆☆

不　利
〈ふり〉

意味　都合が悪いこと。損をしそうなこと。

ポイント
「向かい風という不利な条件の中，懸命《けんめい》に走った。」のように使う。

対義語は？

☆☆☆

悲　観
〈ひかん〉

意味　物事がうまくいかないと失望すること。

ポイント
「楽観的」「悲観的」など，三字熟語でも使われる。

対義語は？

☆☆☆

感　情
〈かんじょう〉

意味　心の中に起こる気持ち。

ポイント
「感情」は，喜び・悲しみ・怒《いか》り・楽しさなどの心の動きを表す。「感情的」⟷「理性的」。

対義語は？

☆☆☆

興　奮
〈こうふん〉

意味　気持ちが高ぶること。

ポイント
「興」は盛《さか》んになる，「奮」は心をふるい起こす，という意味。

対義語は？

☆☆☆

敏　感
〈びんかん〉

意味　感じ方がすばやいこと。

ポイント
「鈍《どん》」は，「にぶい」のほか，「とがっていない」意もあり，対《つい》になる字は「鋭《えい》」。

対義語は？

☆☆☆

非　凡
〈ひぼん〉

意味　普通《ふつう》よりかなり優《すぐ》れていること。

ポイント
「非」は，言葉の前に付けて「～ではない」と打ち消す意味を表す。

対義語は？

☆☆☆

無　名
〈むめい〉

意味　名が知られていないこと。

ポイント
「無」は，言葉の前に付けて「ない」ことを表す。「有無《うむ》」のように「有（ある）」と対《つい》になる。

対義語は？

☆☆☆

困　難
〈こんなん〉

意味　とても難しいこと。

ポイント
「難しいことと易しいこと」を一語で表す熟語は「難易」。

対義語は？

☆☆☆

損　失
〈そんしつ〉

意味　損をすること。なくすこと。

ポイント
「損失と利益」は「損益」。「損」は「得」も対《つい》になる字で，「損得」また「損失」⟷「利得」がある。

対義語は？

☆☆☆

現　実
〈げんじつ〉

意味　いま目の前にあらわれている状態。

ポイント
「理想的」「現実的」など，三字熟語でも使われる。「現実的」は「現実に合う様子」。

もくじ 教育出版版 国語1年

ステージ3　ステージ2　ステージ1

【図版提供】教育出版　【写真提供】アフロ，ピクスタ　【イラスト】artbox

確認のワーク　ステージ1

ふしぎ

学習のねらい
●構成や表現に注目して、作者の思いを読み取ろう。
●作者の純粋《じゅんすい》な視点が捉《とら》えた、身のまわりのふしぎを読み取ろう。

解答 1ページ

教科書の要点

1 詩の種類 [　]から言葉を選び、書き入れなさい。

（①　　）で書かれ、各まとまりが、七音（八音）と五音の繰《く》り返しになっている。また、（②　　）連で構成されている。

[文語　口語　三　四]

2 表現方法と効果 （　）に漢数字を書き入れなさい。

●倒置《とうち》法…一文の中で語句の順序を逆にして、強調する方法。
→各連の（①　）行めと、（②　）・（③　）行めの言葉の順序。

●繰り返し…詩の中で同じ表現を繰り返し、リズムを生む方法。
→各連の（④　）行め。

●対句《ついく》法…対になる表現を並べてリズムを作り、印象を深める。
→各連どうしが対句的な表現になっている。

3 構成のまとめ （　）に教科書の言葉を書き入れなさい。　教 p.14〜15

連	ふしぎでたまらないこと
第一連	●（①　　）雲からふる雨が、（②　　）にひかっていること。
第二連	●（③　　）くわの葉をたべているかいこが、（④　　）なること。
第三連	●（⑤　　）いじらぬ夕顔が、（⑥　　）ぱらりと開くこと。
第四連	●わたしが（⑦　　）でたまらないことを、たれ（誰《だれ》）にきいてもわらってて、（⑧　　）だ、ということ。

おさえよう

主題 作者は、ありふれた身近なできごとや様子を、［ア 正確　イ 純粋《じゅんすい》］な目で見つめ、ほかの人が「あたりまえだ」といっていることを、何よりも［ア ふしぎだ　イ すてきだ］と感じている。

基本問題

★ 次の詩を読んで、問題に答えなさい。

教 p.14〜15

ふしぎ

金子《かねこ》 みすゞ（ず）

わたしはふしぎでたまらない、
黒い雲からふる雨が、
銀にひかっていることが。

わたしはふしぎでたまらない、
青いくわの葉たべている、
かいこが白くなることが。

わたしはふしぎでたまらない、
たれもいじらぬ夕顔が、
ひとりでぱらりと開くのが。

わたしはふしぎでたまらない、
たれにきいてもわらってて、
あたりまえだ、ということが。

1 この詩では、本来は「……がわたしはふしぎでたまらない」となるはずの言葉の順序が、入れ替《か》わっています。このような表現方法をなんといいますか。次から一つ選び、記号で答えなさい。

ア 倒置法《とうち》　イ 繰《く》り返し
ウ 対句法《ついく》　エ 擬人法《ぎじん》

（　　）

2 各連には、それぞれ何に関する「ふしぎ」が書かれていますか。次から選び、それぞれ記号で答えなさい。

ア 人間　イ 動物
ウ 気象　エ 植物

第一連…（　　）　第二連…（　　）
第三連…（　　）　第四連…（　　）

攻略！ 各連の話題を捉《とら》えよう。

3 記述 この詩の第四連で、「わたし」が「ふしぎ」だと思っているのはどんなことですか。

（　　）

4 よく出る この詩について説明したものとして適切でないものを次から一つ選び、記号で答えなさい。

ア 平易でわかりやすい表現で書かれている。
イ 声に出して読むと心地《ここち》よいリズムが感じられる。
ウ 自然の美しさを巧《たく》みな比喩《ひゆ》表現で表している。
エ ありふれたできごとを繊細《せんさい》な感性で見つめている。

（　　）

知識の泉 Q 「猿《さる》も木から落ちる」の意味は？

確認のワーク ステージ1 桜蝶《さくらちょう》

学習のねらい
- 描写《びょうしゃ》に注目して、構成や展開を捉《とら》えよう。
- 二つの文章を読み比べて、できごとの描《えが》かれ方を捉えよう。

解答 1ページ　予想問題 130ページ

言葉

1 語句の意味 意味を下から選んで、線で結びなさい。

❶ 一斉《いっせい》 ・　・ア 思いがけなくそのようになること。
❷ 偶然《ぐうぜん》 ・　・イ その人が置かれている立場や環境《かんきょう》。
❸ 気配 ・　・ウ 同時にそろって物事をすること。
❹ 境遇《きょうぐう》 ・　・エ そうらしいと感覚的に感じられる様子。

教科書の要点

1 できごと AとBの文章には同じできごとが描《えが》かれています。できごとが正しい順番になるように、番号を書きなさい。 教p.20〜23

(　) 倉橋《くらはし》君（「僕《ぼく》」）が白石《しらいし》さんに、桜蝶《さくらちょう》について話す。

(　) 南の空に、緑の靄《もや》が飛んできているのが見える。

(　) 桜蝶が一斉《いっせい》に宙へと飛び上がり、北に向かっていく。

(　) 白石さんが倉橋君（「僕」）に、「何やってるの？」と尋《たず》ねる。

(　) 倉橋君（「僕」）が、「今度は葉桜蝶が新しい季節を運んできてくれたみたいだね。」と言う。

(　) 白石さんが「春とはもう、お別れなんだね……。」と言う。

2 内容理解 Bの文章の「僕」の心情はどのように変化しましたか。(　)に教科書の言葉を書き入れなさい。 教p.22〜23

親の転勤でこの町に来た「僕」は、(①　)に自分の境遇《きょうぐう》を重ねて(②　)を分け合ってきた。だが、桜蝶の旅立ちが近づき、そんな日々もまもなく終わることを知る。

寂《さび》しさ・不安

↓

桜蝶が一斉に旅立つ。

白石さんが「春とはもう、お別れなんだね……。」と言う。

「僕」は親友の言葉を思い出す。

「――別れは(③　)なんかじゃない。(④　)なんだよ――。」

↓

「僕」は「今度は葉桜蝶が(⑤　)を運んできてくれたみたいだね。」と言う。

希望・期待

親友の言葉を思い出したことで、「僕」の気持ちは大きく変化したんだね。

知識の泉 A 名人もときには失敗する。 「河童《かっぱ》の川流れ」「弘法《こうぼう》(に)も筆の誤り」も同義。

3 構成のまとめ

（　）に教科書の言葉を書き入れなさい。教 p.20〜23

	桜蝶のこと	桜蝶の旅立ちを見る二人
場面	Aの文章 p.20初め〜p.21・① Bの文章 p.22初め〜p.22・⑭	Aの文章 p.21・②〜p.21終わり Bの文章 p.23・①〜p.23終わり
AとBの文章に描かれているできごと	■季節…春　■場所…公園の桜の木の前 白石さん「何やってるの？」 倉橋君（僕）「桜蝶の（①　　）を見守ってて。」 ●桜蝶とは？ 春が来ると南から北へ、桜の木に留まりながら旅をする。桜の（②　　）を告げる蝶。	●桜蝶が桜の木から一斉に飛び始め、（④　　）の方へ向かっていった。 白石さん「春とはもう、お別れなんだね……。」 倉橋君「そうだね。でも、ほら、見てみなよ。」 ●南の空に緑の靄が見えた。 倉橋君「桜蝶はいなくなってしまうけど、今度は（⑤　　）が新しい季節を運んできてくれたみたいだね。」
Aの文章	語り手　第三者 第三者の視点から場面の様子や登場人物の行動・様子を語っている。 ⋮「白石さんが尋ねると、倉橋君は振《ふ》り返ってこう言った。」	描かれ方 ▼桜蝶の旅立ちの様子が詳《くわ》しく描かれている。 ⋮地面に落ちることもなく、そのまま宙を飛び始めたのだ。 ⋮渦《うず》を巻きながら天高く昇《のぼ》っていく。 ▼目に映る光景によって揺《ゆ》れ動く登場人物の気持ちが描かれている。
Bの文章	語り手　「（③　　）」＝倉橋君 「僕」が、「僕」の視点から場面の様子や自分の心情を語っている。 ⋮「首をかしげる白石さんに、僕は桜蝶のことを教えてあげる。」 ⋮桜蝶に自分の境遇を重ね、孤独《こどく》を分け合ってきた。 寂しさ	描かれ方 ▼「僕」の気持ちの変化と、その変化をもたらしたできごととのつながりがわかるように描かれている。 ⋮「僕」は別れぎわの（⑥　　）の言葉を思い出す。「——別れは終わりなんかじゃない。始まりなんだよ——。」 ⋮葉桜蝶が新しい季節を運んできたと思えた。 希望・期待

おさえよう

主題　AとBの文章に描かれているできごとは同じだが、Aの文章では、できごとが〔ア 時間的な順序に従って　イ 現在から過去に遡《さかのぼ》って〕描かれている。それに対してBの文章では、現在→過去→現在の流れで語られており、過去のできごとが現在の「僕」の気持ちにもたらした〔ア 違和《いわ》感　イ 変化〕が描かれている。

知識の泉　Q ——線を漢字で書くと？　試ケン・ケン査・危ケン

実力判定テストA ステージ2

桜蝶《さくらちょう》

30分

自分の得点まで色をぬろう!
100点 合格! 80 もう一歩 60 がんばろう! 0
/100

解答 1ページ

★ 次の文章を読んで、問題に答えなさい。

教 p.20・③〜p.21・⑤/p.22・①〜23・②

A

「何やってるの?」

白石《しらいし》さんが尋《たず》ねると、倉橋《くらはし》君は振《ふ》り返ってこう言った。

「①桜蝶《さくらちょう》の旅立ちを見守ってて。」

そして、倉橋君はこんな話をし始めた。

「春が来ると南から北へ、桜の木に留まりながら旅をする蝶がいて。それが、桜蝶っていう蝶で。この蝶がやってくると桜が一斉《いっせい》に咲《さ》き始めるから、桜の開花を告げる蝶だとも言われててね。僕《ぼく》はここで偶然《ぐうぜん》見つけて毎日観察してたんだけど、そろそろ次の目的地に向かって飛び立つ気配を見せてるんだ。」

その時、倉橋君が「あっ。」と叫《さけ》んだ。それと同時に②信じられないことが起こった。目の前の桜の木から一斉に花びらが散ったかと思うと、地面に落ちることもなく、そのまま宙を飛び始めたのだ。よく見ると、それは花びらのような羽を持った淡《あわ》いピンクの蝶だった。

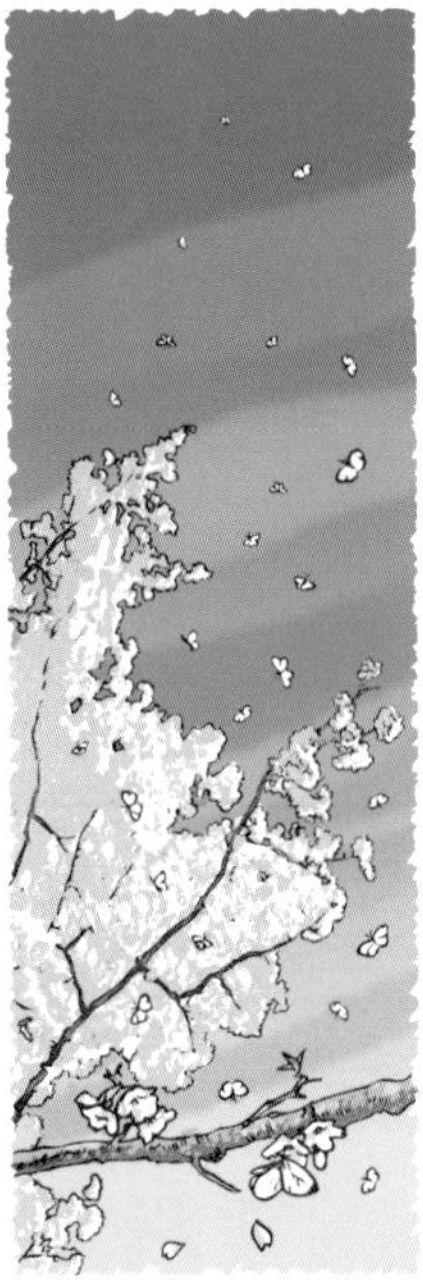

〈田丸《たまる》 雅智《まさとも》「桜蝶《さくらちょう》」による〉

B

「何やってるの?」

声をかけられ振り返ると、クラスメイトの白石さんが立っていた。

僕は言った。

「桜蝶の旅立ちを見守ってて。」

首をかしげる白石さんに、僕は桜蝶のことを教えてあげる。

僕が親の転勤でこの町にやってきたのは、春先のことだった。生まれ育った故郷を離《はな》れるのは寂《さび》しくて、特に友達との別れは本当につらかった。
③そんな折、僕はこの公園で偶然にも桜蝶を見つけた。桜蝶——それは春が来ると南から北へと桜の木に留まりながら旅する蝶だ。この蝶がやってくると桜が一斉に咲き始めるので、桜の開花を告げる蝶だとも言われている……そう教えてくれたのは、故郷にいる親友だった。
④僕は蝶を発見したその日から、公園へと毎日通った。そして、南の町から来た自分の境遇《きょうぐう》を桜蝶に重ねては、勝手に孤独《こどく》を分け合ってきた。
けれど、そんな日々も、まもなく終わる——。

桜蝶が一斉に宙へと飛び上がったのは、次の瞬間《しゅんかん》のことだった。蝶はこれから旅立つのだ。さらに北の方へ向かって。

〈田丸《たまる》 雅智《まさとも》「桜蝶《さくらちょう》」による〉

知識の泉 A 験・検・険。 部首の違《ちが》いに注意して書き分けよう。

1 AとBの文章に描《えが》かれている場面の季節を、漢字一字で答えなさい。（10点）

□

2 「①桜蝶の旅立ちを見守ってて。」について答えなさい。

(1) 「桜蝶」がやってくると、どうなるのですか。AとBの両方の文章中にある言葉を十字で抜《ぬ》き出しなさい。（10点）

(2) 桜蝶を見守っていた倉橋君は、近頃《ちかごろ》の桜蝶の様子についてどのように説明していますか。Aの文章中から二十五字で抜き出し、初めと終わりの五字を書きなさい。完答（15点）

〜

3 よく出る ②信じられないことが起こった とありますが、どんなことが起こったのですか。次から一つ選び、記号で答えなさい。（10点）

ア 桜の花が一気に散り始め、その花びらが宙を漂《ただよ》いながら落ちていった。

イ 南から北へと桜の木に留まりながら旅をする蝶が現れて、桜の花びらとともに舞《ま》い始めた。

ウ 桜の木から花びらのような羽を持った淡《あわ》いピンクの蝶が飛び立ち、宙を飛び始めた。

エ 桜の開花を告げる桜蝶が桜の木に留まり、花のつぼみが一気に開き始めた。

（　）

攻略！ たとえの表現に着目して、できごとを正しく読み取ろう。

4 ③そんな折、僕はこの公園で偶然にも桜蝶を見つけた。とありますが、「僕」はどんな思いでいるときに、桜蝶を見つけたのですか。（　）にあてはまる言葉を書きなさい。（15点）

親の転勤のために故郷を離れ、友達とも別れて、

（　）思いでいるとき。

5 記述 ④僕は蝶を発見したその日から、公園へと毎日通った。とありますが、「僕」が毎日公園へ通ったのは何をするためですか。文章中の言葉を使って書きなさい。（20点）

（　）

6 よく出る 次の①〜④の文は、AとBのどちらの文章についての説明ですか。（　）にA、またはBを書きなさい。5点×4（20点）

① 登場人物以外の第三者が語り手である。（　）

② 登場人物の一人が語り手である。（　）

③ 登場人物の行動につながる過去のできごとが描かれている。（　）

④ できごとが時間の順序に従って描かれている。（　）

攻略！ 会話文以外の部分に着目して、誰《だれ》の立場から描かれているかを捉《とら》えよう。

知識の泉 Q 「どう扱《あつか》ってよいかわからず持て余す」という意味の慣用句は？ □を焼く

確認のワーク ステージ1
文法の小窓1 言葉の単位（漢字の練習1）

解答 2ページ　スピードチェック 18ページ

学習のねらい
- 文章・段落・文・文節・単語という言葉の単位について理解しよう。
- 文を文節や単語で正しくくぎれるようになろう。

漢字 1 漢字の読み
読み仮名を横に書きなさい。

＊は新出漢字　▼は新出音訓・◎は熟字訓

❶ ▼試す　❷ ▼操る　❸ ▼速やか　❹ 一＊斉　❺ ＊振り向く　❻ ＊孤島　❼ 一朝一▼夕　❽ ▼暮春

教科書の要点 文法の小窓1
教 p.272〜273

1 言葉の単位　（　）に言葉を書き入れなさい。

単位	説明
①（　）	小説や随筆《ずいひつ》、詩の全体、一通の手紙や電子メールの全体など。 話し言葉の場合は、スピーチや講演などの全体（「談話」ということもある）。
段落	文章の中で、まとまった内容を表しているひとまとまり。 文字で書く場合、段落の変わり目では行を改め、最初の一字分をあけて書く。
②（　）	文章や段落の中で、一つのまとまった内容を表して言い切られるひとまとまり。 終わりにはたいてい「。」（句点）をつける。 「？」（疑問符《ふ》）や「！」（感嘆《かんたん》符）をつけることもある。
③（　）	文を、実際に使われる表現として不自然にならないように、できるだけ細かくくぎったひとまとまり。文を組み立てる文の成分。 多くの場合、終わりには「ね」や「よ」を添《そ》えることができる。 例 海岸を白い犬が走る。 海岸を（ね）／白い（ね）／犬が（ね）／走る（よ）／。
④（語）	文節をさらに細かく分けて、意味をもつ最小の部分にくぎった言葉。 例 海岸を白い犬が走る。 海岸／を／白い／犬／が／走る／。 複合語（二つ以上の単語が結びついて一つの単語になったもの）は、一単語なのでくぎらない。 例 学習机　勉強する　飛び上がる　見苦しい

知識の泉　A 手。〈例〉やんちゃな弟に手を焼く。

基本問題 文法の小窓1

1 次の〔 〕を、言葉のまとまりとして大きいほうから順に並べて書きなさい。

〔 単語　文節　段落　文章　文 〕

（①　）→（②　）→（③　）→（④　）→（⑤　）

2 次の文章はいくつの文からできていますか。漢数字で答えなさい。

朝、庭に出るとピンクのばらが咲《さ》いていました。「やっと咲いてくれたんだね。」私は思わず花に話しかけていました。お母さんが台所からこっちを見てほほえみました。

3 よく出る 次から文節のくぎり方が正しいものを一つ選び、記号で答えなさい。

ア 湖に／白いボートが／浮《う》かぶ／。
イ 湖／に／白い／ボート／が／浮《う》かぶ／。
ウ 湖に／白い／ボートが／浮《う》かぶ／。
エ 湖に／白いボート／が／浮《う》かぶ／。

（　）

4 次から単語のくぎり方が正しいものを一つ選び、記号で答えなさい。

ア 妹／は／自転車／で／野原／を／走る／。
イ 妹は／自転車で／野原を／走る／。
ウ 妹／は／自転／車／で／野／原／を／走る／。
エ 妹／は／自転車で／野原を走る／。

（　）

5 例にならって、次の文を文節にくぎりなさい。

例 雨が／降る／。

① 上を向いて歩く。
② この小説はとてもおもしろい。
③ 私は毎日勉強をする。
④ 近くの公園で遊んでいる。
⑤ 東の空に赤い太陽が見えてきた。

攻略！「〜ている」「〜てくる」などの表現に注意。

6 例にならって、次の文を単語にくぎりなさい。

例 ご飯／を／食べる／。

① 今年の夏は暑い。
② 校庭に一年生が集まる。
③ 静かな部屋で読書を楽しむ。
④ 便せんにきれいな字で書き直す。

攻略！二つ以上の単語が結びついて一つの単語になった複合語に気をつけよう。

知識の泉 Q「刻」の部首名は？

実力判定テストA ステージ2

文法の小窓1 言葉の単位

30分

自分の得点まで色をぬろう！
100点 合格！ 80 もう一歩 60 がんばろう！ 0
/100

解答 3ページ

1 次のような言葉の単位をなんといいますか。あとから一つずつ選び、記号で答えなさい。 2点×5（10点）

① 小説や随筆《ずいひつ》、詩の全体、あるいは、一通の手紙や電子メール全体などのこと。（　）

② 文章の中で、まとまった内容を表しているひとまとまり。（　）

③ 文章や段落の中で、一つのまとまった内容を表して言い切られるひとまとまり。（　）

④ 文を、実際に使われる表現として不自然にならないように、できるだけ細かくくぎったひとまとまり。（　）

⑤ 文節をさらに細かく分けて、意味をもつ最小の部分にくぎった言葉。（　）

ア 文節　イ 段落　ウ 文章　エ 文　オ 単語

2 よく出る 次の①〜⑤の部分の言葉の単位をあとから一つずつ選び、記号で答えなさい。 3点×5（15点）

①
今朝はいつもより早く目が②覚めた。③今日はいよいよ吹奏《すいそう》楽部《がく》のコンクールが行われる日だ。

私は、課題曲の譜面《ふめん》をかばんから出し、赤いボールペンで書きこんだ注意点に目を通した。そして、クラリネットを取り出して、音は鳴らさずに、指だけで④練習を繰《く》り返した。
⑤

①（　）②（　）③（　）④（　）⑤（　）

ア 文章　イ 段落　ウ 文　エ 文節　オ 単語

3 次の文章はいくつの文からできていますか。漢数字で答えなさい。 5点×3（15点）

① いよいよ私たちの走る番だ。スタートラインに立った私の心臓は激しく高鳴った。バン！ ピストルの音が鳴った。みな一斉《いっせい》に走り出した。（　）

② このグラフを見てください。最近、図書館の利用者が減少していることがわかります。利用者を増やすにはどうしたらいいでしょうか？ 山田君から考えを述べてください。（　）

③ 道で偶然《ぐうぜん》、書道の先生に会った。「こんにちは。」と大きな声で挨拶《あいさつ》をした。すると、先生が笑顔《えがお》でこたえてくれた。（　）

攻略！ 文の終わりは、「。」（句点）のほかに、「?」（疑問符《ふ》）、「!」（感《かん》嘆《たん》符）がつくこともあるよ。

知識の泉 A りっとう。「刂」の部分で「刀」の意味を表す。

4 次の文の文節のくぎり方が正しいほうを選び、○を書きなさい。 3点×2（6点）

① ア（　）私も／弟も／絵を／描《か》くのが／得意だ／。
　 イ（　）私も弟も／絵を／描くのが／得意／だ／。

② ア（　）教室で／話し／合いが／行われています／。
　 イ（　）教室で／話し合いが／行われて／います／。

攻略！ 複合語は一単語なので分けられないことに気をつけよう。

5 例にならって、次の文を文節にくぎりなさい。 3点×4（12点）

例 庭に／赤い／花が／咲いた／。

① あの山の麓《ふもと》のほうに小さな村があるらしい。
② 鏡のような湖面に月が映っている。
③ よい知らせにみんなで飛び上がって喜んだ。
④ 今日は晴れているが明日は雨が降りそうだ。

6 よく出る 次の文はいくつの文節からできていますか。漢数字で答えなさい。 3点×4（12点）

① 日差しが強かったので日傘《ひがさ》を差した。（　　）
② 自転車の安全な乗り方の講習会を受講する。（　　）
③ 会議では学校のあらゆる問題を取り上げて話し合う。（　　）
④ 山田君は林さんより走るのが速いらしい。（　　）

7 次の文の単語のくぎり方が正しいほうを選び、○を書きなさい。 3点×2（6点）

① ア（　）父に／友達の／山田君を／紹介《しょうかい》／する／。
　 イ（　）父／に／友達／の／山田君／を／紹介する／。

② ア（　）静かな／教室／で／本／を／読む／。
　 イ（　）静か／な／教室／で／本／を／読む／。

攻略！ 「〜な」という言葉で「〜だ」と言いかえられるものは一単語だよ。

8 例にならって、次の文を単語にくぎりなさい。 3点×4（12点）

例 私／は／部屋／を／掃除《そうじ》し／た／。

① この映画はとてもおもしろかった。
② 祖父は毎朝新聞を読む。
③ 妹は居間のテーブルで勉強する。
④ 二匹《ひき》の子犬が庭を走り回る。

9 次の文はいくつの単語からできていますか。漢数字で答えなさい。 3点×4（12点）

① 悲しくて涙《なみだ》をぼろぼろ流した。（　　）
② 小林さんはいちばんの親友だ。（　　）
③ 私の祖母はいつも元気だ。（　　）
④ 猫《ねこ》がねずみを追いかける。（　　）

知識の泉 Q 慣用句「目が回る」に意味が近い熟語は？ ア＝疲労《ひろう》 イ＝多忙《たぼう》

解答 3ページ ｜ スピードチェック 2ページ ｜ 予想問題 131ページ

確認のワーク ステージ1

自分の脳を知っていますか

学習のねらい
●文章の中心的な部分や構成を捉《とら》えよう。
●「脳の奇妙《きみょう》な癖」を読み取り、筆者の伝えたい考えを捉えよう。

漢字と言葉

1 漢字の読み 読み仮名を横に書きなさい。

*は新出漢字 ▼は新出音訓・◎は熟字訓

❶ 奇《き》*妙（　） ❷ *癖（訓読み）（　） ❸ 比*較（　） ❹ *抜（　）く ❺ *陥（　）る ❻ *互（　）い

2 漢字の書き 漢字に直して書きなさい。

❶ 量を（ひかく）する。 ❷ 奇（みょう）な話。 ❸ 栓《せん》を（ぬ）く。 ❹ （たが）いの利益。

3 語句の意味 意味を下から選んで、線で結びなさい。

❶ 要素・　　・ア 物事の筋道が立たないこと。
❷ 際限・　　・イ 物事を成り立たせているもの。
❸ 奇妙・　　・ウ 周囲とつりあわないこと。
❹ 理不尽《りふじん》・　　・エ 物事の限界。
❺ 直感・　　・オ 不思議な様子。
❻ 不調和・　　・カ 感覚によって状況《じょうきょう》などを感じ取ること。

教科書の要点

1 問題提起 （　）に教科書の言葉を書き入れなさい。 教p.34

私たちは何かを決断するとき、参考にすべき要素を選びながら、決断しなくてはならない。

二つの問題提示
・最も適切と思われる（①　　）を、人はどのように選ぶのか。
・それには、脳のどのような（②　　）が関わっているのか。
↓
大きな問題 「脳の奇妙《きみょう》な癖」とは。

2 内容理解 （　）に教科書の言葉を書き入れなさい。 教p.37〜38

●「脳の奇妙な癖」ができた理由
生き残るために、判断をすばやく行うための（①　　）（直感によってできる）を進めた結果。

●「脳の奇妙な癖」（「おとり効果」の場合）の問題点
直感はいつでも正しいとは限らず、特殊《とくしゅ》な（②　　）がそろうと誤った（③　　）に陥ってしまうことがある。

知識の泉 A イ。〈例〉目が回るほど忙《いそが》しい毎日を過ごしている。

3 構成のまとめ

（　）に教科書の言葉を書き入れなさい。（各段落に1～17の番号をつけて読みましょう。）教 p.34～39

まとまり	序論	本論			結論
	問題提起	おとり効果（脳の奇妙な癖）	奇妙な癖がある理由	奇妙な癖の恩恵《おんけい》と問題点	筆者の主張
	1～2段落	3～8段落	9～11段落	12～13段落	14～17段落
内容	人は参考にすべき要素を選びながら決断する。 ❶最も適切と思われる要素をどのように選ぶのか。 ❷脳のどのようなはたらきが関わっているのか。 →「脳の奇妙な癖」とは。	**実験❶の結果** 同じクッキーAとBは（①　　）の割合で選ばれる。 **実験❷の結果** おとりのクッキーCを加えることで、同じクッキーAとBでは、（②　　）を選ぶ人が増える。 ▼「おとり効果」 それ自体は選ばれることのないものが、そこに（③　　）することで、人の判断を変える現象。 脳 同じ選択《せんたく》でも状況《じょうきょう》によって判断が変わる。 ↓「脳がもともともっている癖」＝脳の奇妙な癖	**野生動物の例**…すばやく要素をしぼり、限られた要素からすばやく正確な判断ができる動物が生き残れる。 ▼どうして脳に奇妙な癖ができたか↓判断を（④　　）行うための効率化を進めた結果。	**幼児の例**…（⑤　　）をうまくしぼれないために、判断をまちがえがち⇢経験を通じて、不要な要素をすばやく取り除くことができるようになる。 ▼直感のもたらす恩恵《おんけい》↓効率よく生きられる。 直感の問題点↓特殊な条件がそろうと、（⑥　　）判断に陥ってしまう。↓落とし穴	◆脳が一生懸命《けんめい》はたらいていても、**人間は判断をまちがうことがある。** ↓私たちの判断には脳の癖が影響《えいきょう》するものだと互いに知っていれば、**よけいな誤解を避《さ》ける**（⑦　　）になるし、**自分に対しても他人に対しても優《やさ》しくなる。**

おさえよう

要旨《ようし》 「おとり効果」などの脳の奇妙な癖は、〔ア 判断の画一化　イ 判断の効率化〕を進めたためにできたと考えられる。この脳の癖が私たちの判断に影響することや、その判断が常に正しいわけではないことを知っていれば、〔ア 誤解を避ける　イ 慎重《しんちょう》に判断する〕ことができる。

知識の泉 Q 「冷たい石でも，三年座《すわ》り続ければ温まる」ことからできたことわざは？

実力判定テストA ステージ2

自分の脳を知っていますか

30分

自分の得点まで色をぬろう！
100点 合格！ 80 もう一歩 60 がんばろう！ 0　/100

解答 3ページ

★ 次の文章を読んで、問題に答えなさい。

教p.35・①〜37・③

実験①では二枚のクッキーがあります。クッキーAとクッキーBは、置き方が異なりますが、同じクッキーです。この場合、当然ですが両者は半々の割合で選ばれます。

▼実験①

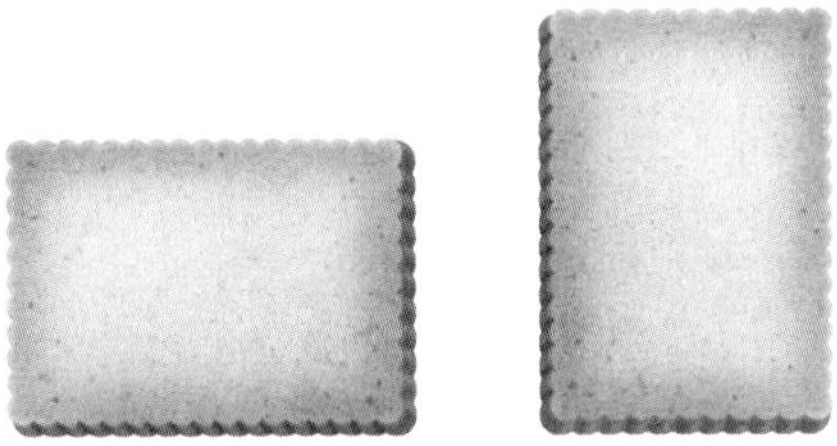

クッキーA　クッキーB

▼実験②

クッキーA　クッキーC　クッキーB

では、実験②のように、新たにクッキーCを並べて、三枚にしたらどうでしょう。さすがに小さなクッキーCを選ぶ人はいませんが、意外なことに、クッキーAを選ぶ人が減り、クッキーBを選ぶ人が増えます。これは①「おとり効果」と呼ばれます。ここでは、クッキーCがおとりの役割をしています。それ自体は選ばれることのないクッキーCですが、そこに存在することで、人の判断を変えてしまう現象です。

なぜこのような判断をするのでしょう。ヒトはいくつかの要素を比較して、少しでも得なほうを選ぼうとします。ここでは、一目で判断できる要素である、「幅《はば》」と「高さ」に着目します。クッキーAは、幅ではクッキーCに勝《まさ》っていますが、高さでは劣《おと》っています。一方、クッキーBは幅でも高さでもクッキーCよりも優《すぐ》れています。ですからクッキーBに軍配が上がります。これが②クッキーBを選ぶ人が増える理由です。

一見理不尽《りふじん》な判断にも思えますが、これは③脳がもともともっている癖です。なぜなら、同じ実験をヒトに近いチンパンジーに対して行っても、ヒトと似た結果が得られるからです。判断をすばやく行うために、必要な要素を直感的に選び抜くのです。

脳は、必ずしも合理的に物事を判断しているのではありません。同じ選択《せんたく》でも、状況《じょうきょう》によって判断が変わります。本人は論理的に考えているつもりかもしれませんが、知らず知らずのうちに判断の方法が変わり、非合理的な決断に陥ってしまうことがあるのです。

〈池谷《いけがや》 裕二《ゆうじ》「自分の脳を知っていますか」による〉

知識の泉　A　**石の上にも三年。**「辛抱《しんぼう》強く続ければ，必ず成功する」という意味。

1 実験①と②では、クッキーの選ばれ方はどうなりましたか。それぞれ次の言葉に続けて書きなさい。 10点×2（20点）

・実験①

クッキーAとクッキーBは、

（　　　　）。

・実験②

小さなクッキーCを選ぶ人はいないが、

（　　　　）。

2 よく出る ①おとり効果 とはどのような現象ですか。次の□にあてはまる言葉を、文章中から抜き出しなさい。 10点×2（20点）

それ自体は□□□□ことのないものが、そこに存在することによって、□□□□を変えてしまう現象。

攻略！ おとりの役割のクッキーCについて説明されている部分を読み取ろう。

3 ②クッキーBを選ぶ人が増える理由 とありますが、この理由をまとめた次の文の（　）にあてはまる言葉を書きなさい。 10点×2（20点）

「幅」と「高さ」に着目して比べると、クッキーAは、

（　　　　）

のに対して、クッキーBは、

（　　　　）から。

攻略！ 直前の「これ」が指す内容を、前の部分から読み取ろう。

4 ③脳がもともともっている癖 について答えなさい。

(1) よく出る 「脳がもともともっている癖」は、脳のどのようなはたらきが関わってできたのですか。「……はたらき。」に続く形で文章中から二十七字で抜き出し、初めと終わりの五字を書きなさい。 完答（20点）

□□□□□～□□□□□はたらき。

(2) 「脳がもともともっている癖」についての説明として適切なものを次から一つ選び、記号で答えなさい。 （20点）

ア 自分が有利になるために、わざと非合理的な決断をしてしまうことがある。

イ 本人の気づかない間に、脳が勝手に決断を下してしまうことがある。

ウ 何かを選択するとき、いくつかの要素を比較して判断することがある。

エ 同じ選択であっても、そのときの状況に応じて判断が変わることがある。

（　　）

知識の泉 **Q** 「つじつまが合わない」という意味を表す故事成語は？

確認のワーク ステージ1

資料から得た根拠《こんきょ》をもとに意見文を書く

漢字の広場1 漢字の部首

学習のねらい
- 複数の資料を比較して共通点と相違点を捉《とら》えよう。
- 伝えたいことを明確にして、文章の構成を考えよう。

解答 4ページ

漢字

1 漢字の読み 読み仮名を横に書きなさい。

*は新出漢字
▼は新出音訓・◎は熟字訓

❶ *侮 辱《じょく》　❷ 素 *朴　❸ *刈り入れ　❹ *顎 関 節
❺ *窒 素　❻ 強《ごう》 *盗　❼ *怨 念　❽ *泰 平
❾ 九分九*厘　❿ 方向音*痴　⓫ *扇 状 地　⓬ *囚 人
⓭ *恣 意　⓮ 港 *湾　⓯ *妊 *娠　⓰ *寝 室
⓱ 表 *彰　⓲ *免 *疫　⓳ *廃 *棄　⓴ *羅 列

2 漢字の書き 漢字に直して書きなさい。

❶ （がんこ）な人。　❷ （とくめい）の葉書。
❸ （すいみん）をとる。　❹ （かくご）する。
❺ 施設《しせつ》の（かくじゅう）。　❻ 草が繁《はん》（も）する。
❼ 家の（しきち）。　❽ （ちが）う意見。

基本問題　資料から得た根拠《こんきょ》をもとに意見文を書く

☆ 次の山田《やまだ》さんが書いた意見文を読んで、問題に答えなさい。

1 読書に関して、昨年の図書委員が行ったアンケート調査の中から二つの資料を見つけました。

2 **資料1**では、学校図書室で本が借りられないことが「よくある」「たまにはある」と思う人が年々増えているとわかります。**資料2**では、二〇二〇年度で学校図書室に最も改善してほしいことは「新刊が予約でいっぱいで借りられない」状況《じょうきょう》だとわかります。二つの資料を比べると、共通点は「借りられない」と回答した人が増えたことです。

3 読みたいと思ったときに借りられるように、多めの冊数を用意しておいたほうがいいと考えます。

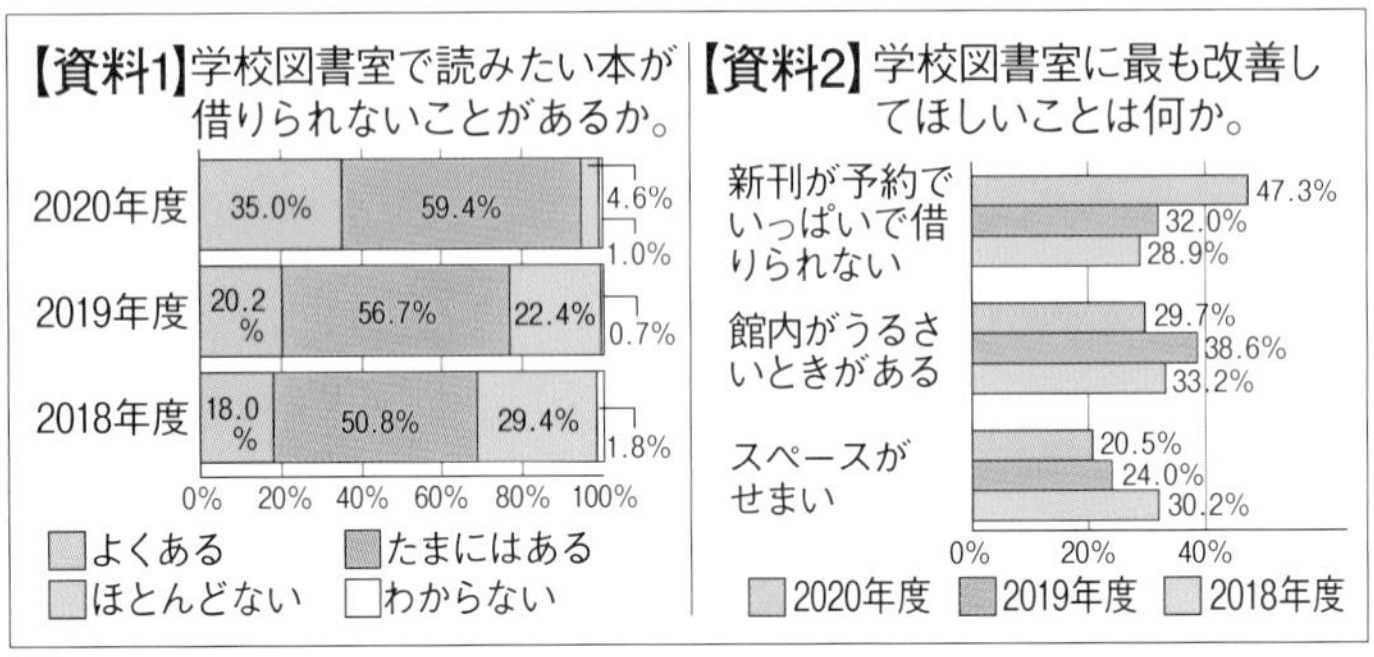

知識の泉　A 矛盾《むじゅん》。〈例〉今の話は，昨日までの話と矛盾している。

1 よく出る ②段落の説明として、あてはまらないものを次から一つ選び、記号で答えなさい。

ア どの資料を参照したのかを明らかにしている。
イ 資料から読み取れた内容について話している。
ウ 資料から、年々変化している点を捉《とら》えて示している。
エ 資料の結果を踏《ふ》まえ、自分の推測を述べている。

（　　）

2 山田さんの意見文について、大谷《おおたに》さんは次のような感想を述べました。（　）にあてはまる言葉を［　］から選び、書き入れなさい。

「読みたい本が借りられない」というマイナス面を二つの資料の（　　）点として取り上げていますね。資料1からは、二〇一八年度から二〇二〇年度にかけて、借りられないことが「よくある」、「たまにはある」と答えた人の割合が（　　）ことが、山田さんの意見の（　　）として挙げられていて、説得力がありました。

根拠《こんきょ》	評価	問題
共通	相違	改善
増えている		減っている

3 山田さんはどんな意見を述べていますか。意見が述べられている一文を抜き出し、初めの五字を書きなさい。

□□□□□

攻略！ 文末に「〜と思います。」「〜と考えます。」とある文を探そう。

基本問題　漢字の広場1

1 次の部首の漢字の中の位置をあとから選び、記号で答えなさい。

① 偏《へん》（　　）　② 旁《つくり》（　　）　③ 冠《かんむり》（　　）
④ 脚《あし》（　　）　⑤ 垂《たれ》（　　）　⑥ 構《かまえ》（　　）
⑦ 繞《にょう》（　　）

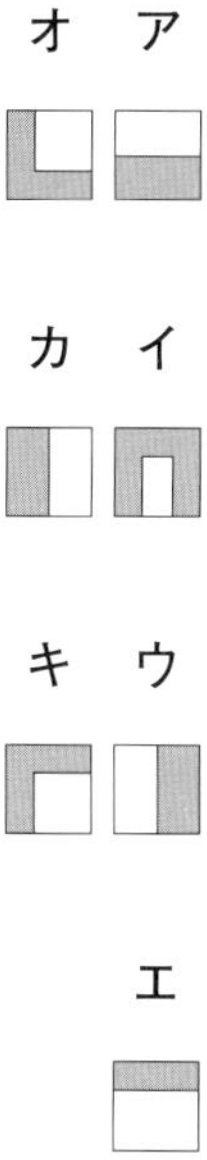

2 よく出る 次の漢字に共通する部首をあとから選び、記号で答えなさい。

① 安・寝（　　）
② 熱・然（　　）
③ 湾・消（　　）
④ 閉・関（　　）
⑤ 価・優（　　）

ア 亻（にんべん）　イ 宀（うかんむり）
ウ 氵（さんずい）　エ 門（もんがまえ）
オ 灬（れんが）

3 次の漢字の部首と部首名を書きなさい。

① 窒　部首（　　）　部首名（　　）
② 痴　部首（　　）　部首名（　　）
③ 刈　部首（　　）　部首名（　　）

知識の泉　Q 漢字の部首「おおざと」と「者」を組み合わせてできる漢字は？

確認のワーク ステージ1

言葉の小窓1 日本語の音声
内容を整理して説明する

学習のねらい
- 日本語の音《おん》の特徴《とくちょう》を理解し、さまざまな言葉を意識して捉《とら》えよう。
- 話す内容を整理し、相手の反応を見ながら説明する方法を知ろう。

解答 5ページ

基本問題 言葉の小窓1

1 音節、アクセント、イントネーションについての説明をあとから選び、記号で答えなさい。

① 音節 （　　）
② アクセント （　　）
③ イントネーション （　　）

ア 言葉によって、どこを高く、どこを低く発音するかということ。
イ 言葉によって、長く伸ばして発音したり、短く発音したりすること。
ウ ほとんどが子音《しいん》と母音《ぼいん》の組み合わせでできている、日本語の音《おん》の基本的な単位。
エ 言葉のまとまり全体の抑揚《よくよう》（音の上がり下がり）のこと。

2 共通語で「ハシ」を次の二つの意味で使うとき、アクセントに注意して高く発音する文字を書きなさい。

① 川に架《か》かっているハシ（橋）……（　　）
② 食べ物をつかむハシ（箸）……（　　）

「ハシ」の「ハ」を高く読んだり、「シ」を高く読んだりして考えよう。

3 よく出る ——線の音節を、なんといいますか。あとから選び、記号で答えなさい。

① ポケット （　　）　② ぎゅうにゅう （　　）
③ きっぷ （　　）　④ ガラス （　　）
⑤ でんたく （　　）　⑥ とけい （　　）
⑦ そうじ （　　）

ア 清音　イ 濁音《だくおん》　ウ 半濁音　エ 拗音《ようおん》
オ 促音《そくおん》　カ 撥音《はつおん》　キ 長音

4 次の文をあとの①・②の場面で声に出して言うとき、どの部分を強く発音しますか。記号で答えなさい。

田中さんは（ア） 山に（イ） 行ったみたいだよ。（ウ）

① 田中さんは山に行かなかったのかと聞かれたとき。（　　）
② 田中さんはどこに行ったのかと聞かれたとき。（　　）

攻略！ 聞かれたことに答えている部分を強く読む。

5 次の文のうち、末尾《まつび》を上げて読むのはどちらですか。記号で答えなさい。

① ア 今日は疲《つか》れたから、私は公園に行かない。
　イ 五時になったら、一緒《いっしょ》に公園に行かない。（　　）
② ア 君は何匹《なんびき》犬を飼っているのですか。
　イ ふうん、君は犬を飼っていたのか。（　　）

攻略！ 末尾を上げて読むと問いかける文になる。

知識の泉 A 都。「おおざと」は右側，「こざとへん」は左側と覚えよう。

基本問題 内容を整理して説明する

★ 次の発表を読んで、問題に答えなさい。

【「未来の自分がどうありたいか」についての説明】

私は、自分に自信がもてないために、積極的に行動できないことがよくあります。勉強でも部活動でも、ほかの人と自分を比べて、「自分には才能がない。努力も足りない……。」などと感じて、やる気を失ってしまいます。そこで、卒業するまでには、自分に対する自信という観点から未来の自分がどうありたいかを考えたいと思います。

アメリカの実業家で慈善《じぜん》活動家でもあるビル＝ゲイツは、「自分のことを、この世の誰《だれ》とも比べてはいけない。それは自分自身を侮辱《ぶじょく》する行為《こうい》だ。」と言っています。本当にそのとおりだと思います。だから私も、この言葉のように、ほかの人にはない自分自身の良さを認め、自信をもって生きられるようになりたいと思います。

（あれ、納得《なっとく》していないみたい。もう一つ準備しておいた言葉を話そう。）

さらに、この前、先輩《せんぱい》から「小さなことでもいいから目標を決めて、それを達成していくようにするといいよ。」と言われました。ここに自信をもてるようになるためのヒントがあるように思います。何もせずにいたら、自分に自信をもてるはずはないのです。だから、卒業までには、目の前にある一つ一つの課題に集中して取り組んでいくことで、自信をもてる自分に近づいていきたいと思います。

---

1 話し手は、自分自身のどんな課題を述べていますか。発表の中から二十六字で抜き出し、初めと終わりの五字を書きなさい。

□□□□□ ～ □□□□□

2 よく出る この発表では、自分の課題と何を関係づけて話していますか。□にあてはまる言葉を、発表の中から二字で抜き出しなさい。

二人の人物の□□

3 この発表では、誰の言葉を引用していますか。文章中から二つ抜き出しなさい。

（　　）（　　）

4 よく出る この発表ではどんな工夫《くふう》がされていますか。次から二つ選び、記号で答えなさい。

ア 聞き手を納得させるために、自分で調べた資料の情報を根拠《こんきょ》にして話している。

イ 聞き手にわかりやすいように、話題と関係がある情報を関係づけて話している。

ウ 話の途中《とちゅう》で聞き手からの質問を受け、それに対する答えを入れながら話を進めている。

エ 話の途中で聞き手の反応を見て、情報をつけ加えて話を進めている。

オ 聞き手を話に引きこむために、呼びかけや問いかけの表現を用いて話している。

（　）（　）

攻略！ 話の途中にある（　）の中の言葉に着目しよう。

知識の泉 Q 次の□にあてはまる漢字は？　クラスの意見をまとめるのは□が折れた。

確認のワーク ステージ1
ベンチ

解答 5ページ　スピードチェック 3ページ　予想問題 132ページ

学習のねらい
- 物語の歴史的な背景を理解しよう。
- 登場人物の思いや、心情が表れた態度を読み取ろう。

漢字

1 漢字の読み 読み仮名を横に書きなさい。

＊は新出漢字　▼は新出音訓・◎は熟字訓

❶ ＊僕　❷ ＊郊外　❸ ＊爪先　❹ ＊彼女
❺ ▼提げる　❻ ＊網（訓読み）　❼ ＊眺める　❽ ▼欲しい
❾ ＊裂ける　❿ 幼＊稚園　⓫ ＊鍋　⓬ ＊玄関
⓭ ＊挨＊拶　⓮ ＊押す　⓯ ＊腰　⓰ ＊膝
⓱ ＊載せる　⓲ ＊恐ろしい　⓳ 転＊倒　⓴ ＊叱る

2 漢字の書き 漢字に直して書きなさい。

❶（とつぜん）の出来事。　❷ 電池の（こうかん）。
❸（がまん）をする。　❹（きゅうか）をとる。
❺ 草の（にお）い。　❻ 急に（だま）る。
❼ 布の（ふくろ）。　❽（は）ずかしい。

教科書の要点

1 登場人物 （　）に名前を書きなさい。　教 p.52〜54

①（　　）…主人公の少年。自分の体験を語る。
②（　　）…少女。主人公が恋心《こいごころ》を抱《いだ》く相手。

2 物語の背景 [　]から言葉を選び、（　）に書き入れなさい。

第二次世界大戦中の（①　　）での物語。当時、ナチスの政策で、（②　　）人は不当に差別され、迫害《はくがい》され、さまざまな制限が加えられていた。制限は、公園の（③　　）にも及《およ》んでいた。制限に従わない者は、（④　　）に送られるなどの厳しい罰《ばつ》を受けた。

散歩　ベンチ　収容所　学校
イギリス　ドイツ　ユダヤ

3 構成のまとめ

（　）に教科書の言葉を書き入れなさい。教p.52～58

場面	できごと・フリードリヒの行動	フリードリヒの心情や様子
発《ほっ》端《たん》 教初め～p.52上・⑦	●不意にフリードリヒが現れて、話を始めた。	▼誰《だれ》かに聞いてもらわないと、（①　）ができない。
出会い p.52上・⑧～53下・⑭	●フリードリヒは四週間ほど前、りんごを拾ってあげたことがきっかけで、ヘルガと出会う。	▼ヘルガからもらったりんごを今もとってある。——（②　）として。
交際 p.54上・①～54下・②	●毎日夕方、ヘルガの働く幼稚園でヘルガを待った。 ●一週間たつと、毎晩、彼女の家まで送っていくようになった。 ●名前以外のことは、ヘルガに話せなかった。	▼ヘルガの夢ばかり見た。 ▼ヘルガとただ並んで歩いていられるだけでよかった。 ▼名前以外のことを話したら、もう（③　）。
デート p.54下・③～58上・③	●日曜日、フリードリヒはヘルガと一緒《いっしょ》に公園に出かけた。 ●ユダヤ人が座《すわ》ることを許されない緑のベンチに腰を下ろしたため、フリードリヒは落ち着きを失った。 ●ヘルガはフリードリヒの腕《うで》を引っぱって、ユダヤ人専用と書いてある黄色のベンチのところに行き、座った。 ●ヘルガを慌《あわ》てて引っぱって立たせ、家に送っていった。	▼ヘルガを見ると、胸がどきどきした。 ヘルガ フリードリヒが（④　）であることに気がついた。 ▼残念で、大声をあげて（⑤　）。 ヘルガ ユダヤ人と一緒に遊びに出かけたことなどなんでもないようにふるまった。
決意 p.58上・④～終わり	●次の日曜日、フリードリヒはヘルガに会いに行かなかった。	▼自分と一緒にいるところを見つかったら、ヘルガは（⑥　）になる。…もう会いに行けない。

おさえよう

主題 ヘルガを大切に思うがゆえに別れなければならなかったフリードリヒの〔ア 反省　イ 悲しみ〕と、そのような状況《じょうきょう》を生み出した〔ア 差別　イ 自然〕政策の不条理さを描《えが》いている。

知識の泉

Q 「よけいな心配をすること」を表す故事成語は？　ア＝杞憂《きゆう》　イ＝守株《しゅしゅ》

実力判定テストA ステージ2

ベンチ

30分

自分の得点まで色をぬろう！
100点 合格！ 80 もう一歩 60 がんばろう！ 0 /100

解答 5ページ

1 次の文章を読んで、問題に答えなさい。　教 p.52・下⑥〜53・下⑪

もうあの赤いれんが造りの家まで来ていたな。通りのことは全然気にかけないで、①うつむいて、ただ爪先ばかり見つめて歩いていた。そしたら、突然、僕の前を女の子が歩いているのが目に入ってきたんだ。

とっても小さな足なんだよ。僕はそのまま、ずっと、彼女の後ろを歩いていった。彼女の足の運び方、そして②提げている重そうな網になった袋を、じっと眺めながら歩いていった。

袋の中身は、りんごだった。しわしわになる種類のやつさ。一つ欲しくてしょうがなかった。一つ落ちないかな、落ちたらさっとかすめ取ってやるんだけどな、って思ってたんだ。そうしたら、僕が思ったとおりに、バリッと袋が裂けて、中の宝物が全部道いっぱいに転がってしまったのさ。

女の子は振り返ったと思うと、両手を口の前で合わせて、『まあ、だめな袋！　やっぱり戦時中の物だわ。』って言った。

僕はりんごを拾い集めるのを手伝ってあげた。一緒《いっしょ》に網の袋の中へ入れたんだけど、その袋ときたら、だめなんだ。どうしようもないんで、とうとう、彼女の家まで一緒に提げていってあげたんだ。

ヘルガって名前だった。お父さんは兵隊でね。彼女は幼稚園で働いているんだ。休みの日に田舎に行って、自分で編んだ鍋つかみと交換に、りんごをもらっての帰り道だったのさ。

家の玄関までゆくと、彼女は感じのいい顔で僕をじっと見つめて、『どうもありがとう！　さよなら！』って言った。そして、りんごを一つくれた。でも③そのりんご、僕は食べないで、今もまだとってあるんだ――思い出にね。

〈ハンス＝ペーター＝リヒター／上田《うえだ》真而子《まにこ》訳「ベンチ」による〉

1 よく出る ①うつむいて……歩いていた から、「僕」のどんな様子がわかりますか。次から一つ選び、記号で答えなさい。（10点）

ア 散歩を楽しんでいる。　**イ** 女の子が気になっている。
ウ おなかがすいている。　**エ** あまり心が晴れない。
（　）

2 記述 ②提げている重そうな網になった袋を……歩いていったとき、「僕」はどんなことを考えていましたか。（15点）

（　）

3 ③そのりんご、僕は食べないで、今もまだとってあるんだ から わかる「僕」の心情を次から一つ選び、記号で答えなさい。（15点）

ア 貴重なりんごを食べるのがもったいないという思い。
イ 自分ひとりだけでりんごを食べるのは申し訳ないという思い。
ウ りんごが十分に熟すのを待ってから食べようという思い。
エ 心に残るヘルガとの出会いを形として残したいという思い。
（　）

知識の泉 **A** ア。「守株《しゅしゅ》」＝いつまでも古い習慣にとらわれ，進歩がないこと。

2 次の文章を読んで、問題に答えなさい。

教p.54・上⑧〜54・下⑫

一週間たつと、毎晩、彼女の家まで送っていくようになったんだ。あのうれしかった気持ち、君には説明できないな！　僕たちは、話はあまりしなかった。ただ並んで歩いていられるだけで、よかったんだ。ときどき、①ヘルガが横から僕の顔をじっと見ていた。……

だけどさ、ヘルガは僕がフリードリヒ＝シュナイダーという名前だということしか知らなかったんだよな。それ以外のことは、なんにも知らなかった。僕も話せなかった。話したら、もう会えなくなるもの。

前の前の日曜日、僕たちは初めて約束して一緒《いっしょ》に出かけた。町の公園で出会う約束だった。お父さんは、僕が夕方になると決まって用があるといって出かけるので、おかしいと思ってたんだな。それで僕がおしゃれをして出かけようとするのを見ると、首を振ってね、②『フリードリヒ、よく考えてみなくちゃだめだぞ！』って言った。でも、それだけだった。③あとは黙ったままじっと僕を見て、そして顔をそむけてしまった。僕は④やっぱり出かけた。

〈ハンス＝ペーター＝リヒター／上田《うえだ》真而子《まにこ》訳「ベンチ」による〉

1 よく出る　①ヘルガが横から僕の顔をじっと見ていた　からわかるヘルガの気持ちを次から一つ選び、記号で答えなさい。（10点）

ア「僕」をユダヤ人ではないかと疑っている様子。
イ　黙っている「僕」に不満を感じている様子。
ウ　突然現れた「僕」のことを警戒《けいかい》している様子。
エ「僕」に対して好意をもっている様子。

（　　）

2 ②『フリードリヒ、よく考えてみなくちゃだめだぞ！』という言葉の背景には、ユダヤ人が差別されていたという社会状況《じょうきょう》があります。この状況をフリードリヒも気にしていることがわかる連続した二文を文章中から抜き出し、初めの五字を書きなさい。（10点）

攻略！　ユダヤ人と知られたくないフリードリヒの思いが表れた部分を探そう。

3 ③あとは黙ったままじっと僕を見て、そして顔をそむけてしまった。とありますが、このときのお父さんの気持ちを表す言葉を次から二つ選び、記号で答えなさい。　10点×2（20点）

ア　期待　イ　心配　ウ　苦悩《くのう》
エ　嫉妬《しっと》　オ　驚《おどろ》き

（　　）（　　）

4 記述　④やっぱり出かけた　とありますが、このときの「僕」の思いを「お父さん」という言葉を使って書きなさい。（20点）

攻略！「僕」がお父さんの気持ちをどう捉《とら》え、なぜ出かけることを選んだのかを考えよう。

知識の泉　Q　——線を正しく書き直すと？　中学生を対照とした企画《きかく》である。

実力判定テストB ステージ3 ベンチ

30分

自分の得点まで色をぬろう!

100点 80 60 0

/100

解答 6ページ

★ 次の文章を読んで、問題に答えなさい。 教p.55・上⑥〜57・上⑪

僕たちは公園の中を散歩した。ヘルガは詩を口ずさんだ。たくさん知ってるんだ。

僕は①できるだけ人に出会わないよう、横道をよって歩いた。しばらくすると、ヘルガが腰を下ろしたいと言いだしたんだ。

僕はどうすればいいのかわからなかった。だめだって言うわけにはいかないし、うまい言い訳も見つからないでいるうちに、緑のベンチのところに来てしまった。ヘルガはすぐ腰をかけた。

僕はそのベンチの前に立ったまま、足を踏《ふ》みかえたりして、もじもじしていた。②腰を下ろす勇気はなかったからな。誰《だれ》か通りかかったら大変なので、そわそわ辺りを見回していたんだ。

『どうしておかけにならないの?』ってヘルガがきいたけど、言い訳も思いつかなかった。『おかけなさいよ!』と言われて、僕は本当に腰を下ろしてしまった。

でも、気が気じゃなかった。知ってる人が通りかかりでもしたら、と思ってね。だから、もぞもぞしてたんだな。

ヘルガは③それに気がついた。そしてハンドバッグから小さいチョコレートを出して割ると、僕にくれた。

いつからチョコレートを食べてなかったことか。だけど、おいしいとは思わなかった。うわのそらだったから。お礼を言うのさえ忘れていた。

ヘルガは詩集を膝の上に載せていたんだけど、それは読まないで、僕をじっと見つめていた。そしてときどき、なんか尋《たず》ねた。なんて答えたのか、覚えていない。ただもう緑のベンチが恐ろしくて、他のことは何も考えられなかった。

急に、ヘルガが立ち上がった。そして僕の腕《うで》に手をかけると、引っぱっていった。

いくらも行かないうちに、黄色のベンチのところに来た。《ユダヤ人専用》って書いてあるベンチさ。

ヘルガはそのベンチの前に立ち止まると、僕にきいたんだ。『④このほうが落ち着いてかけていらっしゃれるの?』って。

僕はぎくりとした。⑤『どうしてわかったんだい?』

するとヘルガは、その黄色いベンチに腰を下ろしたんだ! そして、『そう思ったの!』と言った。なんでもないことのように、さらりと言ったんだ!

だけど、彼女と一緒《いっしょ》にユダヤ人用のベンチに座《すわ》ることなどできやしないだろ。僕は慌《あわ》ててヘルガを引っぱって立たせると、家に送っていった。せっかくの日曜日だったのに! 残念で残念で、大声をあげて泣きたかった。そのまま腕を組んで散歩を続けて、話し合うこともできたのかもしれないけど、僕はもうすっかり気が転倒してしまっていたんだ。

ところが、家に送ってゆく間中《じゅう》、ヘルガは、ユダヤ人と一緒に遊びに出かけたことなどなんでもないというふうにふるまってく

知識の泉 A 対象。「対象」=相手・目標。同音異義語に「対照=比べ合わせる」「対称《たいしょう》=つり合う」。

れるんだよ。自分の家のことや、幼稚園の子どものことや、休暇のことなんか話してね。僕の手を取って、しっかり握《にぎ》りしめて、だよ。

　家の前まで来ると、ヘルガは立ち止まった。そして、長いこと、じっと僕を見つめた。それから、こう言ったんだ。『⑥来週の日曜日も一緒にどこかへ行きましょう。町の公園じゃなくて、郊外の森に行きましょうよ。そうすれば、黄色いベンチなんてないわよ！』って。

〈ハンス＝ペーター＝リヒター／上田《うえだ》真而子《まにこ》訳「ベンチ」による〉

1 ①できるだけ人に出会わないよう、横道をよって歩いた　とありますが、「僕」がこのようにしたのはなぜですか。次から一つ選び、記号で答えなさい。（15点）

ア 素敵《すてき》なヘルガと二人きりになれるところにいたかったから。

イ 知人や友人に会って、ひやかされるのが嫌《いや》だったから。

ウ 自分がユダヤ人だと知っている人に会いたくなかったから。

エ 人がいたら、自分の本当の思いをヘルガに告白できないから。

（　　）

2 よく出る ②腰を下ろす勇気はなかった　とありますが、「僕」がベンチに座ることができなかったのはなぜですか。次の□にあてはまる言葉を、文章中から抜き出しなさい。10点×2（20点）

そのベンチは、□が座ってはいけない□だったから。

3 ③それに気がついた　とありますが、ヘルガはどんなことに気づいたのですか。次から一つ選び、記号で答えなさい。（15点）

ア 「僕」が家に帰りたがっていること。

イ 「僕」が落ち着かない様子であること。

ウ 「僕」がおなかをすかせていること。

エ 「僕」がヘルガの前で緊張《きんちょう》していること。

（　　）

4 ④ここ　とはどこを指していますか。文章中の言葉を使って、具体的に説明しなさい。（15点）

（　　）

5 記述 ⑤どうしてわかったんだい？　とありますが、ヘルガはどんなことに気づいていたのですか。（15点）

（　　）

6 レベルUP ⑥来週の日曜日も一緒にどこかへ行きましょう。には、ヘルガのどんな気持ちが表れていますか。次から一つ選び、記号で答えなさい。（20点）

ア 人種とは関係なく、一人の人間として、「僕」とつき合いたいという気持ち。

イ ユダヤ人と一緒にいるところなど、他の人に見られたくないという気持ち。

ウ 「僕」がユダヤ人であることを隠《かく》していたことに対して腹を立てる気持ち。

エ 本当に「僕」がユダヤ人だということが信じられず、確かめたいという気持ち。

（　　）

知識の泉　Q 「違いが大きい」という意味のことわざは？　□とすっぽん

確認のワーク ステージ1 全ては編集されている

言葉

1 語句の意味 意味を下から選んで、線で結びなさい。

① 編集 ・　　・ア 人々に広く知らせること。
② メディア ・　　・イ 記事の材料などを取り集めること。
③ 収録 ・　　・ウ 放送する内容を録音・録画すること。
④ 取材 ・　　・エ 資料を集め整理し、番組などを作ること。
⑤ 披露《ひろう》 ・　　・オ 情報を伝えるための手段。
⑥ 視聴者 ・　　・カ テレビなどの番組を見聞きする人。

教科書の要点

1 具体例 （　）に教科書の言葉を書き入れなさい。 教 p.62〜63

バラエティ番組の例

●テロップ（字幕）…番組収録後に、（①　　）で書き込《こ》んだもの。不必要な場面はカットして、（②　　）やりとりだけをつないでいる。

解答 6ページ ｜ 予想問題 133ページ

学習のねらい

●筆者の主張とその根拠《こんきょ》となる体験や具体例を関連付けて捉《とら》えよう。
●メディアへの接し方に対する筆者の考えを読み取ろう。

NHKの記者だった筆者の体験 教 p.62〜63

●筆者…島根県の消防学校で、（③　　）とそのあと行われた消防技術の披露《ひろう》の様子を取材し、行われた順番どおりに原《げん》稿《こう》を書いた。

●デスク…原稿の（④　　）を変えようと言う。

理由 できごとを順番に記した筆者の原稿では、テレビの映像として（⑤　　）から。

デスク 消防技術の披露のことを先に書いたあと、「これに先立ち、消防学校では……」と直した。

ニュースも（⑥　　）されている

＝

ドキュメンタリーの例 教 p.63

●結婚《けっこん》式＋美しい花の映像＝幸せな結婚のイメージ

●結婚式＋（⑦　　）が近づく空の映像＝波乱の結婚生活を予感

映像をして（⑧　　）＝（　　）

筆者は自分の主張の根拠《こんきょ》として、自分の体験や具体例を挙げて説明しているんだね。

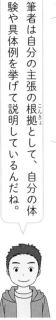

2 構成のまとめ

（　）に教科書の言葉を書き入れなさい。（各段落に1～13の番号をつけて読みましょう。）教 p.62～63

おさえよう

まとまり	段落	内容	
導入　筆者の主張	1段落	▼（①　　）にふれるうえで自覚してもらいたいことは、「全ては編集されている」ということだ。	
本論　バラエティ	2段落	▼バラエティ番組は編集されている。	具体例 ●バラエティ番組を収録後、編集でタレントの発言に（②　　）（字幕）をつける。不必要な場面をカットし、おもしろいやりとりだけをつなぐ。
本論　ニュース	3～9段落	▼ニュースも編集されている。	体験 ●駆《か》け出し記者だった頃《ころ》の筆者の体験 ・筆者…取材後、原稿にできごとを順番に記した。 ・デスク…テレビの映像としておもしろくないからと、できごとの順番を（③　　）にして編集した。 ↓順番を逆にしても、原稿がちゃんとしていれば嘘《うそ》にはならない。 編集の可能性
本論　ドキュメンタリー	10～12段落	▼編集の技法は、とりわけドキュメンタリーの場合に威力《いりょく》を発揮する。	具体例 ●結婚式のシーン ・結婚式の映像のあとに、美しい花の映像をつなぐ。＝（④　　）な結婚のイメージ。 ・結婚式の映像に、嵐《あらし》が近づく空の映像をつなぐ。＝（⑤　　）の結婚生活を予感させる。 ―映像をして語らしめる。 編集の可能性
結論　まとめ　筆者の主張	13段落	▼編集の手法を悪用すれば、作り手は、嘘はつかずに視聴者にまちがったイメージを与《あた》えることも可能。 ▼編集の可能性と危険性を踏《ふ》まえ、メディアにふれるときは、「全ては編集されている」という自覚をもつようにしよう。	編集の（⑥　　）

要旨《ようし》　バラエティ番組やニュース、ドキュメンタリーの作り手は、編集によって番組を〔ア おもしろく　イ 役立つものに〕したり、視聴者に特定のイメージを伝えたりする。この手法を悪用すれば、まちがったイメージも伝えられるので、私たちがメディアにふれるときは、全ては〔ア 嘘である　イ 編集されている〕という自覚をもつべきだ。

実力判定テストA　ステージ2

全ては編集されている

30分

自分の得点まで色をぬろう！　100点　80　60　0　/100

解答 7ページ

次の文章を読んで、問題に答えなさい。　教 p.62・下①〜63・下⑧

私がNHKに入ったのは一九七三年のことです。駆《か》け出し記者として、島根県松江《まつえ》市で警察や消防を担当していました。ある日のこと、島根県の消防学校の卒業式を取材しました。

最初に講堂で行われた卒業式は、学校長の式辞など、型どおりのものでした。でも、そこは消防学校。卒業式のあと、出動服に着替《きが》えた学生たちが、訓練で身につけた技術を披露《ひろう》するのです。

これを取材した私は、卒業式の様子から、順番に原稿《げんこう》を書いてデスクに提出しました。デスクとは、若い記者が書いた原稿をチェックするベテラン記者のことです。

①私の原稿を読んだデスクは、「原稿の順番を変えよう。」と言い出しました。私の原稿は、できごとを順番に記していました。これでは、テレビの映像としておもしろくないというのです。まずは消防技術の披露の映像を見せて視聴《しちょう》者の興味をひき、そのあとで卒業式のことを伝えようというわけです。

順番を逆にしていいの？　などと私は疑問に思ったのですが、そこはベテランのデスク。原稿をうまく直します。消防技術披露のことを先に書いたあと、②「これに先立ち、消防学校では……」と直したのです。

③これなら、まちがいではありませんね。順番を逆に編集していますが、という説明にもなっています。そうか、順番を逆にしても、原稿がちゃんとしていれば、嘘《うそ》にはならないのだ。私は感心しました。④ニュースも編集されている、というのは、例えばこういうことなのです。

編集の技法は、とりわけドキュメンタリーの場合に威力《いりょく》を発揮します。

例えば、⑤ある結婚《けっこん》式のシーンだとします。結婚式の映像のあとに、美しい花の映像をつなぐと（これをイメージショットといいます）、幸せな結婚のイメージが伝わります。

ところが、結婚式の映像に、嵐《あらし》が近づく空の映像をつなぐと、波乱の結婚生活を予感させます。コメントをつけなくとも、視聴者が、そんなイメージをもってくれるのです。⑥映像をして語らしめる、とは、こういうことなのですね。

〈池上《いけがみ》彰《あきら》「全ては編集されている」による〉

1　①私の原稿を読んだデスクは、「原稿の順番を変えよう。」と言い出しました。について答えなさい。

(1)　「私の原稿」には、何が書かれていましたか。□にあてはまる言葉を、文章中から抜き出しなさい。　10点×2（20点）

・消防学校の □ の様子。

・学生たちによる □ の様子。

(2) よく出る デスクがこのように言ったのはなぜですか。次の文の（　）にあてはまる言葉を書きなさい。　10点×2（20点）

できごとを（　　　）私の原稿では、テレビの映像として（　　　）と考えたから。

攻略！ 直後に書かれているデスクの考えに注目しよう。

2 記述 ②「これに先立ち、消防学校では……」とありますが、「……」の部分には、どのような言葉が書かれていたと考えられますか。書きなさい。（10点）

（　　　）

3 ③これなら、まちがいではありませんね。とありますが、筆者がまちがいではないと考えたのはなぜですか。次から一つ選び、記号で答えなさい。（10点）

ア デスクが直した原稿には、本当にあった事実のみが詳《くわ》しく書かれていたから。
イ デスクが直した原稿は、できごとの本来の順番が視聴者に伝わるように書かれていたから。
ウ デスクが直した原稿には、視聴者がおもしろいと感じられるような内容が中心に書かれていたから。
エ デスクが直した原稿には、視聴者にとってわかりやすい内容が選ばれて書かれていたから。

（　）

攻略！ 「これなら」の「これ」が指す内容を、前の部分から読み取ろう。

4 ④ニュースも編集されている とは、ここではどんなことを表していますか。次から一つ選び、記号で答えなさい。（10点）

ア 多少事実と異なる内容が混じっていても、視聴者が映像を楽しめるように、情報を加工していること。
イ 嘘にならないようにしながらも、視聴者にとって役立つように、伝える内容を膨《ふく》らませていること。
ウ 事実に反しないように気をつけながら、視聴者の興味をひくために、伝え方を工夫《くふう》していること。
エ 決して嘘の情報が混じらないように、視聴者に対して実際にあった事実を手を加えずに伝えていること。

（　）

5 ⑤ある結婚式のシーン とありますが、どんな映像をつなぐと、次の①と②のイメージになるのですか。それぞれ文章中から抜き出しなさい。　10点×2（20点）

① 幸せな結婚のイメージ

（　　　）

② 波乱の結婚生活のイメージ

（　　　）

6 よく出る ⑥映像をして語らしめる とは、どういうことですか。次から一つ選び、記号で答えなさい。（10点）

ア 言葉による説明を助けるために、映像によって伝えること。
イ 言葉と映像の良さを生かして、あるイメージを伝えること。
ウ 言葉が使用できない状況《じょうきょう》のため、映像によって伝えること。
エ 言葉にたよらず映像によって、あるイメージを伝えること。

（　）

知識の泉 Q ——を漢字で書くと？　シコウ錯誤《さくご》して決める。

確認のワーク ステージ1

漢字の広場2 画数と活字の字体
材料を整理して案内文を書く

学習のねらい
- 漢字の画数や活字の字体の特徴《とくちょう》について知ろう。
- 目的や意図に合わせて材料を整理し、案内文を書く方法を知ろう。

解答 7ページ　スピードチェック 4ページ

漢字

1 漢字の読み 読み仮名を横に書きなさい。

＊は新出漢字
▼は新出音訓・◎は熟字訓

❶ 確▼認　❷ ▼滋味　❸ ＊抑制　❹ ＊逮捕《ほ》
❺ ＊陵墓　❻ ＊隙間　❼ ＊狩＊猟　❽ ＊詣でる
❾ ＊畜産　❿ 断＊崖　⓫ 海＊亀　⓬ ▼熟れる
⓭ ＊廊下　⓮ ＊掃▼除　⓯ 一周＊忌　⓰ 近▼郷
⓱ ▼干潟　⓲ ＊瓶　⓳ 食＊卓　⓴ ▼京＊浜

2 漢字の書き 漢字に直して書きなさい。

❶（なっとく）した顔。
❷ 犯人の（たい）捕《ほ》。
❸ 魚が（さんらん）する。
❹ 部屋の（そうじ）。
❺ 辞典の（さくいん）。
❻ 心の（かっとう）。
❼（ゆいごん）を残す。
❽（すこ）やかに育つ。

基本問題　漢字の広場2

1 明朝《みんちょう》体と教科書体にあてはまる説明をあとから全て選び、記号で答えなさい。

①明朝体（　　）　②教科書体（　　）

ア 文字を書くときに手本となるよう、書かれた文字を基本にして作られた活字。
イ 印刷物として読みやすくなるように、デザインを重視して作られた活字。
ウ 画数や文字の形が確認しやすい。
エ 誇張《こちょう》されている部分がある。

2 次の活字の字体をそれぞれあとから選び、（　）に記号で答えなさい。また、正しい総画数を〔　〕に漢数字で書きなさい。

① 北（　　）・〔　　〕画
② 遠（　　）・〔　　〕画
③ 糸（　　）・〔　　〕画

ア 教科書体　イ 明朝体　ウ ゴシック体

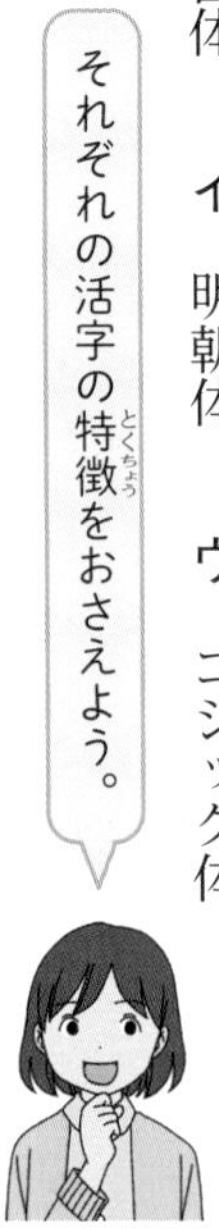
それぞれの活字の特徴《とくちょう》をおさえよう。

知識の泉　**A** **試行。**「試行錯誤《さくご》」＝試みと失敗を繰《く》り返しながら，解決策を見つけること。

3 次の漢字の総画数を、漢数字で書きなさい。

① 狩〔　　〕画　② 隙〔　　〕画

③ 卵〔　　〕画　④ 湾〔　　〕画

⑤ 滋〔　　〕画　⑥ 違〔　　〕画

4 次の言葉の――線部の漢字を、漢和辞典の総画索引を使って引き、総画数を漢数字で書きなさい。また、この場合の漢字の読みと意味を書きなさい。

① 郷土　総画数…〔　　〕画
読み…〔　　〕
意味…〔　　〕

② 健やか　総画数…〔　　〕画
読み…〔　　〕やか
意味…〔　　〕

③ 遺言　総画数…〔　　〕画
読み…〔　　〕
意味…〔　　〕

基本問題　材料を整理して案内文を書く

1 学習発表会の案内文を書くことになったAさんは、案内文に入れる情報を次のように書き出しました。

●日時・場所・プログラム・持ち物・注意事項《じこう》

1 図書室で行う学習発表会を、校内に入ったことがない地域のかたがたに向けた案内文にするためには、ほかにどのような情報があるとよいですか。考えて書きなさい。

〔　　〕

2 自分の家族に向けた案内文にする場合、どのような情報を加えたほうがよいですか。［　］から言葉を選び、〔　〕に書き入れなさい。

自分の〔　　〕や、発表の中で〔　　〕してほしい部分についての情報。

［出番　友人　注目　写真　質問］

2 よく出る　相手に伝わりやすい案内文の書き方について説明したものを次から二つ選び、記号で答えなさい。

ア 読む人が興味をもつように、書体や文字の大きさを工夫《くふう》する。
イ 読む人に自分の意図がわかるように、意見や思いを丁寧《ていねい》に書く。
ウ 日時や場所などの必要な情報は、箇条《かじょう》書きで示す。
エ 直接関係のないさまざまな情報もできるだけ多く示す。

〔　　〕〔　　〕

知識の泉　Q 「五十歩百歩」の意味は？

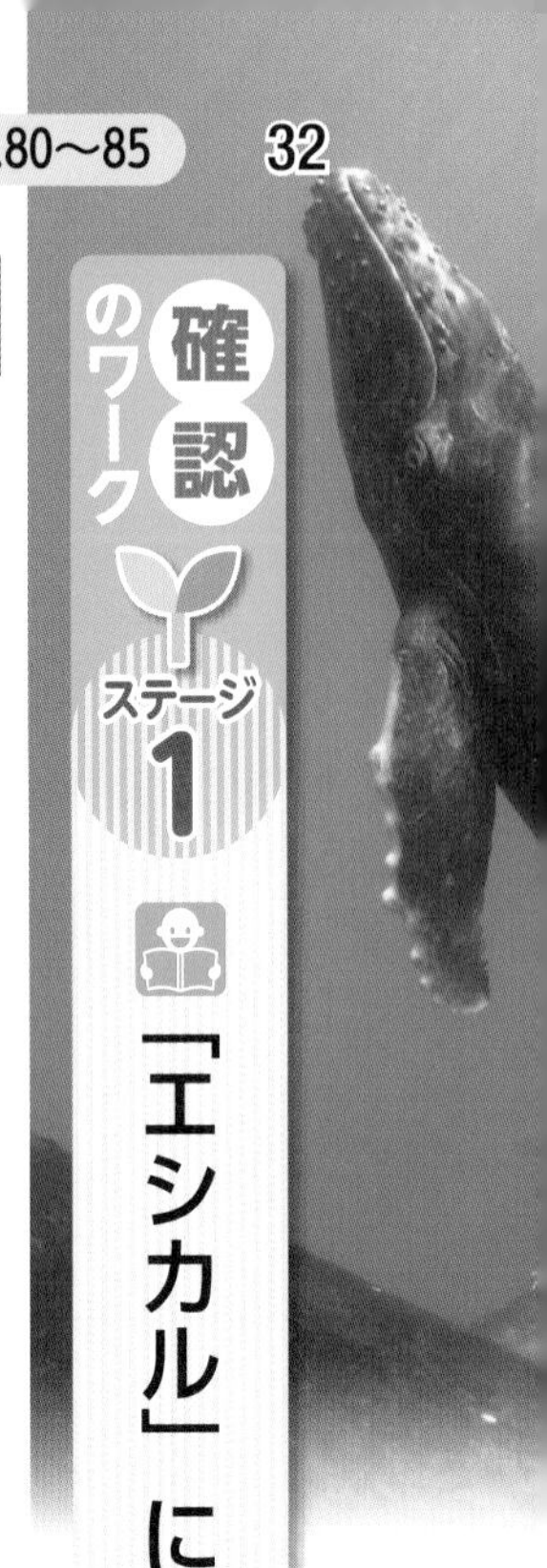

確認のワーク ステージ1
「エシカル」に生きよう

言葉

1 語句の意味 意味を下から選んで、線で結びなさい。

① 過剰《かじょう》 ・　　・ア しっかりと理解すること。
② 概念《がいねん》 ・　　・イ 物事についての意味内容。
③ 把握《はあく》 ・　　・ウ 真面目でひたむきなこと。
④ 真摯《しんし》 ・　　・エ 必要な量や程度をはるかに超《こ》えていること。

教科書の要点

1 話題 筆者は「エシカル」についてどのように説明していますか。（　）に教科書の言葉を書き入れなさい。 教p.81

●「エシカル」…法律の縛《しば》りはないが、多くの人が（①　　　　）と思うこと、または、（②　　　　）をさす言葉。

●「エシカル消費」の「エシカル」…人や（③　　　　）、社会、地域に配慮《はいりょ》した（④　　　　）や行動のこと。

題名の「『エシカル』に生きよう」に、筆者の考えが表れているね。

解答 8ページ　予想問題 134ページ

学習のねらい
●具体例と筆者の考えの関係に注目して読もう。
●環境《かんきょう》問題に対する筆者の主張を読み取ろう。

2 筆者の考え 筆者の考えを次のようにまとめました。［　］から言葉を選び、（　）に書き入れなさい。 教p.80〜83

問題 Tシャツの素材である綿花の生産現場の現実。農薬被害《ひがい》による農家の人々の犠牲や、綿花畑の（①　　　　）への労働強制。

筆者の考え 消費者にこそ、この現実を解決し、変化を起こす一端《いったん》を担《にな》う力がある。→「顔や（②　　　　）が見える消費」、製品の過去、現在、（③　　　　）を考えて消費する「エシカル消費」が注目され始めており、それに取り組む必要がある。

問題 「プラスチックごみ」による（④　　　　）の問題。

筆者の考え （⑤　　　　）が行政や企業《きぎょう》側の取り組みを支えることも重要。→消費者が消費から（⑥　　　　）までの行動を真摯《しんし》に考えることで改善に導ける。

［未来　廃棄　消費者　子どもたち　海洋汚染《おせん》　背景］

知識の泉 **A たいして違わないこと。** 類義語に「大同小異」がある。

3 構成のまとめ

（　）に教科書の言葉を書き入れなさい。（各段落に1～17の番号をつけて読みましょう。）

教 p.80～84

	序論	本論	本論	結論
まとまり	生産工程で起きていること	エシカル消費とは	エシカルの観点から考える海洋汚染の問題	筆者の主張
段落	1～6段落	7～11段落	12～15段落	16～17段落
内容	▼買い手である私たちは、製品が作られる生産（①　　）を見ることは容易ではない。 ▼生産の場では、人や地球環境《かんきょう》を犠牲にするような問題が起きている。 具体例　手ごろな価格のTシャツの素材である綿花の生産現場。 ■生産に従事しているのは、主に開発途上《とじょう》国の人たち。 ■（②　　）の使用で綿花農家の人々が命を落としている。 ■インドでは、子どもたちが劣悪《れつあく》な労働を強《し》いられている。	「エシカル消費」が注目され始めている。●エシカル…（③　　）や地球環境、社会、地域に配慮した考え方や行動。 →人や地球環境の犠牲の上に立っていない製品を購入《こうにゅう》すること。→「顔や背景が見える消費」 ▼「エシカル」の概念《がいねん》は、（④　　）・人権・気候変動の課題を同時に解決するのに有効である。 具体例　Tシャツをエシカルな観点から購入する。 ↓製品の 過去（例 農家や土壌《どじょう》に優《やさ》しいオーガニックの綿か） 現在（例 丈夫《じょうぶ》で長持ちするか） 未来（例 リサイクルが可能な素材か） を考えて消費する。	●「エシカル」という観点から、「（⑤　　）」による海洋汚染について考えてみる。 世界では年間八〇〇万トンものプラスチックごみが海に流出し、深刻な問題を引き起こしている。 具体例　母乳しか飲まないはずの（⑥　　）の赤ちゃんの死骸《しがい》の胃の中からプラスチックごみが発見された。 ▼神奈川県はプラスチック製ストローの利用廃止などの取り組みを宣言。その達成には、消費者が行政や企業側の取り組みを（⑦　　）ことも重要。→消費者が消費から廃棄までの行動を真摯に考えることで、改善に導ける。	◆地球環境を守るためにも、（⑧　　）や他者へ思いをはせ、自らの影響《えいきょう》を考えながら分かち合う心が大切。 ◆身のまわりから、自分に何ができるかを考え、（⑨　　）することから始めてほしい。

おさえよう

要旨《ようし》　生産工程で起きている問題や、プラスチックごみによる海洋汚染の問題に対し、私たち消費者は〔ア エシカル　イ グローバル〕な観点から考え、行動することが求められる。地球の環境を守るためにも、見えないものに対して〔ア 影響力　イ 想像力〕をはたらかせ、身のまわりのことから、自分にできることを実践していこう。

知識の泉　Q □に共通して入る数は？　三つ子の魂《たましい》□まで・雀《すずめ》□まで踊《おど》り忘れず

実力判定テストA ステージ2
「エシカル」に生きよう

30分

自分の得点まで色をぬろう!
100点 合格! 80 もう一歩 60 がんばろう! 0
/100

解答 8ページ

1 次の文章を読んで、問題に答えなさい。

教 p.80・下⑨〜81・上①

　私たちにとってあたりまえとなっている手ごろな価格のTシャツ。しかし、その「①あたりまえ」の向こう側には②驚《おどろ》くような現実があるのです。多くのTシャツは綿から作られています。世界では約一億世帯の農家が綿花の生産に従事しており、うち九〇%は開発途上《とじょう》国の人たちです。一般《いっぱん》的な農業では、農薬による被害《ひがい》で毎年約三十五万人が亡《な》くなっています。綿花栽培《さいばい》に目を向ければ、世界中の農耕面積のうち、綿花に使用しているわずか二・五%足らずの土地に、約十六%もの殺虫剤《さっちゅうざい》が使用されていることから、少なくない数の綿花農家の人々が命を落としていると考えられます。また、インドの綿花畑では、四〇万人以上の子どもたちが劣《れっ》悪《あく》な労働を強《し》いられています。

〈末吉《すえよし》里花《りか》「『エシカル』に生きよう」による〉

1 ①あたりまえ　とありますが、ここではどんなものを指していますか。「私たちが」という言葉を使って書きなさい。（20点）

（　　　）

2 よく出る　②驚くような現実　とありますが、これはどんなことですか。次の文の（　）にあてはまる言葉を、文章中から抜き出しなさい。　5点×3（15点）

・世界で、綿花の生産に従事している農家の世帯のうち九割が（　　　）であり、少なくない数の綿花農家の人々が、殺虫剤の使用で（　　　）と考えられること。

・インドの綿花畑では、四〇万人以上の子どもたちが（　　　）を強いられていること。

攻略! 数字に着目してどんな事実があるのかを読み取ろう。

3 この文章で筆者はどんなことを説明していますか。次から一つ選び、記号で答えなさい。（15点）

ア　手ごろな価格の商品がなぜよく売れるのかについて、世界の実態を示して説明している。

イ　手ごろな価格の商品の良さや欠点について、身近な具体例をあげて説明している。

ウ　手ごろな価格の商品の生産工程にある問題点を、具体的な数字を示して説明している。

エ　手ごろな価格の商品の品質に関する問題点を、実体験をもとに説明している。

（　　　）

知識の泉　A 百。　どちらも「幼いとき身についたことは一生変わらない」ということ。

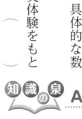

2 次の文章を読んで、問題に答えなさい。

教 p.81・上⑩〜下⑫

皆《みな》さんは「エシカル」という言葉を聞いたことがありますか。

エシカルとは、直訳すると「倫理《りんり》的な」という意味で、法律の縛《しば》りはないけれども多くの人が正しいと思うこと、または社会的規《き》範《はん》をさす言葉です。最近、日本でも①「エシカル消費」が注目され始めています。ここでいうエシカルとは、人や地球環境《かんきょう》、社会、地域に配慮《はいりょ》した考え方や行動のことをいいます。つまり、エシカルな消費とは、人や地球環境の②犠牲《ぎせい》の上に立っていない製品を購《こう》入《にゅう》することであって、いわば「顔や背景が見える消費」ともいえます。

今、世界の緊急《きんきゅう》課題である、貧困《ひんこん》・人権・気候変動の三つの課題を同時に解決していくために、この「エシカル」という概念《がいねん》が有効だといわれています。

例えば、Tシャツを③エシカルな観点から購入するとは、どういうことでしょうか。働く農家にも、土壌《どじょう》にも優《やさ》しい有機栽培《さいばい》された綿を使って作られるオーガニックコットンのTシャツや、途上《とじょう》国の生産者に適正な価格を支払《しはら》い、彼らの生活改善と自立を目ざすフェアトレードのTシャツ、丈夫《じょうぶ》で長持ちする品質のよいTシャツ、リサイクルが可能な素材を使用したTシャツ、古着としても人気が出そうな飽《あ》きのこないデザインのTシャツなど、実に多様な選択肢《せんたくし》があります。

〈末吉《すえよし》 里花《りか》「『エシカル』に生きよう」による〉

1 ①「エシカル消費」が注目され始めています について答えなさい。

(1) 「エシカル消費」とは、どうすることですか。文章中から二十七字で抜き出し、初めと終わりの五字を書きなさい。 完答（10点）

[　　　　　]〜[　　　　　]

(2) 「エシカル消費」が注目されているのは、なぜだと考えられますか。次の文の（　）にあてはまる言葉を、文章中から抜き出しなさい。 5点×4（20点）

（①　　　）・（②　　　）・（③　　　）という、世界の緊急課題を同時に解決するために（④　　　）といわれているから。

攻略！ エシカル消費によって三つの課題にどんな影響《えいきょう》があるのか読み取ろう。

2 よく出る ②顔や背景が見える とは、どういうことですか。次から一つ選び、記号で答えなさい。（10点）

ア 製品を使用する人の思いや使われる状況《じょうきょう》がわかること。
イ 生産者の状況や、製品が作られる環境や工程がわかること。
ウ 消費者が求めているものやその理由がわかること。
エ 生産者が行う生産上の工夫《くふう》や苦労がわかること。（　）

3 よく出る ③エシカルな観点から購入する の例としてあてはまらないものを次から一つ選び、記号で答えなさい。（10点）

ア 丈夫で長持ちする品質のよい製品を買うこと。
イ 土壌に負担の少ない素材で作られた製品を買うこと。
ウ 品質のわりに価格をおさえた製品を買うこと。
エ 長く人気が出そうなデザインの製品を買うこと。（　）

知識の泉 Q 同じ意味のことわざ，「豚《ぶた》に真珠《しんじゅ》」「□に小判」。□に合う動物は？

実力判定テストB ステージ3

「エシカル」に生きよう

30分

自分の得点まで色をぬろう!
100点 合格! 80 もう一歩 60 がんばろう! 0
/100

解答 9ページ

☆ 次の文章を読んで、問題に答えなさい。

教 p.82・①〜84・⑦

　エシカルという観点から、今、世界規模で社会問題となっている①「プラスチックごみ」による海洋汚染《おせん》について考えてみましょう。私たちが購入する製品には、石油由来のプラスチックでできているものが少なくありません。海辺のごみの実態を把握《はあく》する市民調査である、国際海岸クリーンアップ（ICC）の結果では、七〇％以上は陸域で使用される生活ごみであることがわかりました。

　また、国際環境《かんきょう》計画（UNEP）の報告書によると、世界には年間八〇〇万トンもの、プラスチックごみが海に流出しています。自然には分解しないプラスチック製の漁網やロープが、アザラシやウミガメに絡《から》まるという被害《ひがい》が頻発《ひんぱつ》しています。魚や海鳥がプラスチックごみを餌《えさ》とまちがえて食べても消化されません。②使っているときには便利なプラスチックの特徴《とくちょう》が、ごみになったときに③深刻な問題を引き起こしているのです。

　二〇一八年八月にショッキングなできごとがありました。神奈川県鎌倉《かまくら》市の由比《ゆい》ヶ浜《がはま》海岸にシロナガスクジラの赤ちゃんが打ち上げられ、胃の中からプラスチックごみが発見されました。母乳しか飲まないはずの赤ちゃんクジラが誤って飲み込《こ》んでしまうほど、海に多くのプラスチックごみが浮《う》いていることが推測できる、と専門家は分析《ぶんせき》しています。

　神奈川県はこのできごとを④「クジラからのメッセージ」として受け止め、プラスチック製ストローやレジ袋の利用廃止、回収などの取り組みを広げていくことを宣言しました。この宣言を達成するためには、行政や企業《きぎょう》側の努力も必要ですが、そうした取り組みを私たち消費者が支えることも重要です。プラスチックごみによる海洋汚染の問題は、私たちが消費から廃棄までの行動を真摯《しんし》に考えることで、改善に導くことができるのです。

　ここで考えてきたような問題を解決するためには、見えないものを見ようとする力を育むことが大切です。身近な問題に疑問をもつところから始め、想像力をはたらかせてみる。たった一つしかない地球で、人間や他の生き物が暮らし続けられる環境を守るためにも、⑤見えないものや他者へ思いをはせ、一人一人が自らの影響《えいきょう》を考えながら分かち合う心をもつことが求められています。

〈末吉《すえよし》 里花《りか》「『エシカル』に生きよう」による〉

1 ①「プラスチックごみ」による海洋汚染　の内容をまとめました。（　）にあてはまる言葉を、文章中から抜き出しなさい。　5点×3（15点）

海辺のごみの（　　　　）以上は、プラスチック製品を含む陸域の（　　　　）であり、海に流出するプラスチックごみの量は、世界で年間（　　　　）にも上る。

2 ②使っているときには便利なプラスチックの特徴　とは、どんな特徴ですか。文章中から九字で抜き出しなさい。　（10点）

3 ③深刻な問題　とは、具体的にどんなことですか。文章中の言葉を使って二つ書きなさい。　10点×2（20点）

4 レベルUP　④クジラからのメッセージ　とはどんなことだと考えられますか。次から一つ選び、記号で答えなさい。　（15点）

ア　海の環境や生物に悪い影響を及《およ》ぼすプラスチックごみが、これ以上海に流出しないようにしてほしいということ。

イ　プラスチックごみを誤って飲み込んでしまうのは、シロナガスクジラの赤ちゃんにありがちな現象だということ。

ウ　シロナガスクジラが誤って飲み込んだ胃の中のプラスチックごみを、全て取り除いてほしいということ。

エ　海に浮いているプラスチックごみを回収して、元の美しい海岸の景色を取り戻《もど》してほしいということ。（　　）

5 記述　⑤見えないものや他者へ思いをはせ　とありますが、地球環境を守るためにこのようにするには、どうすることが大切ですか。「想像力」という言葉を使って書きなさい。　（20点）

6 よく出る　筆者は、地球環境を守るためには何が大切だと述べていますか。次から一つ選び、記号で答えなさい。　（20点）

ア　行政や企業側の力には頼《たよ》らず、一人一人が想像力をはたらかせながら問題に取り組むことが大切だ。

イ　人間が自然や生き物に与《あた》える影響を想像し、人間の社会活動を制限する法律を作ることが大切だ。

ウ　推測ではなく調査によって明らかになる事実に基づいて、問題への対策を検討することが大切だ。

エ　身近な問題の背後に隠《かく》れている問題に目を向け、自らの影響を考えながら行動することが大切だ。（　　）

確認のワーク ステージ1

森には魔法つかいがいる

解答 10ページ スピードチェック 5ページ 予想問題 135ページ

学習のねらい
●問いに対する答えを見つけていく論理の展開を捉《とら》えよう。
●筆者の体験に着目して、筆者の考えを読み取ろう。

漢字と言葉

1 漢字の読み 読み仮名を横に書きなさい。

*は新出漢字 ▼は新出音訓・◎は熟字訓

❶ *魔法 ❷ 入り*江 ❸ *泥水 ❹ *粒子 ❺ *壊滅《めつ》

2 漢字の書き 漢字に直して書きなさい。

❶（りゅうし）が粗《あら》い。 ❷（かい）滅《めつ》的な状態。

❸（まほう）を使う。 ❹ 入り（え）の景色。

❺（どろみず）が流れる。

3 語句の意味 意味を下から選んで、線で結びなさい。

❶ 深刻 ・ ・ア 確かにそうなると固く信じること。
❷ ろ過 ・ ・イ 物事の評価や行動の基準になる判断。
❸ しわ寄せ ・ ・ウ 重大な事態に心がとらわれている様子。
❹ 価値観 ・ ・エ 液体に混じっている物質をこし取ること。
❺ 確信 ・ ・オ 不利益を他のものに押しつけること。

教科書の要点

1 内容理解 植物と鉄は、どんな関係にありますか。（ ）に教科書の言葉を書き入れなさい。 教p.93

●植物は、光合成を行う（ ）を作るために、鉄を必要とする。

●植物は、育つために（ ）の中から窒素やリン酸などを取り込《こ》むとき、鉄の助けを必要とする。

2 内容理解 森と川と海との関係について説明するとき、正しい順番になるように番号を書きなさい。 教p.94

（ ）フルボ酸鉄が川の水の流れによって運ばれる。
（ ）フルボ酸と鉄が結びついて、フルボ酸鉄になる。
（ ）海で植物プランクトンがたくさん発生する。
（ ）森の腐葉土《ふようど》からフルボ酸ができる。

3 問いの答え 森にいる「魔法つかい」の正体はなんですか。（ ）に教科書の言葉を書き入れなさい。 教p.94

森にいる魔法つかいの正体は、「（ ）」だった。

知識の泉 **A 足。** 〈例〉予想以上にお客さんが来て，かなり足が出てしまった。

4 構成のまとめ

（　）に教科書の言葉を書き入れなさい。（各段落に1〜32の番号をつけて読みましょう。）教 p.88〜96

	序論	本論	結論
まとまり	問い 森にいる魔法つかいとは？ 1〜7 段落	問いの答え 魔法つかいの正体 8〜27 段落	まとめ 震災後の海 28〜32 段落
できごと	●六十年以上も昔、筆者が中学生の頃《ころ》…気仙沼《けせんぬま》湾に「かき研究所」が設立。所長は世界的に有名なカキ博士…東北大学の今井丈夫《いまいたけお》先生。 研究者たち…→先生の指示に従い、腐葉土を使ってカキの赤ちゃんに食べさせる植物（①　　）を増やすことができた。 今井先生 〝森には魔法つかいがいる〟	●昭和三十年代から四十年代…（②　　）優先の時代 …→工場廃水で海が汚《よご》れて、カキの成長が悪くなり、死んでしまう。 ●一九六二（昭和三十七）年…筆者はカキ養殖《ようしょく》業を継《つ》ぐ。 ●一九八九（平成元）年…漁師による（⑤　　）を始める。 ●翌年…北海道大学の松永勝彦《まつながかつひこ》先生と出会う。 ●植物プランクトンが育つためには（⑥　　）が必要だが、水に溶《と》けだすと沈《しず》むため海には少ない。↕河口では多い。 …→森林の腐葉土の「フルボ酸」が鉄に結びつき、沈まない鉄になる。	●二〇一一（平成二十三）年…東日本大震災《しんさい》が起きた。海から（⑦　　）の姿が消えたが、五月には戻《もど》ってきた。川は、森の鉄を海に届け続けていた。
問い・気づき・答え	▼魔法つかいとは何か。（正体がわかったのは、三十年後。）	▼（③　　）を見なければいけないのではないか。→「森と川と海は（④　　）なのだ。」という価値観を共有しなければならない。 ▼川の水が沈まない鉄を運んでいる。 ▼魔法つかいの正体→沈まない鉄＝フルボ酸鉄	▼養殖業は再開できると確信した。 ▼やはり、森には魔法つかいがいた。

おさえよう

要旨《ようし》 筆者は、カキ養殖業や森づくりの体験を通して、森で生まれる鉄が川によって運ばれて、河口でカキの餌《えさ》となる〔ア 植物プランクトン　イ 小魚〕を増やしていることを知った。そして、森で生まれる鉄は、〔ア 貴重な　イ 沈まない〕鉄のフルボ酸鉄で、これが森にいる魔法つかいの正体だとわかった。

知識の泉 Q ——線を漢字で書くと？　出発がノびる。

実力判定テストA ステージ2

森には魔法つかいがいる

30分

自分の得点まで色をぬろう!
100点 合格! 80 もう一歩 60 がんばろう! 0 /100

解答 10ページ

★ 次の文章を読んで、問題に答えなさい。 教 p.90・⑭〜92・⑬

一九六二（昭和三十七）年、水産高校を卒業した私は、家業のカキ養殖《ようしょく》業を継《つ》いで、漁師になっていました。きれいな海を取り戻《もど》すにはどうしたらいいのだろう。――仲間たちと話し合っていて思い出したのは、中学生の時に聞いた①〝森には魔法つかいがいる。〟という今井《いまい》先生の言葉です。

私は、はっとしました。今まで海のほうばかり向いて考えていましたが、森を見なければいけないのではないかと気がついたのです。

そこで、気仙沼湾《けせんぬまわん》に注ぐ大川《おおかわ》の河口から上流に向かって歩いてみました。

②やはり山が荒《あ》れていました。山には、手入れのされていない杉林《すぎばやし》が広がっています。間伐《かんばつ》されない杉林には日の光が入らず、下草が生えていません。そのようなところには虫や鳥もいません。土はぱさぱさに乾《かわ》いています。③大雨が降るとたちまち海に泥水が流れてくるのは、このためだとわかりました。

④水田地帯に行ってみると、しいんとしています。生き物の気配が感じられません。レイチェル＝カーソンが書いた『沈黙《ちんもく》の春』という本を思い出しました。農薬や除草剤《ざい》を大量に使うようになった農地から生き物が姿を消し、静かになってしまったというストーリーです。

私はそこで、川の流域に暮らしている人たちと、海で仕事をする漁師たちとの間で、⑤「森と川と海は一つなのだ。」という価値観を共有しなければならないと思いました。

そのためにはどうすればいいのか、いろいろ考えて始めたのが、漁師による森づくり〝森は海の恋人《こいびと》〟です。大川上流の室根《むろね》山に、落葉広葉樹を植える運動です。一九八九（平成元）年九月のことでした。

そしてその翌年、北海道大学の松永勝彦《まつながかつひこ》先生と出会い、⑥森と海とをつなぐ科学的なメカニズムを知ることができたのです。

「森林は海に鉄を供給する役目をしています。」と、松永先生は話し始めました。「えっ、鉄？」意外なキーワードの登場です。

〈畠山《はたけやま》 重篤《しげあつ》「森には魔法つかいがいる」による〉

1 筆者はなんの仕事をしていますか。書きなさい。 （10点）

（　　　　）

2 よく出る ①〝森には魔法つかいがいる〟という今井先生の言葉を思い出した筆者は、どんなことに気がつきましたか。□にあてはまる言葉を、文章中から抜き出しなさい。 10点×2（20点）

知識の泉 **A** 延。「延びる」＝時間が長びく。ものが長くなる。「伸《の》びる」＝成長する。発展する。

[　　　　　　　　]ため
には、[　　　　　　　　]
[　]ということ。

3 ②やはり には、筆者のどんな思いが表れていますか。次から一つ選び、記号で答えなさい。（10点）

ア 期待以上だ。　イ 以前と同じだ。
ウ 仕方のないことだ。　エ 予想どおりだ。
（　　）

4 よく出る ③大雨が降るとたちまち海に泥水が流れてくる とありますが、このような現象が起こるとき山はどのような状態ですか。具体的に説明しなさい。（10点）

（　　　　　　　　）

5 ④水田地帯 はどんな様子でしたか。「……様子。」という形で書きなさい。（10点）

（　　　　　　　　）

6 ⑤「森と川と海は一つなのだ。」という価値観を共有しなければならない について答えなさい。

(1) 「森と川と海は一つなのだ。」とは、どういうことですか。次から一つ選び、記号で答えなさい。（10点）

ア 人間にとってどれも守るべき大切な自然だということ。
イ 深く影響し合い、切り離《はな》すことができない関係だということ。
ウ 水をためているという点で共通しているということ。
エ 地形的につながり、境界線がはっきりしないこと。
（　　）

攻略！ 筆者が今井先生の言葉から気づいたことに着目しよう。

(2) 筆者は、価値観を共有するために、何をしましたか。（　）にあてはまる言葉を、文章中から抜き出しなさい。5点×2（10点）

漁師が山に（　　　　）を植えて森をつくる、〝（　　　　）〟という運動を始めた。

7 ⑥森と海とをつなぐ科学的なメカニズム とありますが、森林と海はどのようなつながりがあるのですか。（10点）

（　　　　　　　　）

攻略！ 直後の松永先生の言葉から考えよう。

8 よく出る この文章の展開について説明したものとして適切なものを次から一つ選び、記号で答えなさい。（10点）

ア 初めに、問いに対する筆者の仮説を示し、実験によって得た結果を順に説明している。
イ 初めに筆者の体験を具体的にあげ、それに裏づけされた考えを最後にまとめている。
ウ 初めに筆者の課題を示し、その解決方法を見つけていく過程を時系列に沿って説明している。
エ 初めと終わりに筆者の主張を示し、中の部分でその主張を支える資料や調査結果を示している。
（　　）

知識の泉
Q 「庫」の部首名はどっち？　ア＝やまいだれ　イ＝まだれ

実力判定テストB ステージ3

森には魔法つかいがいる

30分

自分の得点まで色をぬろう!
合格! もう一歩 がんばろう!
100点 80 60 0
/100

解答 11ページ

☆ 次の文章を読んで、問題に答えなさい。 教p.92・⑭〜95・⑤

皆《みな》さんも、鉄が人間にとって大切な栄養素であることは知っていますよね。

血液中にある赤血球は、鉄を含《ふく》んだ細胞《さいぼう》です。赤血球はその鉄に酸素をつけて、体のすみずみまで運んでいます。鉄は酸素と仲よしなのです。酸素のおかげで、私たちは脳をはたらかせ、体を動かすことができます。酸素を届けた赤血球は、今度は不要になった二酸化炭素を受け取り、肺から放出します。これが①呼吸の仕組みです。

酸素や二酸化炭素をつけたり放したり、……こんな芸当をこれほどまで効率よくできるのは鉄だけです。

では、植物と鉄とは、どのような関係にあるのでしょう。

皆さんは、植物が光合成をしているのは知っていますね。植物の緑色のもとである葉緑素が光合成を行っています。その葉緑素を作るのには、鉄が必要なのだそうです。

それから、植物が育つためには、肥料の中の窒素やリン酸などを取り込《こ》まなければなりません。そのときにも、鉄の助けが不可欠です。

鉄は、岩石や土の中に含まれています。実は、地球の目方の三分の一は鉄なのだそうです。地球は鉄の惑星《わくせい》なのです。

ところが、水に溶《と》けだした鉄は、酸素と出会うと粒子《りゅうし》（粒々《つぶつぶ》の塊《かたまり》）となって沈《しず》んでしまいます。ですから、②海にはもともと鉄が少なく、そのために植物プランクトンが少ないのです。

「けれど、③沈まない鉄があることがわかったのですよ!」

と、松永《まつなが》先生は言いました。

カキの餌《えさ》となる植物プランクトンも植物です。カキの養殖《ようしょく》場である河口では、周りの海に比べ、植物プランクトンがたくさん発生しています。ということは、そう! 川の水が、沈まない鉄を運んでいるということではないでしょうか。

「森林の腐葉土《ふようど》では、『フルボ酸』という物質が生まれます。フルボ酸が鉄に結びつくと、重い粒子にはならずに『フルボ酸鉄』となって、川の水に流されてきて、海中に浮遊《ふゆう》するのです。」

〝④森には魔法つかいがいる〟——魔法つかいの正体は、「フルボ酸鉄」だったのです。

そして、それからまた三十年が過ぎました。⑤漁師による森づくりは現在まで続き、森は大きくなり、川もきれいになりました。流域の人々が同じ気持ちで川を汚さないように取り組んだ結果、豊かな海がよみがえっていました。

〈畠山《はたけやま》 重篤《しげあつ》「森には魔法つかいがいる」による〉

知識の泉　A イ。　形の似ている部首に注意。「やまいだれ」→疒。「がんだれ」→厂。

1 ①呼吸の仕組み について答えなさい。

(1) 「呼吸の仕組み」とは、どんな仕組みですか。（　）にあてはまる言葉を、文章中から抜き出しなさい。 5点×3（15点）

鉄を含んだ細胞である（　　）が、鉄に（　　）をつけて体のすみずみまで運び、運び終えたら、不要になった（　　）を受け取り肺から放出する仕組み。

(2) よく出る 「呼吸の仕組み」を説明することで、筆者が伝えようとしているのは、どんなことですか。文章中から十九字で抜き出しなさい。（10点）

□□□□□□□□□□□□□□□□□□□。

2 植物が鉄を必要とするのは何をするためですか。具体的に二つ書きなさい。 10点×2（20点）

（　　）

（　　）

3 記述 ②海にはもともと鉄が少なく、そのために植物プランクトンが少ない とありますが、鉄が少ないと植物プランクトンが少ないのはなぜですか。書きなさい。（15点）

（　　）

4 ③沈まない鉄 について答えなさい。

(1) 沈まない鉄の正体は何ですか。文章中から五字で抜き出しなさい。（5点）

□□□□□

(2) 沈まない鉄があることがわかった経緯《けいい》を説明した次の文の（　）にあてはまる言葉を、文章中から抜き出しなさい。 5点×2（10点）

鉄を必要とする（　　）が河口ではたくさん発生していたことから、（　　）が鉄を運んでいるとわかった。

5 レベルUP ④魔法つかい と呼ばれる物質のできかたについて説明した文として適切なものを次から一つ選び、記号で答えなさい。（10点）

ア 空気中の「フルボ酸」が、森林の腐葉土中の鉄の作用によって変化してできる。

イ 森林の腐葉土にもともと含まれている「フルボ酸」と鉄が、水中で結びつくことでできる。

ウ 水によって運ばれる「フルボ酸」と、森林の腐葉土に含まれる鉄が結合することでできる。

エ 森林の腐葉土から生じる「フルボ酸」が、土の中で鉄と結びつくことでできる。

（　　）

6 ⑤漁師による森づくり が続いた結果、自然の環境《かんきょう》はどうなりましたか。まとめて書きなさい。（15点）

（　　）

知識の泉 Q 「文章の字句を練ること」を表す故事成語は？ ア＝杜撰《ずさん》 イ＝推敲《すいこう》

確認のワーク ステージ1

文法の小窓2 文の成分

学習のねらい
●文の成分のはたらきを知ろう。
●文節と文節の関係を知り、文の組み立てを捉《とら》えよう。

解答 11ページ スピードチェック 19ページ

教科書の要点

1 文の成分 （　）に言葉を書き入れなさい。 教 p.275〜278

●文の成分＝文の中で文を組み立てる部分のこと。

文の成分	はたらき・語例
①（　）	●「何（誰《だれ》）が」にあたる文の成分。「……が」でない場合もある。 例「姉は」「ぼくだけ」「試合も」
②（　）	●「どうする」「どんなだ」「何だ」「ある・いる」にあたる文の成分。 例「わたしが　話す。」（どうする） 「花が　きれいだ。」（どんなだ） 「あの　建物が　学校だ。」（何だ） 「大きな　夢が　ある。」（ある・ない）
修飾《しゅうしょく》語	●他の文の成分の意味や内容を詳《くわ》しくする文の成分。大きく次の二種類に分けられる。 ・（③　）→**体言《たいげん》**（事物や人などを表す言葉）**を含《ふく》む文の成分を修飾**し、「どんな」ことやものであるのかを詳しくするもの。 例「青い　空」 ・（④　）→**用言《ようげん》**（動作・作用・存在・性質・状態などを表す言葉）**を含む文の成分を修飾**し、「何を」するのか、「どのように」するのかなどを詳しくするもの。 例「野菜を　細かく　刻む。」
⑤（　）	●理由や条件などを表して、後の部分につながる文の成分。 例「寒いから、上着を　着る。」（理由） 「急げば、間に合うよ。」（条件） 「寝坊《ねぼう》したが、遅刻は　しなかった。」（逆接）
⑥（　）	●他の部分から独立している文の成分。 例「ああ、美しい　花だ。」（感動） 「皆《みな》さん、お元気ですか。」（呼びかけ） 「合格、これが　私の　目標だ。」（提示） 「こんばんは、外は　寒いですね。」（挨拶）

知識の泉 A イ。「杜撰《ずさん》」＝詩や文に誤りが多いこと。いいかげんなこと。

●連文節＝複数の文節がひとまとまりになったもの。

きれいな（修飾語） 花が（主語） 咲《さ》いた。（述語）
（きれいな 花が＝主部）

2 文の成分の組み立て

（　）に言葉を書き入れなさい。 教 p.278〜279

文節どうしの関係	はたらき・文例
主・述の関係	●主語と述語との関係。 例 父が（主語） 語る。（述語）
修飾・被《ひ》修飾の関係	●修飾する文の成分と修飾される文の成分との関係。 例 さわやかな（修飾語） 風が（被修飾語） 吹《ふ》く。
接続の関係	●接続語とそれにつながる部分との関係。
①（　　）の関係	●他の文節と対等に並んで結びつく、並立の文節どうしの関係。 例 私には 兄と 姉が います。
②（　　）の関係	●実質的な意味を補助する補助の文節と、その直前の文節との関係。 例 本に 目を 通して おく。 実質的な意味を表す文節 … 補助の文節 （もとの「置く」という意味が薄《うす》れているため、平仮名で書く。）

基本問題

1 次の文の主語に――線、述語に＝＝線をつけなさい。

① 朝の 高原の 空気は 冷たい。
② 私たちも 一緒《いっしょ》に 公園に 行きます。
③ 冷蔵庫には 飲みかけの ジュースさえ ない。
④ 私が この 学校の 生徒会長だ。

2 次の――線部の文の成分をあとから選び、記号で答えなさい。

攻略！ 述語を先に見つけてから対応する主語を見つける。

① 電線に すずめが とまって いる。（　）
② はらはらと いちょうの 葉が 落ちる。（　）
③ 疲《つか》れたが、我慢して 歩いた。（　）
④ おや、あの 人は 誰《だれ》だろう。（　）
⑤ 先生が みんなに おっしゃった。（　）

ア 主語　イ 述語　ウ 修飾《しゅうしょく》語
エ 接続語　オ 独立語

3 次の文の――線部は、どのような関係になっていますか。あとから選び、記号で答えなさい。

① この 問題は 難しかったが、答えられた。（　）
② 花が、よい 香りを 漂《ただよ》わせて いる。（　）
③ 彼は いつも 明るくて 元気だ。（　）
④ あの 本は 私も 読みました。（　）
⑤ 煙《けむり》が むくむくと 立ち上る。（　）

ア 主・述の関係　イ 修飾・被《ひ》修飾の関係
ウ 接続の関係　エ 並立《へいりつ》の関係　オ 補助の関係

知識の泉 Q 「知り合いが多い」という意味の慣用句は？ □が広い

実力判定テストA　ステージ2

文法の小窓2　文の成分

30分

自分の得点まで色をぬろう！
100点　合格！　80　もう一歩　60　がんばろう！　0
/100

解答 12ページ

1 よく出る 次の文の主語と述語を一文節で抜き出しなさい。また、それぞれの関係をあとから一つずつ選び、記号で答えなさい。 完答3点×5（15点）

① 白い　大きな　鳥が　湖に　いる。
主語（　　）述語（　　）関係（　　）

② 海辺の　町は　とても　静かだ。
主語（　　）述語（　　）関係（　　）

③ 弟も　来年の　春から　中学生だ。
主語（　　）述語（　　）関係（　　）

④ 多くの　小学生が　この　イベントに　参加した。
主語（　　）述語（　　）関係（　　）

⑤ 君こそ　学級委員長に　最も　ふさわしい。
主語（　　）述語（　　）関係（　　）

ア 何（誰《だれ》）がどうする。　イ 何（誰）がどんなだ。
ウ 何（誰）が何だ。　エ 何（誰）がある・いる。

2 次の文の修飾語《しゅうしょく》に――線を引き、その修飾語が連体修飾語ならアを、連用修飾語ならイを（　）に書きなさい。 完答2点×4（8点）

① 私は　十時に　寝る。（　　）

② これは　弟の　かばんだ。（　　）

③ 雨が　ぱらぱらと　降る。（　　）

④ あなたなら　きっと　成功するだろう。（　　）

攻略！ 他の文の成分を詳《くわ》しくするものを探そう。

3 よく出る 次の文の～～線部が修飾する文節を一つずつ選び、記号で答えなさい。 2点×6（12点）

① 小さな　ア子犬が　イ小屋の　ウ中で　エ寝て　オいる。（　　）

② 去年　ア祖母から　イもらった　ウセーターが　エもう　オ小さい。（　　）

③ アよく　焼けた　イたくさんの　ウ魚が　エ売られて　オいる。（　　）

④ 駅前で　ア好きな　イ男性の　ウ歌手の　エ姿を　オ見かけた。（　　）

⑤ ア我々は　イこれから　高い　ウ山に　エ登る　オ予定だ。（　　）

⑥ かなり　ア早い　イ時間に　ウ店で　エ朝食を　オ食べた。（　　）

知識の泉　A 顔。〈例〉父は，この地域ではとても顔が広い。

4 次の文から、接続語（接続部）となっている文節に――線を引きなさい。　3点×3（9点）

① 走った。だから、バスに 間に合った。

② この 本？ 読みたければ 貸すよ。

③ 食事をしたが、満腹には ならなかった。

5 次の文の独立語に――線を引きなさい。　2点×4（8点）

① こんにちは、今日も いい 天気ですね。

② もしもし、青木さんの お宅でしょうか。

③ 大自然、それは 人類が 守るべき 宝物だ。

④ 想像よりも、ああ、なんて 美しい 光景だろう。

攻略！ 独立語は、感動や呼びかけ、提示、挨拶を表すよ。

6 次の文の並立《へいりつ》の関係にある文節に――線を引きなさい。　2点×3（6点）

① エベレストは 高くて 険しい 山だ。

② 雨や 雪が 降っても 出かけたい 気分だ。

③ 好きな 果物は いちごと りんごです。

7 よく出る 次の文の補助の関係にある文節に――線を引きなさい。　2点×4（8点）

① この 新しい やり方を ぜひ 試して ほしい。

② 誕生日に 欲しい ものを それとなく 聞いて おく。

③ そこに 置いて ある 本は 誰の ものだろう。

④ 電車内に 忘れて しまった 傘《かさ》が 見つかった。

---

8 次の文の――線ⓐ・ⓑの文の成分をあとから一つずつ選び、記号で答えなさい。　完答3点×3（9点）

(1) ⓐはい、ⓑ次に 私の 案を 発表します。　ⓐ（　）ⓑ（　）

(2) ⓐ妹は おいしそうに ご飯を ⓑ食べる。　ⓐ（　）ⓑ（　）

(3) ⓐ長かったが、ⓑおもしろい 話だった。　ⓐ（　）ⓑ（　）

ア 主語　イ 述語　ウ 修飾語　エ 接続語　オ 独立語

9 よく出る 次の文の――線部と～～線部は、どのような関係になっていますか。あとから一つずつ選び、記号で答えなさい。　3点×5（15点）

① 今年と 来年は 英語の 勉強を がんばります。（　）

② 頭が 痛いので、外出を 控《ひか》える。（　）

③ 母は もうすぐ 会社から 帰宅する。（　）

④ 私は 決して 約束を 忘れない。（　）

⑤ ずっと 閉まって いた 店が ようやく 開いた。（　）

ア 主・述の関係　イ 修飾・被《ひ》修飾の関係　ウ 接続の関係　エ 並立の関係　オ 補助の関係

10 次の――線部は並立の関係、補助の関係のどちらですか。○で囲みなさい。また、――線部の文の成分をあとから一つずつ選び、記号で答えなさい。　完答5点×2（10点）

① 私は テニスと サッカーが 得意だ。
関係…（並立の関係・補助の関係）文の成分…（　）

② 先生に わからない ことを 聞いて みる。
関係…（並立の関係・補助の関係）文の成分…（　）

ア 主部　イ 述部　ウ 修飾部　エ 接続部　オ 独立部

知識の泉　Q 「川を背に陣《じん》を取り，勝利を収めた」という故事がもとになった故事成語は？

確認のワーク ステージ1 根拠《こんきょ》を明確にして意見文を書く（漢字の練習2）

解答 12ページ　スピードチェック 5ページ

学習のねらい
- 意見とそれを支える根拠の関係を理解しよう。
- 意見を支える根拠を明確にした意見文の書き方を知ろう。

漢字

1 漢字の読み　読み仮名を横に書きなさい。

*は新出漢字　▼は新出音訓・◎は熟字訓

❶ 先*輩　❷ ▼費やす　❸ 本*棚　❹ *伴う

❺ *漫画家　❻ *謎　❼ *庶民　❽ *虎（訓読み）

❾ 交*響楽　❿ *扉　⓫ *普通　⓬ *穂

⓭ 報*酬　⓮ *叫ぶ　⓯ 把《は》*握　⓰ *慌てる

2 漢字の書き　漢字に直して書きなさい。

❶（ふつう）の暮らし。　❷（せんぱい）の意見。

❸（こうきょうがく）を聴《き》く。　❹（ほんだな）を整理する。

❺ 混乱を（ともな）う。　❻（とびら）を開ける。

❼（なぞ）の解明。　❽ 大声で（さけ）ぶ。

教科書の要点　根拠《こんきょ》を明確にして意見文を書く

1 根拠　次の意見の根拠としてふさわしいのはどれですか。あとから一つ選び、記号で答えなさい。

意見　家庭ごみを減らすためには、食べられる食品を捨ててしまう「食品ロス」を減らす取り組みが有効だ。

ア　ある都市の調査によると、家庭ごみで最も多いのが台所から出る食べ残しで、家庭ごみ全体の約三割を占《し》めている。

イ　一人一人が普段の生活を見直し、ごみの分別を心がけていくことで、ごみを減らすことができるはずだ。

ウ　私の家では、食べ残した料理に手を加えて別の料理にするなど、食品ロスを減らす取り組みをしている。

（　　）

2 意見　次の根拠から導かれる意見としてふさわしいものをあとから一つ選び、記号で答えなさい。

根拠　警視庁の調査によると、近年、自転車に乗っている人が交通ルールを守らずに危険な乗り方をしているために、歩行者に衝突《しょうとつ》してけがを負わせる事故が増えている。

ア　自転車と車が走行できる時間を分けるべきだ。

イ　自転車に乗る人に交通ルールを徹底《てってい》させるべきだ。

ウ　環境《かんきょう》に配慮《はいりょ》した自転車の利用を勧《すす》めるべきだ。

（　　）

知識の泉　A　**背水の陣《じん》。**　歴史書『史記《しき》』の故事に由来。絶体絶命の状況《じょうきょう》で事にあたること。

基本問題　根拠《こんきょ》を明確にして意見文を書く

★ 次の意見文を読んで、問題に答えなさい。

1　今の日本の地域社会は、元気がないように思えます。活気ある地域社会を取り戻《もど》すために大切なことはなんでしょうか。

2　A町新聞に、隣《となり》町で市民自らが文化祭りを企画《きかく》し、成功させたという記事が掲載《けいさい》されていました。このイベントを通じて、人と人との交流が盛《さか》んになったそうです。例えば、これまであまり交流がなかった若者とお年寄りなど、世代の異なる人どうしが、町内で会ったときに挨拶をし合ったり、町内のイベントの話で盛り上がったりするようになったようです。

3　私は町の清掃ボランティアに参加しています。この活動に参加するようになってから、地域の幅広《はばひろ》い年代の方と知り合うことができました。初めは緊張《きんちょう》しましたが、今ではいろいろな話をするようになり、とても楽しいです。話をするなかで、町内のことに自然と関心が向くようになりました。町内でお勧《すす》めのお店や場所を紹介《しょうかい》し合ったり、困っていることを相談し合ったりして、みんなで町のことを考える時間が長くなりました。

4　このように、一人一人が地域の活動に主体的に関わり、人と人とのつながりを広げていくことが、地域を活性化させるうえでとても大切なことだと［　　］。人どうしの関わり合いが少なくなっている地域社会の中で、一人一人がこのような意識をもって取り組んでいく必要があると思います。

1　意見文では、どんなテーマについて述べていますか。それがわかる一文を文章中から抜き出し、初めの五字を書きなさい。

［　　　　　］

2　よく出る　2・3段落について説明した文として適切なものをあとから一つずつ選び、記号で答えなさい。

2段落…（　　）　3段落…（　　）

ア　自らが経験したことを具体的に述べて、意見の根拠《こんきょ》を補っている。

イ　知っている知識を複数あげて、意見の根拠に説得力をもたせている。

ウ　情報源の信頼《しんらい》できる情報を示して、意見の根拠に客観性をもたせている。

エ　調査結果を具体的な数値をあげて示し、意見の根拠を明確にしている。

攻略！　2段落では、何から得た情報が書かれているかに注目しよう。

3　意見文の［　　］にあてはまる言葉と、［　　］を含《ふく》む文が示すものとして正しい組み合わせを次から一つ選び、記号で答えなさい。

ア　いえるでしょうか・考え

イ　いわれています・資料

ウ　いえます・意見

エ　いえません・根拠

（　　）

知識の泉　Q 「泣き面《つら》に蜂《はち》」の意味は？

確認のワーク　ステージ1　昔話と古典――箱に入った桃太郎《ももたろう》――

学習のねらい
- 古典にはいろいろな作品があることをおさえよう。
- 古典の仮名遣《づか》いにふれてみよう。

解答 13ページ

教科書の要点

1 川柳《せんりゅう》の解説　[　]から言葉を選び、書き入れなさい。

まだ桃《もも》は流れて来《こ》ぬに子は寝入り

→親が子に（①　　）のお話を語り始めると、すぐに子が寝てしまったという（②　　）場面を描《えが》いている。

真白《まつ(ツ)しろ》になつ《(ツ)》て浦島《うらしま》くやしがり

→玉手箱を開けた浦島太郎《たろう》が（③　　）に変わってしまったという（④　　）な場面を取り上げている。

その後《のち》はこは《(ワ)》ごは《(ワ)》翁《おきな》竹を割り

→（⑤　　）のお話に登場する竹取《たけとり》の翁の（⑥　　）をユーモラスに描いている。

かぐや姫《ひめ》　桃太郎《ももたろう》　気持ち　印象的
おじいさん　ほほえましい

要旨《ようし》　昔話は、〔ア　時代や地域　イ　書き記す人の年齢《ねんれい》〕によって少しずつ異なって記録されている。私たちは昔話に親しみ、想像力をはたらかせて理解することで、〔ア　独創性や思考力　イ　感受性や表現力〕を豊かにすることができるだろう。昔話は、そのように親しまれることで、次の時代へと受け継《つ》がれていくものである。

2 浦島太郎の内容　浦島太郎の話について、[　]から言葉を選び、（　）に書き入れなさい。　教p.112

明治時代以降の浦島太郎

浦島太郎が、（①　　）にいじめられている亀を助ける。

江戸時代の中頃《ごろ》の浦島太郎

朝から晩まで魚を捕《と》って両親を養っていた浦島太郎が、ある日、（②　　）を一匹《ぴき》釣り上げた。浦島太郎は、「（③　　）は千年、（②　　）は万年というように、おまえは長生きをする生き物だ。」と言って（②　　）を帰してやる。

漁師たち　子どもたち　鶴　亀　魚

同じ昔話でも、私たちが知っている内容と違う部分があっておもしろいね。

知識の泉　A　**不運が重なること。**　同義のことわざは，「弱り目にたたり目」。

基本問題

☆ **次の文章を読んで、問題に答えなさい。**

教 p.110・①〜111・⑮

まだ桃は流れて来《こ》ぬに子は寝入り
真白《まつしろ》になつ《(ツ)》て浦島《うらしま》くやしがり
その後《のち》はこは《(ワ)》ごは《(ワ)》翁《おきな》竹を割り

①右の三句は、『誹風柳多留《はいふうやなぎだる》』に収められている江戸時代の川柳です。桃太郎や浦島太郎、かぐや姫の話が、当時も広く知られていたことがわかります。桃太郎の話は江戸時代の初期に成立して全国に広まりました。浦島太郎は、『日本書紀《にほんしょき》』や『万葉集《まんようしゅう》』などの奈良時代の書物に出てきます。また、かぐや姫の登場する『竹取《たけとり》物語』は、平安時代の初期に成立したものです。

これらの昔話は、時代や地域によって少しずつ異なって記録されています。各地に伝わる昔話を記録した『桃太郎の誕生』では、桃太郎の誕生の仕方一つをとっても違います。②山形県では次のような話が伝わっています。

お婆《ばあ》さんが川で洗濯《せんたく》をしていると、小さな木の香箱《こうばこ》が二つ流れてきました。お婆さんは、
「かーらだこん箱はあっちゃ行け《え》、みーだこん箱はこっちゃ来《こ》え。」
と歌いました。寄ってきた箱には桃が一つ入っていました。その桃が二つに割れて、中から男の子が生まれました。

桃太郎の話はほかにも、さまざまな展開のものがあります。私たちがよく知っている話は、実は明治時代以降に、国語の教科書や子ども向けの本によって広まりました。

〈「昔話と古典——箱に入った桃太郎《ももたろう》——」による〉

1 よく出る ①右の三句 とありますが、この三つの川柳から、どんなことがわかりますか。
（　　　　　　）

2 浦島太郎の話は、何時代の書物に出てきますか。文章中から抜き出しなさい。
（　　　　　　）

攻略！ 「当時」がいつなのかは、前の部分から捉《とら》えて書こう。

3 ②山形県では次のような話が伝わっています。とありますが、筆者はこの話をあげることで、どんなことを伝えようとしていますか。次の□にあてはまる言葉を、それぞれ文章中から抜き出しなさい。

同じ桃太郎の話でも、［　　　］によって桃太郎の［　　　　　　］が違うこと。

4 昔話について説明した文として適切なものを次から一つ選び、記号で答えなさい。

ア 江戸時代の昔話は、そのままの内容で今でも親しまれている。
イ 有名な昔話は、江戸時代に川柳の題材になったことで広まった。
ウ 昔話は時代や地域により、少しずつ異なって記録されている。
エ 昔話の多くは、明治時代に内容の展開が変わった。
（　　）

知識の泉 Q 「しめすへん」と「土」を合わせてできる漢字は？

確認のワーク ステージ1
物語の始まり ——竹取《たけとり》物語——

解答 13ページ　スピードチェック 6・16ページ　予想問題 136ページ

学習のねらい
●古典の仮名遣《づか》いや古語の意味に注意して「竹取物語」を読もう。
●各場面での翁《おきな》とかぐや姫の様子、心情を読み取ろう。

漢字

1 漢字の読み　読み仮名を横に書きなさい。

*は新出漢字　▼は新出音訓・◎は熟字訓

❶ かぐや*姫　❷ *頃　❸ 求*婚　❹ *竜（訓読み）
❺ *誰　❻ ▼犯す　❼ 羽▼衣　❽ 落*胆

2 漢字の書き　漢字に直して書きなさい。

❶ （らくたん）する。　❷ 手紙を（わた）す。
❸ 客を（むか）える。　❹ 三月の初め（ごろ）。

教科書の要点

1 作品　「竹取《たけとり》物語」についてまとめなさい。　教p.114

（①　　　）姫が登場する『竹取物語』は、（②　　　）時代の初め頃に書かれた。

2 古典の仮名遣《づか》い　——線の言葉を現代仮名遣いに直して、全て平仮名で書きなさい。　教p.121

●語中・語尾《ごび》の「は」「ひ」「ふ」「へ」「ほ」→「ワ」「イ」「ウ」「エ」「オ」
例 ●翁《おきな》といふ者（①　　　）　●十あはせたる（②　　　）

●「む」「なむ」→「ン」「ナン」
例 ●竹なむ一筋ありける（③　　　）　●戦はむ（④　　　）

●[au] [iu] [eu] → [ô] [yû] [yô]
例 ●うつくしうて（⑤　　　）　●おそはるるやうにて（⑥　　　）

●「ゐ」「ゑ」「を」「ぢ」「づ」→「イ」「エ」「オ」「ジ」「ズ」
例 ●よろづ（⑦　　　）　●ゐたり（⑧　　　）

●「くわ」「ぐわ」→「カ」「ガ」
例 ●くわし（⑨　　　）　●ぐわんじつ（⑩　　　）

3 現代語とは異なる意味をもつ言葉　——線の言葉の意味をそれぞれ一つずつ選び、記号で答えなさい。　教p.121

① あやしがりて、寄りて見るに（　　　）
ア 不思議に思って　イ 疑わしく思って
ウ 不安に思って　エ 危ないと思って

② いとうつくしうてゐたり

ア 美しい姿で　イ 珍《めずら》しい姿で

ウ かわいらしい姿で　エ おもしろい姿で　（　　）

③ いとうつくしうてゐたり

ア ある　イ 座《すわ》っている

ウ 見ている　エ 連れていく　（　　）

④ ふと天《あま》の羽衣うち着せたてまつりつれば

ア ゆっくり　イ わざと

ウ やっと　エ さっと　（　　）

4 現代語にはない言葉

――線の言葉の意味をそれぞれ一つずつ選び、記号で答えなさい。 教p.121

① いとうつくしうてゐたり　（　　）

② げにと思ひて、人々忘れず　（　　）

ア わずかに　イ とても　ウ 本当に　エ 一緒《いっしょ》に

5 古典独特の言い方をする言葉

次の意味を表す古典独特の言葉を[　]から選び、書き入れなさい。 教p.121

① 一月　（　　）

② 三月　（　　）

③ 午後十一時から午前一時の二時間　（　　）

[弥生《やよい》　葉月《はづき》　睦月《むつき》　子《ね》の刻　丑《うし》の刻]

6 構成のまとめ

[　]から言葉を選び、書き入れなさい。

場面	できごと
かぐや姫の発見 教p.114・④〜115・⑦	●昔、竹取の翁《おきな》が、根もとが光る竹の中に、（①　　）姿で座っている三寸ほどの人を見つけた。
かぐや姫の成長 p.115・⑧〜116・⑦	●かぐや姫に五人の貴族が求婚してきたが、かぐや姫の（②　　）を誰も果たせなかった。かぐや姫は帝《みかど》の求婚にも応じなかった。
天人《てんにん》の迎え p.116・⑧〜118・⑤	●かぐや姫は八月十五日に（③　　）の都へ帰らなければならないと言う。その日の夜中に天人たちが迎えに来た。
かぐや姫の昇天《しょうてん》 p.118・⑥〜119・⑥	●かぐや姫は翁たちに別れを告げ、帝に宛《あ》てた手紙と（④　　）の薬を臣下に渡し、天に昇《のぼ》っていった。
富士山の由来 p.119・⑦〜終わり	●帝はかぐや姫が残した薬と手紙を、都からも天からも近い山の（⑤　　）で焼かせた。

[難題　月　不死　山頂　かわいらしい]

おさえよう

主題 翁夫婦とかぐや姫が互いに思いやる、〔ア その当時特有の　イ 現代にも通じる〕心を描《えが》いている。また、現実の世界と対照的な天上の〔ア 清らかな　イ 恐ろしい〕世界を想像させるように描いている。

知識の泉 Q「のれんに腕《うで》押し」の意味は？

実力判定テストA ステージ2
物語の始まり――竹取《たけとり》物語――

30分

自分の得点まで色をぬろう!
100点 合格! 80 もう一歩 60 がんばろう! 0
/100

解答 14ページ

★次の文章を読んで、問題に答えなさい。 教p.114・④〜115・⑫

今は昔、①竹取《たけとり》の翁《おきな》といふ者ありけり。野山にまじりて②竹を取りつつ、よろづのことに使ひけり。名をば、さぬきの造《みやつこ》となⓐむいⓑひける。

その竹の中に、もと光る竹なむ一筋ありける。あやしがりて、③寄りて見るに、筒《つつ》の中光りたり。④それを見れば、三寸ばかりなる人、いとうつくⓒしうてⓓゐたり。

〔現代語訳〕
A 、竹取の翁という者がいた。野や山に分け入っていつも竹を取っては、いろいろなことに使っていた。（翁の）名は、さぬきの造といった。
（ある日、）その竹の中に、根もとが光る竹が一本あった。 B 近寄って見ると、筒の中が光っている。それを見ると、三寸ぐらいの人が、とても C D 。
翁はこの子を家に連れて帰り、大切に育てました。すると⑤不思議なことに、翁はしばしば竹の中に黄金を見つけるようになり、しだいに豊かになりました。

⑥このちご、ア養ふほどに、すくすくと大きにイなりまさる。三《み》月《つき》ばかりになるほどに、よきほどなる人になりぬれば、髪《かみ》上げなどウとかくして髪上げさせ、エ裳《も》着《き》す。

〔現代語訳〕
この幼い子は、育てるうちに、ぐんぐんと成長していく。三か月くらい過ぎた頃には、一人前の大きさの人になったので、髪上げの祝いなどをあれこれして髪を上げさせ、裳を着せる。

〈「物語の始まり――竹取《たけとり》物語――」による。〉

1 〰線ⓐ〜ⓓを現代仮名遣《づか》いに直して、全て平仮名で書きなさい。 5点×3（15点）

ⓐ　　ⓑ　　ⓒ　　ⓓ

2 ①竹取の翁 の名前は、なんといいますか。古文の中から五字で抜き出しなさい。（5点）

3 ②竹を取りつつ とありますが、竹を取るのは、何をするためですか。現代語で書きなさい。（10点）

知識の泉 **A 手ごたえがないこと。** 「豆腐《とうふ》にかすがい」「ぬかに釘《くぎ》」も同義のことわざ。

4 よく出る ③寄りて見るに　とありますが、この動作を行ったのは、誰ですか。（10点）

5 ④それ　は何を指していますか。次から一つ選び、記号で答えなさい。（10点）

攻略！「近寄って見た」という動作の主語を捉《とら》えよう。

ア　竹の林
イ　三寸ばかりなる人
ウ　野山
エ　竹の筒の中

6 よく出る □A～Dにあてはまる現代語訳をそれぞれ一つ選び、記号で答えなさい。5点×4（20点）

A
ア　今が昔のように思われるが
イ　今ではもう昔のことであるが
ウ　今も昔も変わらないことだが
エ　今からではもう間に合わないことだが

B
ア　気味悪いと思って
イ　珍《めずら》しいと思って
ウ　不思議に思って
エ　おもしろいと思って

C
ア　美しい姿で
イ　かわいらしい姿で
ウ　おとなしい姿で
エ　光り輝《かがや》いた姿で

D
ア　座《すわ》っている
イ　連れだっている
ウ　立っている
エ　眠っている

7 記述 ⑤不思議なこと　とありますが、それはどんなことですか。現代語で書きなさい。（10点）

8 ⑥このちご　は、どのようになりましたか。次から一つ選び、記号で答えなさい。（10点）

ア　どんどん成長して、髪も一人で結べるほどに大きくなった。
イ　すくすくと大きくなり、翁より大きな人になった。
ウ　ぐんぐんと成長して、三か月くらいで一人前の大きさになった。
エ　成長していくにつれて、人柄《ひとがら》のよい、立派な人間になった。

攻略！三寸ぐらいの人が、その後どうなったのかに注目しよう。

9 ――線ア～エの中で、その動作を行った人物がほかと異なるものを一つ選び、記号で答えなさい。（10点）

攻略！古文と現代語訳を照らし合わせて読んで考えよう。

知識の泉　Q　――線を漢字で書くと？　目がサめる。お茶がサめる。

実力判定テストB　ステージ3

物語の始まり——竹取《たけとり》物語——

30分

自分の得点まで色をぬろう！
100点　合格！　80　もう一歩　60　がんばろう！　0
/100

解答 14ページ

★ 次の文章を読んで、問題に答えなさい。　教 p.116・⑧～119・⑥

それから三年ほどたった年の春頃から、かぐや姫はもの思いにふけるようになり、月を見て泣くことが多くなりました。翁《おきな》が①その理由を尋《たず》ねると、姫は「私は月の都の者なのです。八月十五日には迎えが来て、月の都へ帰らなければなりません。」と答えました。翁からそのことを聞いた帝《みかど》は、二千人の兵士を遣《つか》わして家を守り固めました。やがて、夜中の十二時頃、辺りが昼間よりも明るくなり、②大空から雲に乗って、天人《てんにん》たちが降りてきました。

大空より、③人、雲に乗りて下り来て、土より五尺ばかり上がりたるほどに立ち連ねたり。④これを見て、⑤内外《うちと》なる人の心ども、ものにⓐおそはるるやうにて、あひ戦はむ心もなかりけり。

〔現代語訳〕

大空から、人が、雲に乗って下りてきて、地面から五尺ほど上の辺りに立ち並んだ。これを見て、（家の）内や外にいる人たちの心は、何かに襲《おそ》われたようになって、対戦しようという気持ちもなくなった。

人々が、なすすべもなくぼんやりと見守っていると、天人は翁を呼び出し、「姫は天上で罪を犯したので、しばらくけがれた地上にいることになったのだ。今はその罪も消えたので、呼び戻《もど》すことになった。」と伝えました。天《あま》の羽衣を着せて少しでも早く月の世界へ連れ戻そうとする天人を制し、かぐや姫は泣き悲しむ翁たちに別れを告げました。そして、帝に宛《あ》てた手紙と不死の薬を帝の臣下に渡し、天人の言葉に従います。

⑥ふと天の羽衣うち着せたてまつりつれば、翁を、ⓑ「いとほし、かなし。」と思《おぼ》しつることも失《う》せぬ。⑦この衣着《きぬ》つる人は、ⓒもの思ひなくなりにければ、車に乗りて、⑧百人ばかり天人具して、昇《のぼ》りぬ。

〔現代語訳〕

天人がかぐや姫にさっと天の羽衣を着せてさしあげると、翁を、「気の毒だ、いたわしい。」とお思いになっていたこともなくなった。この天の羽衣を着た人は、もの思いが消えてしまうので、そのまま（飛ぶ）車に乗って、百人ほど□天人□引き連れて、（天に）昇っていった。

〈「物語の始まり——竹取《たけとり》物語——」による〉

1 〰線ⓐ～ⓒを現代仮名遣《づか》いに直して、全て平仮名で書きなさい。　5点×3（15点）

ⓐ

ⓑ

ⓒ

知識の泉　**A** 覚・冷。　「覚める」＝意識がはっきりする。「冷める」＝冷たくなる。

2 かぐや姫は、どこから来た人ですか。文章中から三字で抜き出しなさい。（5点）

[　　　]

3 記述 ①その理由　とありますが、翁はなんの理由を聞いたのですか。（10点）

（　　　　）

4 ②大空から雲に乗って、天人たちが降りてきました　とありますが、そのとき、辺りはどんな様子でしたか。（5点）

（　　　　）

5 よく出る ③人、⑤内外なる人　は、それぞれ誰のことですか。次から一つずつ選び、記号で答えなさい。5点×2（10点）

ア　かぐや姫を月に帰すまいとした人。
イ　かぐや姫に求婚した人。
ウ　かぐや姫を迎えに来た人。
エ　かぐや姫と戦おうとした人。

人……（　）
内外なる人……（　）

6 ④これを見て　について答えなさい。

(1) よく出る 「これ」とは何を指していますか。次から一つ選び、記号で答えなさい。（5点）

ア　大空から一人の天人が雲に乗って下りてきた様子。
イ　大空から下りてきた天人たちが少し浮《う》いて立ち並んだ様子。
ウ　大空から下りてきた天人たちが乗っている雲の様子。
エ　大空から下りてきた天人たちが立ち並んだ地面の様子。

（　）

(2) これを見た人はどうなりましたか。現代語で書きなさい。（10点）

（　　　　）

7 天人は、かぐや姫が地上に来た理由をどのように話しましたか。「……ため。」につながるように文章中から八字で抜き出しなさい。（5点）

[　　　　　　　　]ため。

8 ⑥ふと　の現代語訳を三字で抜き出しなさい。（5点）

[　　　]

9 ⑦この衣着つる人　について答えなさい。

(1) ここで衣を着たのは、誰ですか。（10点）

（　　　　）

(2) よく出る 衣を着るとどうなるのですか。現代語で書きなさい。（10点）

（　　　　）

10 レベルUP ⑧百人ばかり天人具して　について、次の□の中に平仮名を一字ずつ補って、現代語訳を完成させなさい。5点×2（10点）

百人ほど□天人□引き連れて

知識の泉
Q「ちらっと聞く」のはどっち？　ア＝耳が痛い　イ＝小耳にはさむ

確認のワーク ステージ1

故事成語——中国の名言——

学習のねらい
●漢文訓読《くんどく》のきまりを理解し、「矛盾」と「助長」の故事成語の由来になった話を理解しよう。
●いろいろな故事成語を知ろう。

解答 15ページ スピードチェック 6・17ページ 予想問題 137〜138ページ

漢字

1 漢字の読み 読み仮名を横に書きなさい。
＊は新出漢字 ▼は新出音訓・◎は熟字訓

❶＊矛 ＊盾 ❷＊鋭い ❸＊猿（訓読み） ❹竜頭蛇尾《りゅうとうだ＊び》
❺＊苗 ❻＊疲れる ❼◎息子 ❽＊枯れる

2 漢字の書き 漢字に直して書きなさい。

❶（　）《むじゅん》を感じる。 ❷花が（　）《か》れる。
❸（　）《するど》い視線。 ❹（　）《なえ》を植える。

教科書の要点

1 故事成語 （　）に教科書の言葉を書き入れなさい。 教 p.122

故事成語…①（　）の古典に記されている②（　）から生まれた成語。

2 漢文の読み方 （　）に教科書の言葉を書き入れなさい。 教 p.126

訓読法《くんどくほう》…日本語と①（　）が異なる「漢文」に、「句読点」「送り仮名」「返り点」といった訓点《くんてん》をつけて、日本語に②（　）しながら読み味わう方法。

訓点	
送り仮名	●言葉をつなぐ「……ハ」「……ノ」や、動詞の形が変わる部分などを③（　）で漢字の④（　）に書く。歴史的仮名遣《づか》いを用いる。
返り点	●漢文を日本語の語順で読むための符号《ふごう》。漢字の左下に書く。 ・レ点…⑤（　）下から返って読む。 2レ 1 ・一・二点…⑥（　）以上、下から返って読む。 3二 1 2一

3 漢文訓読のきまり 読む順を□に算用数字で書きなさい。 教 p.126

① 有《あ》レバレ備《そなへ》（エ）無《な》シレ憂《うれ》ヒ（イ）。
↓
□レ □レ □ □。

② 借《か》ル二虎《とら》ノ威《ゐ》（イ）ヲ一狐《きつね》。
↓
□二 □ □一 □。

知識の泉 A イ。「耳が痛い」は，自分の弱みを指摘《してき》されて聞くのがつらい様子。

4 構成のまとめ

（同じ言葉を二回使っても構いません。）［　］から言葉を選び、書き入れなさい。 教p.122〜123

● 「矛盾」の由来になった話

場面	できごと
起	●楚《そ》の国の人で（①　　）と（②　　）とを売る者があった。
承①	●盾をほめて、「私の盾の（③　　）ことといったら、貫《つらぬ》いて穴をあけられるものはない。」と言った。
承②	●矛をほめて、「私の矛の（④　　）ことといったら、どんなものでも貫いて穴をあけられないものはない。」と言った。
転	●ある人が、「あなたの（⑤　　）で、あなたの（⑥　　）を貫こうとしたならばどうなるだろう。」と尋《たず》ねた。
結	●その人は（⑦　　）ことができなかった。

［堅《かた》い　答える　鋭い　売る　盾　矛］

5 構成のまとめ

［　］から言葉を選び、書き入れなさい。 教p.124

● 「助長」の由来になった話

場面	できごと
導入	●宋《そう》の国の人で自分の畑の苗が（①　　）ことを心配して、その苗を（②　　）者がいた。
展開	●その者は、すっかり疲れはてて家に帰り、家族に、「苗を（③　　）伸ばしてやったのだ。」と言った。
結末	●その息子が走って畑に行って見てみると、苗はもう（④　　）いた。

［枯れて　伸《の》びない　助けて　引っぱり上げる］

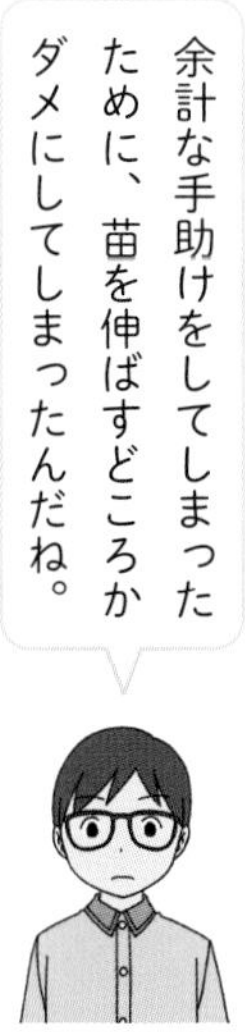

余計な手助けをしてしまったために、苗を伸ばすどころかダメにしてしまったんだね。

おさえよう

主題 どんなものでも貫けない堅い盾と、どんなものでも貫くことができる鋭い矛とが同時に〔ア 成り立つ　イ 成り立たない〕ことから、〔ア 蛇足《だそく》　イ 矛盾〕という故事成語ができた。／苗の〔ア 生長　イ 発芽〕を助けようとして引っぱり、枯れさせたことから、〔ア 推敲《すいこう》　イ 助長〕という故事成語ができた。

知識の泉 Q 「後」を部首索引《さくいん》で引くときの部首名は？

実力判定テストA ステージ2

故事成語——中国の名言——

30分

自分の得点まで色をぬろう!

100点 80 60 0 /100

解答 15ページ

1 次の文章を読んで、問題に答えなさい。 教 p.122・⑥〜123・⑥

楚人《そひと》に、盾と矛とを①ひさぐ者あり。

②これをほめていは《ワ》く、「わが盾の堅《かた》きこと、よくとほ《オ》すものなし。」と。

また、その矛をほめていは《ワ》く、「わが矛のⓐ利《と》きこと、ⓑ物においてとほ《オ》さざるなし。」と。

ある人いは《ワ》く、「子《し》の矛をもつ《ツ》て、子の盾をとほ《オ》さば③いかん。」と。

その人④応ふ《ウ》ることあたは《ワ》ざるなり。

〔現代語訳〕

楚の国の人で、盾と矛とを売る者があった。

これをほめて、「私の盾の堅いことといったら、貫《つらぬ》いて穴をあけられるものはない。」と言った。

また、その矛をほめて、「私の矛の［ ⓐ ］といったら、［ ⓑ ］。」と言った。

ある人が、「あなたの矛で、あなたの盾を貫こうとしたならばどうなるだろう。」と尋《たず》ねた。

その人は答えることができなかった。

〈「故事成語——中国の名言——」による〉

1 ①ひさぐ の意味を現代語訳から抜き出しなさい。（10点）

（　　　　）

2 ②これをほめていはく について答えなさい。

(1) 誰がほめたのですか。書き下《くだ》し文から九字で抜き出しなさい。（5点）

［　　　　　　　　　］

(2) 盾をほめた言葉を書き下し文から抜き出し、初めと終わりの五字を書きなさい。 完答（5点）

「［　　　　　］〜［　　　　　］。」

3 よく出る ⓐ利きこと、ⓑ物においてとほさざるなし の意味をそれぞれ一つずつ選び、記号で答えなさい。 5点×2（10点）

ⓐ
ア もうけがたくさんあること
イ 鋭いこと
ウ 都合がよいこと
エ 優《すぐ》れた作用があること

（　　）

ⓑ
ア どんなものでも貫いて穴をあけることはできない
イ どんなものを貫いて穴をあけることができるだろうか
ウ どんなものでも貫いて穴をあけられないものはない
エ ものによっては貫いて穴をあけることができる

（　　）

知識の泉 A ぎょうにんべん。「街・衛」の部首は「行」（ゆきがまえ）なので注意。

4 ③いかん の意味を現代語訳から抜き出しなさい。（10点）

5 ④応ふること あたはざるなり とありますが、なぜ答えられなかったのですか。適切なものを次から一つ選び、記号で答えなさい。（10点）

ア 相手の質問の意味がよくわからなかったから。
イ 自慢の盾と矛をけなされて、腹が立ったから。
ウ 宣伝文句の筋が通らないことに気づいたから。
エ 無礼な質問だったので、答えたくなかったから。

攻略！ ある人がどんなことを尋ねたかに注目しよう。

6 この話から生まれた故事成語について答えなさい。

(1) よく出る 生まれた故事成語を漢字二字で書きなさい。（10点）

(2) 生まれた故事成語の意味を次から一つ選び、記号で答えなさい。（10点）

ア うそをつくと、あとで報いがあること。
イ どちらでも本質的には変わりないこと。
ウ 話のつじつまが合わないこと。
エ どちらも負けず劣《おと》らず優れていること。

攻略！ 盾と矛を売る者が自慢して言った言葉から考えよう。

2 次の故事成語の意味をあとから一つずつ選び、記号で答えなさい。3点×6（18点）

① 大器晩成《たいきばんせい》
② 五十歩百歩
③ 杞憂《きゆう》
④ 漁夫《ぎょふ》の利《り》
⑤ 五里霧中《ごりむちゅう》
⑥ 竜頭蛇尾《りゅうとうだび》

ア わずかな違いがあるだけで、本質的には変わらないこと。
イ 初めの勢いが最後は全くなくなること。
ウ 今の状況《じょうきょう》がわからず、見通しが立たないこと。
エ 偉大《いだい》な人物は時間をかけて大成すること。
オ 両者が争っているうちに、第三者が利益をさらうこと。
カ 取《と》り越《こ》し苦労。無用な心配。

3 次の漢文を書き下《くだ》し文にしなさい。4点×3（12点）

① 守《まも》ルレ株《かぶ》ヲ。

② 有《あ》レバレ備《そなへ》(エ) 無《な》シレ憂《うれ》ヒ(イ)。

③ 借《か》ル二虎《とら》ノ威《ゐ》(イ)ヲ一狐《きつね》。

知識の泉 Q ——線を漢字で書くと？ 友達の立派な行いにカンシンする。

実力判定テストB　ステージ3

故事成語——中国の名言——

30分

自分の得点まで色をぬろう!
100点 合格! 80 もう一歩 60 がんばろう! 0
/100

解答 16ページ

1 次の文章を読んで、問題に答えなさい。

教 p.124・②〜124・⑧

①宋人《そうひと》に その 苗《なへ》（エ）の 長《ちやう》（チョウ）ぜざるを うれへ（エ）、②これを ③ぬく 者 あり。④芒芒然《ばうばうぜん》（ボウボウ）として 帰《かへ》（エ）り、⑤その 人に いひ（イ）て いは（ワ）く、「今日《こんにち》 病《つか》れたり。予《われ》 ⑥苗を 助けて 長ぜしむ。」と。その 子 ⑦はしりて 往《ゆ》きて これを 視《み》れば、苗 則《すなは》（ワ）ち ⑧かれたり。

〔現代語訳〕
宋の国の人で自分の畑の苗が伸《の》びないことを心配して、苗を引っぱり上げる者がいた。
すっかり疲れはてて家に帰って、家族に、「今日は疲れたよ。わしは苗を助けて伸ばしてやったのだ。」と言った。
その息子が走って畑に行って見てみると、苗はもう枯れていた。

〈「故事成語——中国の名言——」による〉

1 ①宋人 は、自分のことをなんと呼んでいますか。書き下し文から漢字一字で抜き出しなさい。（5点）

2 ②これ とは、何を指していますか。書き下し文から抜き出しなさい。（5点）

3 ③ぬく の意味を現代語訳から抜き出しなさい。（5点）

4 ④芒芒然として の意味を現代語訳から抜き出しなさい。（5点）

5 ⑤その 人に いひて とありますが、誰が、誰に言ったのですか。次の文の□にあてはまる言葉を現代語訳から抜き出しなさい。5点×2（10点）

□が、□に言った。

6 記述 ⑥苗を 助けて 長ぜしむ とありますが、苗を助けて伸ばしてやったのはなぜですか。現代語で書きなさい。（5点）

知識の泉 A 感心。 ほかの同音異義語「関心＝興味」「歓心《かんしん》＝喜び」も覚えよう。

7 ⑦はしりて往きて　とありますが、「その子」が走って畑に行ったのは、なぜですか。適切なものを次から一つ選び、記号で答えなさい。（5点）

ア　自分も苗を助けたいと思ったから。
イ　苗がどうなったか心配になったから。
ウ　伸びた状態の苗を見てみたかったから。
エ　苗の管理は本来自分がすべきことだから。
（　　）

8 ⑧かれたり　とありますが、苗が枯れたのはなぜだと考えられますか。適切なものを次から一つ選び、記号で答えなさい。（5点）

ア　宋の国の人が疲れて、苗の世話を怠《おこた》ったから。
イ　苗の育て方を誤り、苗が病気にかかったから。
ウ　苗が生える場所に、雑草が生い茂ってしまったから。
エ　宋の国の人が、加えなくてよい力を加えたから。
（　　）

9 この話から生まれた故事成語について答えなさい。

(1) よく出る　生まれた故事成語を漢字二字で書きなさい。（5点）

(2) レベルUP　生まれた故事成語の意味を次から二つ選び、記号で答えなさい。5点×2（10点）

ア　よくない傾向《けいこう》をあるべき状態に正すこと。
イ　不必要な力添《ぞ》えで、悪い結果になること。
ウ　予想もしていなかった結果になること。
エ　何事も自然に任せておくほうがよいこと。
オ　力を添えて成長や発展を助けること。
（　　）（　　）

2 よく出る　次の由来をもつ故事成語と、その意味をあとから一つずつ選び、記号で答えなさい。5点×8（40点）

① 漢《かん》の韓信《かんしん》が敵と戦ったときに、わざと川を背にして陣取《じんど》り、味方に決死の覚悟をさせて戦い、大いに勝ったことから。
故事成語（　　）意味（　　）

② 唐の詩人賈島《かとう》が自作の詩の一部を「僧《そう》は推す月下の門」と「僧は敲《たた》く月下の門」のどちらにするか悩《なや》んでいたことから。
故事成語（　　）意味（　　）

③ とりでの近くに住む老人の馬が逃《に》げた。ところが、その馬は、立派な馬を連れて帰ってきた。ある日、老人の息子が、その馬から落ちて足の骨を折った。しかし、まもなく戦争が始まり、老人の息子は、足のけがのため、戦争に行かずに済んだ。
故事成語（　　）意味（　　）

④ 楚《そ》の国で、蛇《へび》の絵を描《か》く競争をしたとき、早く描きあげた者が足まで描いて負けたことから。
故事成語（　　）意味（　　）

（故事成語）
ア　蛇足《だそく》
イ　塞翁《さいおう》が馬《うま》
ウ　推敲《すいこう》
エ　背水《はいすい》の陣《じん》

（意味）
オ　あっても役に立たない余計なもの。
カ　詩や文章の表現を何度も練り直すこと。
キ　絶対に失敗できない覚悟で事に当たること。
ク　人生の運、不運は、予測できないということ。

知識の泉　Q　慣用句「胸をなでおろす」の意味は？

確認のワーク ステージ1 蜘蛛《くも》の糸 ほか

解答 16ページ　スピードチェック 6ページ　予想問題 139ページ

学習のねらい
- 日本を代表する近代の作家の作品を読み味わおう。
- 展開に沿って、登場人物の心情の変化を読み取ろう。

漢字

1 漢字の読み　読み仮名を横に書きなさい。

*は新出漢字　▼は新出音訓・◎は熟字訓

❶ *覆う　❷ 地*獄　❸ 水*晶　❹ *踏む
❺ *浮く　❻ 暗*闇　❼ 中*途　❽ *隠れる
❾ *肝*腎　❿ 無*慈悲　⓫ *屯田兵　⓬ *猫
⓭ *亜熱帯　⓮ *甚だ　⓯ 変*貌　⓰ *焦点

2 漢字の書き　漢字に直して書きなさい。

❶（へいぼん）な結果。　❷ 一生（けんめい）に走る。
❸（しょさい）の本。　❹ 兄と（いっしょ）に帰る。
❺（みちばた）の草。　❻（す）き通る。
❼ 花が（さ）く。　❽ 聞くに（た）えない。

教科書の要点　蜘蛛《くも》の糸

1 登場人物　（　）に名前を書きなさい。　教 p.128〜129

- ①（　）…極楽にいる。地獄の底に糸を下ろす。
- ②（　）…地獄にいる。大どろぼう。

2 あらすじ　正しい順番になるように、番号を書きなさい。　教 p.129〜133

（　）犍陀多《かんだた》は蜘蛛の糸を両手でつかみ、上り始める。
（　）犍陀多が「下りろ。」と叫ぶと蜘蛛の糸が切れ、犍陀多は地獄に落ちていく。
（　）お釈迦様《しゃかさま》は、地獄の底にいる犍陀多が蜘蛛を助けたことを思い出す。
（　）お釈迦様は、悲しそうな顔をしながらまた歩き始める。
（　）犍陀多は、罪人たちが糸をよじ上ってくるのを見つける。
（　）お釈迦様は、犍陀多を救い出してやろうと考え、蜘蛛の糸を地獄の底へ下ろす。

お釈迦様と犍陀多の心情の変化に注意して読もう。

3 構成のまとめ
（　）に教科書の言葉を書き入れなさい。 教p.128〜133

場面		できごと・人物の行動など	人物の心情や様子
一	極楽 教初め〜p.129下・⑧	〈極楽はちょうど朝なのだろう。〉 お釈迦様 蓮池《はすいけ》の縁《ふち》を独りで歩いている。 お釈迦様 蓮の葉の間から地獄の底を見て、犍陀多に目をとめる。 お釈迦様 蜘蛛の糸を地獄の底へ下ろす。	▼お釈迦様 犍陀多が蜘蛛を助けたことがあるのを思い出す。 ↓この男を地獄から（①　　）やろうと考える。
二	地獄 p.130上・①〜132下・⑧	犍陀多 天上から垂れてきた蜘蛛の糸に気づく。 ↓両手でつかみながら、上へ上り始める。 犍陀多 糸の下の方から、数かぎりもない罪人たちがよじ上ってくるのを見つける。 犍陀多 大きな声で「下りろ。」とわめくと、とたんに糸が切れ、地獄に落ちていく。	▼犍陀多 思わず（②　　）を打って喜ぶ。↓地獄から抜け出せると考える。 ▼犍陀多 驚いたのと（③　　）のとで、大きな口を開いたまま、目ばかり動かしている。 ↓今のうちにどうかしなければ、糸が切れて、自分も落ちてしまう。
三	極楽 p.132下・⑩〜終わり	お釈迦様 一部始終を見ている。 蓮池の蓮 少しもそんなことに（⑥　　）していない。……善も悪も包み込《こ》む大きな存在。 〈極楽ももう昼に近くなったのだろう。〉	▼お釈迦様 （④　　）な顔をする。 ↓犍陀多の無慈悲な心が、罰を受けて、もとの地獄へ落ちたことを（⑤　　）思ったのだろう。

おさえよう

主題 自分だけ助かりたいと願った犍陀多の〔ア 優柔《ゆうじゅう》不断　イ 利己的〕な行いをお釈迦様はあさましく思われた。人間の弱さや〔ア 勇気　イ せつなさ〕とお釈迦様の慈悲とを対比させつつ、その両者を包み込む大きな世界を描《えが》いた作品である。

知識の泉 Q 「熱」の部首のもとになっている漢字はどっち？　ア＝水　イ＝火

実力判定テストA ステージ2

蜘蛛《くも》の糸

30分

自分の得点まで色をぬろう!
100点 合格! 80 もう一歩 60 がんばろう! 0
/100

解答 17ページ

☆ 次の文章を読んで、問題に答えなさい。 教p.128・上③〜129・下⑧

ある日のことでございます。①お釈迦様《しゃかさま》は極楽の蓮池《はすいけ》の縁《ふち》を、独りでぶらぶらお歩きになっていらっしゃいました。池の中に咲いている蓮の花は、みんな玉のように真っ白で、そのまん中にある金色のずいからは、なんともいえないよい匂いが、絶え間なく辺りへあふれております。極楽はちょうど朝なのでございましょう。

②やがてお釈迦様はその池の縁におたたずみになって、水の面《おもて》を覆っている蓮の葉の間から、ふと下の様子をご覧になりました。この極楽の蓮池の下は、ちょうど地獄の底にあたっておりますから、水晶のような水を透き通して、三途《さんず》の河や針の山の景色が、ちょうどのぞき眼鏡を見るように、はっきりと見えるのでございます。

するとその地獄の底に、犍陀多《かんだた》という男が一人、他《ほか》の罪人と一緒にうごめいている姿が、お目にとまりました。この犍陀多という男は、人を殺したり家に火をつけたり、いろいろ悪事をはたらいた大どろぼうでございますが、それでも③たった一つ、善いことをいたした覚えがございます。と申しますのは、ある時この男が深い林の中を通りますと、小さな蜘蛛《くも》が一匹、道端をはっていくのが見えました。そこで犍陀多は早速《さっそく》足を上げて、踏み殺そうといたしましたが、「いや、いや、これも小さいながら、命のあるものにちがいない。その命をむやみにとるということは、いくらなんでもかわいそうだ。」と、こう急に思い返して、とうとうその蜘蛛を殺さずに助けてやったからでございます。

お釈迦様は地獄の様子をご覧になりながら、この犍陀多には蜘蛛を助けたことがあるのをお思い出しになりました。そうしてそれだけの善いことをした報いには、できるなら、この男を地獄から救い出してやろうとお考えになりました。幸い、そばを見ますと、翡翠《ひすい》のような色をした蓮の葉の上に、極楽の蜘蛛が一匹、美しい銀色の糸をかけております。お釈迦様はその蜘蛛の糸をそっとお手にお取りになって、玉のような白蓮《しらはす》の間から、はるか下にある地獄の底へ、まっすぐにそれをお下ろしなさいました。

〈芥川《あくたがわ》龍《りゅう》之介《のすけ》「蜘蛛《くも》の糸」による〉

1 ①お釈迦様は極楽の蓮池の縁を、独りでぶらぶらお歩きになっていらっしゃいました。について答えなさい。

(1) 極楽の蓮池の辺りはどんな様子ですか。□にあてはまる言葉を文章中から抜き出しなさい。 5点×2(10点)

□な蓮の花が咲き、花の□があふれている様子。

知識の泉 A イ。「灬」の部首名は「れんが」。

(2) 一日のうちのいつ頃のことですか。それがわかる一文を文章中から抜き出し、初めの五字を書きなさい。(10点)

2 ②お釈迦様はその池の縁に……ふと下の様子をご覧になりましたについて答えなさい。

(1) 蓮池の水はどんな様子でしたか。次から一つ選び、記号で答えなさい。(10点)

ア 日の光を受けて、まぶしいほどに光っている様子。
イ 透き通って、下のほうまではっきりと見える様子。
ウ 流れがおだやかで、青々と美しく輝《かがや》いている様子。
エ 鏡のように周囲のものを映している様子。

(2) 蓮池の下には、何があるのですか。文章中から二字で抜き出しなさい。(10点)

(3) お釈迦様は、下の様子を見ていて、誰のどんな姿に目をとめましたか。(10点)

3 ③たった一つ、善いことをいたした覚えがございますについて答えなさい。

(1) 犍陀多はどんな罪を犯した人物だと描《えが》かれていますか。文章中から三十字以上三十五字以内で抜き出し、初めと終わりの五字を書きなさい。完答(10点)

～

(2) よく出る 犍陀多が行った、たった一つの善いこととは、どんなことですか。次から一つ選び、記号で答えなさい。(10点)

ア 蜘蛛が人に踏み殺されそうになったところを助けたこと。
イ 蜘蛛の糸にかかった小さな虫をあわれに思い、助けたこと。
ウ 蜘蛛にも小さいながら命があると思い、蜘蛛を助けたこと。
エ 蜘蛛にも命があるのに、その命を奪《うば》って後悔《こうかい》したこと。

4 記述 お釈迦様が蜘蛛の糸を地獄の底へ下ろしたのは、なぜですか。文章中の言葉を使って書きなさい。(15点)

攻略！ 犍陀多が善いことをしたのを思い出したお釈迦様の考えに注目しよう。

5 この文章の表現について説明したものとして、適切なものを次から一つ選び、記号で答えなさい。(15点)

ア 擬人法《ぎじんほう》を用いて、地獄の世界の恐ろしさをまるでその場にいるかのようにリアルに描いている。
イ 比喩《ひゆ》を用いて、極楽の夢のように美しい世界をイメージ豊かに描いている。
ウ 擬態語を多用して、お釈迦様の尊い姿やその行動を生き生きと描いている。
エ 短い文を畳《たた》みかけるように使い、緊迫感《きんぱくかん》を感じさせるように描いている。

知識の泉 Q 「意気投合」とよく似た意味の慣用句。□に入る動物は？　□が合う

実力判定テストB　ステージ3

蜘蛛《くも》の糸

30分

自分の得点まで色をぬろう！
100点　合格！　80　もう一歩　60　がんばろう　0
/100

解答 17ページ

★ 次の文章を読んで、問題に答えなさい。

教 p.131・上④〜132・下⑧

しかし地獄と極楽との間は、何万里となくございますから、いくら焦《あせ》ってみたところで、容易に上へは出られません。ややしばらく上るうちに、とうとう犍陀多《かんだた》もくたびれて、もう一たぐりも上の方へは上れなくなってしまいました。そこで仕方がございませんから、まず①一休み休むつもりで、糸の中途にぶら下がりながら、はるかに目の下を見下ろしました。

すると、一生懸命に上ったかいがあって、さっきまで自分がいた血の池は、今ではもう闇の底にいつの間にか隠れております。それからあのぼんやり光っている恐ろしい針の山も、足の下になってしまいました。このぶんで上っていけば、地獄から抜け出すのも、存外わけがないかもしれません。犍陀多は両手を蜘蛛《くも》の糸に絡《から》みながら、②ここへ来てから何年にも出したことのない声で、「しめた。しめた。」と笑いました。ところがふと気がつきますと、蜘蛛の糸の下の方には、数かぎりもない罪人たちが、自分の上った後をつけて、まるで③蟻《あり》の行列のように、やはり上へ上へ一心によじ上ってくるではございませんか。犍陀多はこれを見ると、④驚いたのと恐ろしいのとで、しばらくはただ、大きな口を開いたまま、目ばかり動かしておりました。自分一人でさえ切れそうな、この細い蜘蛛の糸が、どうしてあれだけの人数の重みに堪えることができましょう。もし万一途中で切れたといたしましたら、せっかくここへまで上ってきたこの肝腎な自分までも、もとの地獄へ逆落としに落ちてしまわなければなりません。そんなことがあったら、大変でございます。が、そういううちにも、罪人たちは何百となく何千となく、真っ暗な血の池の底から、うようよとはい上がって、細く光っている蜘蛛の糸を、一列になりながら、せっせと上ってまいります。⑤今のうちにどうかしなければ、糸はまん中から二つに切れて、落ちてしまうのにちがいありません。

そこで⑥犍陀多は大きな声を出して、「こら、罪人ども。この蜘蛛の糸は俺《おれ》のものだぞ。おまえたちはいったい誰に聞いて、上ってきた。下りろ。下りろ。」とわめきました。

⑦そのとたんでございます。今までなんともなかった蜘蛛の糸が、急に犍陀多のぶら下がっている所から、ぷつりと音を立てて切れました。ですから犍陀多もたまりません。あっというまもなく風を切って、こまのようにくるくる回りながら、みるみるうちに闇の底へ、真っ逆さまに落ちてしまいました。

あとにはただ極楽の蜘蛛の糸が、きらきらと細く光りながら、月も星もない空の中途に、短く垂れているばかりでございます。

〈芥川《あくたがわ》龍之介《りゅうのすけ》「蜘蛛《くも》の糸」による〉

知識の泉　A　**馬。**　「馬」を使ったことわざの「馬の耳に念仏」も覚えよう。

1 ①一休み休むつもりで　とありますが、なぜ休もうとしたのですか。次の□にあてはまる言葉を文章中から抜き出しなさい。5点×2（10点）

早く［　　］を抜け出したいが、［　　　　］しまい、もう一たぐりも上れなくなったから。

2 レベルUP ②ここへ来てから何年にも出したことのない声で、「しめた。しめた。」と笑いました　とありますが、ここから犍陀多についてどんなことがわかりますか。次から二つ選び、記号で答えなさい。10点×2（20点）

ア　地獄には人が少ないので、話をする必要がなかったこと。
イ　長い間地獄で苦しみ続け、笑うこともなかったこと。
ウ　地獄を抜け出すのはそれほど難しくないと期待していること。
エ　極楽と地獄がそれほど離れていないと知り、喜んでいること。
オ　地獄が全く見えない場所まで来たので、安心していること。
（　）（　）

3 ③蟻の行列　とありますが、他に罪人たちの動きを虫の動きのように表現している一文を文章中から抜き出し、初めの五字を書きなさい。（10点）

4 ④驚いたのと恐ろしいのとで　について答えなさい。
(1) 犍陀多はどんな様子を見て、このように思ったのですか。（10点）

(2) よく出る 犍陀多が恐ろしいと感じたのは、なぜですか。次から一つ選び、記号で答えなさい。（10点）
ア　蜘蛛の糸が二つに切れたら、上にも下にも行けなくなってしまうにちがいないから。
イ　後から上ってきた罪人たちにつかまれて、地獄に落とされてしまうかもしれないから。
ウ　罪人たちが次々と上ってきて、やがて自分を追い越《こ》して先に極楽に行くかもしれないから。
エ　蜘蛛の糸が切れたら、自分までも地獄へ逆落としに落ちてしまうことになるから。
（　）

5 ⑤今のうちにどうかしなければ　とありますが、このときの犍陀多の気持ちを表す言葉を次から一つ選び、記号で答えなさい。（10点）
ア　不安と焦《あせ》り　イ　怒《いか》りと寂《さび》しさ
ウ　驚きと興奮　エ　あきらめと悲しみ
（　）

6 ⑥犍陀多は大きな声を出して　とありますが、このとき犍陀多は、どんな気持ちでしたか。次から一つ選び、記号で答えなさい。（10点）
ア　なんとかして、罪人たちとともに極楽にたどり着きたい。
イ　上ってくる罪人たちが、これ以上増えないようにしたい。
ウ　自分だけは、なんとしても地獄から抜け出したい。
エ　糸が切れる前に、どうにか上り終えてしまいたい。
（　）

7 記述 ⑦そのとたん　とありますが、わめいたとたん犍陀多はどうなりましたか。（20点）

知識の泉　Q ――線を漢字で書くと？　税金をオサめる。

確認のワーク ステージ1 河童《かっぱ》と蛙《かえる》

学習のねらい
●表現方法に注目して、月夜の沼の情景を捉えよう。
●場面の展開と、河童の描写《びょうしゃ》の対応を捉えよう。

解答 18ページ｜スピードチェック 8ページ

漢字と言葉

1 漢字の読み　読み仮名を横に書きなさい。

＊は新出漢字　▼は新出音訓・◎は熟字訓

❶ ＊踊る　❷ ＊沼　❸ ＊沸く　❹ ＊唄
❺ ＊泡（訓読み）

2 漢字の書き　漢字に直して書きなさい。

❶ ふろが（わ）く。　❷ 石けんの（あわ）。
❸ 二人で（おど）る。　❹ （ぬま）にすむ生き物。
❺ 祖母が（ながうた）を習う。

3 語句の意味　意味を下から選んで、線で結びなさい。

❶ ぐるり ・　　・ア 周り。周囲。
❷ 息をのむ ・　　・イ 湯気が立ったり泡が出たりする。
❸ 沸く ・　　・ウ 驚くなどして一瞬《いっしゅん》呼吸が止まったようになる。
❹ ねめまわす ・　　・エ あたりをにらんで見回す。

教科書の要点

1 詩の種類　この詩に合うものに○をつけなさい。

この詩は、用語で分類すると、現代の話し言葉で書かれているので、①｛ア 文語詩　イ 口語詩｝である。各行は七音と五音の言葉を基本として書かれており、全体は②｛ア 五連　イ 九連｝から成り立っている。

2 オノマトペ　[　]から言葉を選び、書き入れなさい。

●オノマトペ…（①　）を表した擬声《ぎせい》語と、（②　）を表した擬態語の二つをいう。
→第一、三、五、七連の「るんるん……つるん」は、河童《かっぱ》の（③　）を表す擬声語。
→第六連の「ぶるるっと」は、河童が踊りながら（④　）を震《ふる》わせる様子を表す擬態語。
→第九連の「ぐぶう」は、（⑤　）の鳴き声を表す擬声語。

[ものごとの様子　音や声　蛙《かえる》　河童　唄　体]

知識の泉　A 納。　熟語に置き換えて考えるとよい。税金を納める＝納税。

3 表現方法

[　　]から言葉を選び、書き入れなさい。

●繰《く》り返し…同じ表現を繰り返してリズムを作り、感動を高める方法。

→第一、三、五、七連で「るんるん……つるん」が繰り返されていて、河童の歌声や、（①　　）を読み手に想像させている。

●擬人法…何かを人間のふるまいにたとえる方法。

→第四連の「ぐるりの山は息をのみ。」…（②　　）の様子を人間のふるまいにたとえ、山が河童の歌い踊る様子に（③　　）いると表現している。

→第八連の「月だけひとり。」…水面に映っている（④　　）を人間にたとえて、「ひとり」と表現している。

山　月　沼　しなやかな動き
のんびりとした様子　沸き立って　驚いて

4 構成のまとめ

（　）に教科書の言葉を書き入れなさい。　教p.142〜144

	まとまり	内容
第一・二連	起　踊り始める	河童は、水面から（①　　）だけ出して、歌い踊っている。月が河童の（②　　）に映り、その上をすべっているように見える。
第三・四連	承　熱中していく	周囲を山に囲まれた大河童沼で、河童はあしや（③　　）をふりまわして踊っている。水面に映った月も沸き立っているようだ。
第五・六連	転　突然水面に立ち、水没《すいぼつ》する	突然、河童は水面にたち、（④　　）のあたりをねめまわす。そして、そのまま（⑤　　）に沈んでいった。
第七・八連	結　沼が静かになる	沼の底から（⑥　　）がいくつかあがってきた。水面には月の模様が動かずにはっきりと映っている。
第九連	結のまとめ　蛙が一《ひ》と声なく	蛙が（⑦　　）と一と声ないた。

主題　月夜の沼で河童が歌い踊っている。その踊りはしだいに〔ア 激しく　イ 穏《おだ》やかに〕なり、身震《みぶる》いしながら水面に立つ。それから、沼の底へと沈んでいく。見ていた蛙が一と声なき、辺りの〔ア 明るさ　イ 静けさ〕がいっそう際立《きわだ》つ。

知識の泉
Q「蛇《へび》の絵に足をかき足したため酒を飲み損《そこ》ねた」という故事がもとになった故事成語は？

実力判定テストA ステージ2

河童《かっぱ》と蛙《かえる》

30分

自分の得点まで色をぬろう!
100点 合格! 80 もう一歩 60 がんばろう! 0
/100

解答 18ページ

★ 次の詩を読んで、問題に答えなさい。

教 p.142〜144

河童《かっぱ》と蛙《かえる》　草野《くさの》 心平《しんぺい》

①るんるん　るるんぶ
るるんぶ　るるん
つんつん　つるんぶ
つるんぶ　つるん

②河童の皿を月すべり。
じゃぶじゃぶ水をじゃぶつかせ。
かおだけ出して。
③踊ってる。

るんるん　るるんぶ
るるんぶ　るるん
つんつん　つるんぶ
つるんぶ　つるん

④大河童沼のぐるりの山は。
ぐるりの山は息をのみ。
あしだの手だのふりまわし。
月もじゃぼじゃぼ沸いている。

るんるん　るるんぶ
るるんぶ　るるん
つんつん　つるんぶ
つるんぶ　つるん

立った。立った。水の上。
河童がいきなりぶるるっとたち。
天のあたりをねめまわし。
それから。⑤そのまま。

るんるん　るるんぶ
るるんぶ　るるん
つんつん　つるんぶ
つるんぶ　つるん

もうその唄もきこえない。
⑥沼の底から泡がいくつかあがってきた。
兎《うさぎ》と杵《きね》の休火山などもはっきり映し。
月だけひとり。
動かない。

知識の泉 A 蛇足《だそく》。「なくてもよい，余計なこと」。〈例〉最後の発言は蛇足だった。

⑦ぐぶうと一《ひ》と声。
蛙がないた。

1 ①るんるん　るるんぶ／……つるんぶ　つるん　とありますが、この表現から河童のどんな様子がイメージできますか。次から一つ選び、記号で答えなさい。（10点）

ア　強く勇ましく歌い踊る様子。
イ　明るくしなやかに歌い踊る様子。
ウ　緊張《きんちょう》し、ぎこちなく歌い踊る様子。
エ　悲しく寂《さび》しげに歌い踊る様子。

（　　）

2 ②河童の皿を月すべり。とは、どんな様子を表していますか。（　）にあてはまる言葉を詩の中から抜き出しなさい。5点×3（15点）

（　　）の動きに応じて、その頭の（　　）に映っている（　　）もすべっているように見える様子。

3 ③踊ってる。とありますが、河童が歌い踊りきって気持ちが頂点に達している様子が描《えが》かれているのは、第何連ですか。漢数字で答えなさい。（10点）

第□連

4 ④ぐるりの山は息をのみ。について答えなさい。

(1) 「息をのみ」とは、どんな様子を表していますか。次から一つ選び、記号で答えなさい。（10点）

ア　腹を立てる様子。　イ　不安な様子。
ウ　驚く様子。　エ　悲しむ様子。

（　　）

(2) よく出る　ここで用いられている表現技法を次から一つ選び、記号で答えなさい。（10点）

ア　対句《ついく》法　イ　倒置法
ウ　直喩《ちょくゆ》　エ　擬人《ぎじん》法

（　　）

攻略！「山」がどのように表現されているかに注目しよう。

5 記述　⑤そのまま。とありますが、このあと、河童はどうしたと考えられますか。（20点）

（　　）

攻略！あとの第八連の内容に注目して考えよう。

6 ⑥兎と杵の休火山などもはっきり映し。はどんな様子を表していますか。□にあてはまる言葉を詩の中から抜き出しなさい。完答（15点）

静かになった□の水面に、□の表面の模様がはっきりと映っている様子。

7 ⑦ぐぶうと一と声。／蛙がないた。の表現について説明したものを次から一つ選び、記号で答えなさい。（10点）

ア　ファンタジーの世界を印象的に伝えている。
イ　生き物の楽しそうな様子を具体的に描いている。
ウ　辺りの静けさをいっそう際立《きわだ》たせている。
エ　月夜の明るい様子を生き生きと描いている。

（　　）

知識の泉　Q　次の故事成語の□にあてはまる漢字は？　漁夫の□

確認のワーク ステージ1 オツベルと象

漢字と言葉

1 漢字の読み
読み仮名を横に書きなさい。

＊は新出漢字 ▼は新出音訓・◎は熟字訓

❶ ＊据える ❷ ＊煙（訓読み） ❸ ＊吹く ❹ 頑＊丈
❺ 雑＊巾 ❻ ＊忙しい ❼ 退＊屈 ❽ ＊斜め
❾ ＊薪（訓読み） ❿ ＊仰ぐ ⓫ ＊縛る ⓬ ＊励ます

2 漢字の書き
漢字に直して書きなさい。

❶ （いせい）がよい。 ❷ サハラ（さばく）。
❸ （ゆかい）な話。 ❹ （やっき）になる。
❺ 犬が（や）せる。 ❻ 靴を（は）く。

3 語句の意味

❶ 呼応・ ・ア 戦いに負けて、相手に従うこと。
❷ 降参・ ・イ あせって、むきになる様子。
❸ 躍起・ ・ウ 一方のものが呼べば相手が応答すること。

教科書の要点

解答 19ページ ｜ スピードチェック 8ページ ｜ 予想問題 140ページ

学習のねらい
● 作品の構成や展開、表現の工夫《くふう》や効果を読み取ろう。
● 描写《びょうしゃ》に着目して読み、内容を理解しよう。

1 登場人物
（　）に登場人物を書きなさい。 教 p.148〜156

① （　）…この物語の語り手。
② （　）…金持ちでずるがしこい。
③ （　）…優しい心をもち、働きもの。

2 あらすじ
正しい順番になるように、（　）に番号を書きなさい。 教 p.150〜162

（　）オツベルは時計や靴がいるだろうとだまして、白象の足に鎖や分銅をつける。

（　）オツベルは税金が上がるからと言って白象を働かせ、白象は働く喜びを感じる。

（　）白象は仲間の象にお礼を言って、寂《さび》しく笑った。

（　）白象がオツベルの稲こき小屋にやってきて、そこにいつくことになる。

（　）食べ物を減らされ疲れきった白象は仲間の象に助けを求め、オツベルはその仲間の象に潰《つぶ》される。


オツベルと白象の関係に注目して読み取っていこう。

知識の泉 A 利。「漁夫《ぎょふ》の利《り》」＝二者が争っているうちに，第三者が利益を横取りすること。

3 構成のまとめ

（　）に教科書の言葉を書き入れなさい。教 p.148〜162

場面	語り手の提示	語られている内容　第一日曜	第二日曜	第五日曜
場面	p.148・①	p.148・③〜152・⑩	p.152・⑫〜156・③	p.156・⑤〜終わり
語り手の言葉や、オツベルの言動	●ある牛飼いが物語る。	語り手「オツベルときたら（①　　）もんだ。」 ●白象がオツベルの稲こき小屋にやってきた。 オツベル「どうだい、ここはおもしろいかい。」「ずうっとこっちにいたらどうだい。」…白象でもうけたい。 語り手「どうだ、そうしてこの象は、もうオツベルの財産だ。」	語り手「オツベルときたらたいしたもんだ。」 オツベル 白象に鎖と（③　　）をつけた。…逃《に》がさないため。 川から（④　　）をくませ、十把のわらを与えた。 炭火を吹かせ、七把のわらを与えた。 朝から稼がせ、ただ五把のわらを与えた。→えさを減らして弱らせるため。 語り手「オツベルが、頭がよくて偉いためだ。」	語り手「そのオツベルは……いなくなったよ。」 オツベル ことごと象につらくした。 ●仲間の象が白象を助けにやってきて、オツベルは潰されてしまった。
白象の言動・心情		▼「おもしろいねえ。」目を（②　　）返事した。 ▼「いてもいいよ。」…オツベルの真意に気づかない。	▼「うん、なかなかいいね。」…オツベルの真意に気づかない。 ▼「稼ぐのは（⑤　　）だねえ。」 ▼「ああ、疲れたな、うれしいな、サンタマリア。」	▼「もう、（⑥　　）、サンタマリア。」 ▼「ああ、ありがとう。ほんとに僕は助かったよ。」（⑦　　）笑ってそう言った。

主題　〔ア 純真　イ 賢明《けんめい》〕な白象は、〔ア 親切な　イ ずるがしこい〕オツベルの真意に気づかないままに利用されて傷つけられた。白象は仲間に助けられたが、思わぬ結果になったことを寂しく感じた。このようなことを牛飼いは語ったのである。

知識の泉　Q「□が立たない」「□に衣《きぬ》着せぬ」。□に入る共通の漢字は？

実力判定テストA ステージ2

オツベルと象

30分

自分の得点まで色をぬろう！
100点 合格！ 80 もう一歩 60 がんばろう！ 0
/100

解答 19ページ

1 次の文章を読んで、問題に答えなさい。

教 p.151・⑩〜152・⑧

　オツベルはやっと覚悟を決めて、稲こき機械の前に出て、象に話をしようとしたが、その時象が、①とてもきれいな、うぐいすみたいないい声で、こんな文句を言ったのだ。

「ああ、だめだ。あんまりせわしく、砂が私の歯に当たる。」

　全くもみは、パチパチパチパチ歯に当たり、また真っ白な頭や首にぶっつかる。

　さあ、オツベルは命がけだ。パイプを右手に持ち直し、度胸をすえてこう言った。

「どうだい、ここはおもしろいかい。」

「おもしろいねえ。」象が体を斜めにして、目を細くして返事した。

「②ずうっとこっちにいたらどうだい。」

　百姓どもははっとして、息を殺して象を見た。オツベルは言ってしまってから、にわかにがたがた震《ふる》えだす。ところが象はけろりとして、

「いてもいいよ。」と答えたもんだ。

「そうか。それではそうしよう。そういうことにしようじゃないか。」③オツベルが顔をくしゃくしゃにして、真っ赤になって喜びながらそう言った。

　どうだ、そうしてこの象は、もうオツベルの財産だ。

〈宮沢《みやざわ》　賢治《けんじ》「オツベルと象」による〉

1 ①とてもきれいな、うぐいすみたいないい声　から想像できる象の性格を次から一つ選び、記号で答えなさい。（10点）

ア　臆病《おくびょう》でずるがしこい。　イ　気が強く乱暴。
ウ　清純で優しい。　エ　けちで欲深い。

（　　）

2 よく出る ②ずうっとこっちにいたらどうだい。とオツベルが言ったのは、どんな考えがあったからですか。次から一つ選び、記号で答えなさい。（15点）

ア　きれいな声の象と、ずっと話していたいという考え。
イ　象をだまして利用しようとする考え。
ウ　百姓たちに、自分の度胸を見せつけようという考え。
エ　自分の仕事場を、象に自慢しようという考え。

（　　）

3 本当は気が小さいことが読み取れるオツベルの様子が描《えが》かれた一文を文章中から抜き出し、初めの六字を書きなさい。（10点）

攻略！ オツベルの言葉と様子から、オツベルの思わくを読み取ろう。

□□□□□□

4 ③オツベルが顔を……そう言った。とありますが、オツベルが喜んだのはなぜですか。次から一つ選び、記号で答えなさい。（10点）

ア　象に襲《おそ》われなかったから。　イ　象と話ができたから。
ウ　思いどおりになったから。　エ　意外なことが起きたから。

（　　）

知識の泉　**A**　**歯。**「歯が立たない」＝かなわない。「歯に衣《きぬ》着せぬ」＝率直《そっちょく》に言う。

2 次の文章を読んで、問題に答えなさい。

教p.153・②〜154・④

「おい、おまえは時計はいらないか。」丸太で建てたその象小屋の前に来て、オツベルは琥珀《こはく》のパイプをくわえ、顔をしかめてこうきいた。

「僕は時計はいらないよ。」象が笑って返事した。

「まあ持ってみろ、いいもんだ。」こう言いながらオツベルは、ブリキでこさえた大きな時計を、象の首からぶら下げた。

「なかなかいいね。」象も言う。

「鎖もなくちゃだめだろう。」オツベルときたら、百キロもある鎖をさ、その前足にくっつけた。

「うん、なかなか鎖はいいね。」三足歩いて象が言う。

「靴を履いたらどうだろう。」

「僕は靴など履かないよ。」

「まあ履いてみろ、いいもんだ。」オツベルは顔をしかめながら、赤い張り子の大きな靴を、象の後ろのかかとにはめた。

「なかなかいいね。」象も言う。

「靴に飾《かざ》りをつけなくちゃ。」オツベルはもう大急ぎで、四百キロある分銅を、靴の上から、はめ込んだ。

「うん、なかなかいいね。」象は二足歩いてみて、さもうれしそうにそう言った。

次の日、ブリキの大きな時計と、やくざな紙の靴とは破け、象は鎖と分銅だけで、大喜びで歩いておった。〈宮沢《みやざわ》賢治《けんじ》「オツベルと象」による〉

1 オツベルは象に「時計」や「靴」を与えて、本当は何をしたのですか。（　）に文章中の言葉を書きなさい。　10点×2（20点）

① 時計……象に百キロもある（　　）をつけた。

② 靴……象に四百キロもある（　　）をつけた。

2 記述 オツベルが象に「時計」や「靴」を与えた目的を、考えて書きなさい。（15点）

攻略！「時計」と「靴」が破れたあとの象の様子に注目しよう。

（　　）

3 よく出る オツベルは琥珀のパイプをくわえ、顔をしかめてこうきいたとありますが、オツベルが顔をしかめているのは、なぜですか。次から一つ選び、記号で答えなさい。（10点）

ア 象を怖《こわ》がらせて自分の言うことをきかせるため。

イ 象に時計や靴を与えるのがいやだったため。

ウ 象の時計や靴があまりに重たかったため。

エ 象に策略を悟られないように、本心を隠《かく》すため。

（　　）

攻略！言っている内容と、表情が一致《いっち》していないことに注目しよう。

4 「時計」や「靴」をもらった象の心情について説明したものとして適切なものを次から一つ選び、記号で答えなさい。（10点）

ア オツベルを疑っているが、策略には気づかずにいる。

イ オツベルに感謝するが、早くはずしたいと思っている。

ウ オツベルの策略に気づかず、素直《すなお》に喜んでいる。

エ オツベルの策略に気づくが、我慢している。

（　　）

知識の泉 Q「早」と「化」に共通の部首をつけるとできる熟語は？

実力判定テストB　ステージ3

オツベルと象

30分

自分の得点まで色をぬろう!
合格!　もう一歩　がんばろう!
100点　80　60　0
/100

解答 20ページ

★ 次の文章を読んで、問題に答えなさい。

教 p.154・⑤〜156・③

「すまないが税金も高いから、今日はすこうし、川から水をくんでくれ。」オツベルは両手を後ろで組んで、顔をしかめて象に言う。

「ああ、僕水をくんでこよう。もう何杯でもくんでやるよ。」

象は目を細くして喜んで、その昼過ぎに五十だけ、川から水をくんできた。そして菜っ葉の畑にかけた。

夕方象は小屋にいて、十把のわらを食べながら、西の三日の月を見て、

「ああ、稼ぐのは愉快だねえ、さっぱりするねえ。」と言っていた。

「すまないが税金がまた上がる。今日はすこうし、森から薪を運んでくれ。」オツベルは房《ふさ》のついた赤い帽子《ぼうし》をかぶり、両手をかくしに突っ込んで、次の日象にそう言った。

「ああ、僕薪を持ってこよう。いい天気だねえ。僕はぜんたい森へ行くのは大好きなんだ。」象は笑ってこう言った。

①オツベルは少しぎょっとして、パイプを手から危なく落としそうにしたが、もうその時は、象がいかにも愉快なふうで、ゆっくり歩きだしたので、また安心してパイプをくわえ、小さなせきを一つして、百姓どもの仕事のほうを見に行った。

その昼過ぎの半日に、象は九百把薪を運び、目を細くして喜んだ。

晩方象は小屋にいて、八把のわらを食べながら、西の四日の月を見て、

「②ああ、せいせいした。サンタマリア。」と、こう独り言したそうだ。

その次の日だ。

「すまないが、税金が五倍になった。今日はすこうし鍛冶場《かじば》へ行って、炭火を吹いてくれないか。」

「ああ、吹いてやろう。本気でやったら、僕、もう、息で、石も投げ飛ばせるよ。」

③オツベルはまたどきっとしたが、気を落ち着けて笑っていた。象はのそのそ鍛冶場へ行って、べたんと足を折って座《すわ》り、ふいごの代わりに半日炭を吹いたのだ。

その晩、象は象小屋で、七把のわらを食べながら、空の五日の月を見て、

「ああ、疲れたな、うれしいな、サンタマリア。」と、こう言った。

どうだ、そうして次の日から、象は朝から稼ぐのだ。わらも昨日はただ五把だ。よくまあ、五把のわらなどで、あんな力が出るもんだ。

実際、④象は経済だよ。それというのもオツベルが、頭がよくて偉いためだ。オツベルときたらたいしたもんさ。

〈宮沢《みやざわ》賢治《けんじ》「オツベルと象」による〉

知識の泉　A 草花。「艹」(くさかんむり)をつければよい。

1 オツベルは、どんなことを理由にして、象に仕事をさせていますか。（10点）

（　　　）

2 よく出る ①オツベルは少しぎょっとして とありますが、それはなぜですか。次から一つ選び、記号で答えなさい。（10点）

ア　象が森の中へ逃《に》げてしまうのでは、と思ったから。
イ　思いがけず、象が笑いながら話していたから。
ウ　象は森へ行くのが嫌《きら》いだと思っていたから。
エ　薪を運ぶ仕事を、象は嫌《いや》がると思っていたから。

（　　）

3 ②「ああ、せいせいした。サンタマリア。」について答えなさい。

(1) このときの象は、どんな気持ちでしたか。次から一つ選び、記号で答えなさい。（10点）

ア　十分に食べることができて、満ち足りた気持ち。
イ　一生懸命に働くことができて、晴れやかな気持ち。
ウ　次々と新しい仕事を頼《たの》まれて、とまどう気持ち。
エ　小屋でゆっくり休めて、すがすがしい気持ち。

（　　）

(2) このあと、象の状況《じょうきょう》が少し変化したことは、象のどんな言葉からわかりますか。会話文を抜き出しなさい。（10点）

「　　　」

4 記述 ③オツベルはまたどきっとした とありますが、それはなぜですか。考えて書きなさい。（15点）

（　　　）

5 よく出る ④象は経済だよ とありますが、象のどんなことについてこのように言っているのですか。次から一つ選び、記号で答えなさい。（10点）

ア　頭の回転が速いこと。
イ　素直《すなお》に言うことを聞くこと。
ウ　少しのえさでよく働くこと。
エ　働くことが好きであること。

（　　）

6 十把のわら　八把のわら　七把のわら　五把のわら　とありますが、えさの量が減っていく理由を次から二つ選び、記号で答えなさい。10点×2（20点）

ア　えさが買えないため。
イ　えさの節約のため。
ウ　象が働かないため。
エ　象をこらしめるため。
オ　象の力を弱らせるため。

（　　）（　　）

7 レベルUP 象について、あてはまるものを次から一つ選び、記号で答えなさい。（15点）

ア　働くことに喜びを感じ、オツベルの役に立てることをうれしく思っている。
イ　オツベルに対して不満をもちながらも、気持ちを押し殺して働き続けている。
ウ　これ以上働きたくないが、えさを減らされたくないので我慢している。
エ　森に逃げ帰りたいと思っているが、重りをつけられているのでできないでいる。

（　　）

知識の泉　Q「完璧《かんぺき》」の意味は？

確認のワーク ステージ1

随筆《ずいひつ》を書く
言葉の小窓2 日本語の文字（漢字の練習4）

解答 20ページ ｜ スピードチェック 9ページ

学習のねらい
- 身近な出来事や経験したことを文章に書くときの、表現を知ろう。
- 日本語の文字の特徴《とくちょう》を理解しよう。

漢字

1 漢字の読み 読み仮名を横に書きなさい。

*は新出漢字 ▼は新出音訓・◎は熟字訓

❶ 追*悼 ❷ *蚊 ❸ 線▼香 ❹ *繭
❺ 純*粋 ❻ *紫外線 ❼ *恒星 ❽ *蜂*蜜
❾ 千羽*鶴 ❿ 工▼夫 ⓫ *幽閉 ⓬ ▼程遠い
⓭ ▼門（訓読み） ⓮ *披*露 ⓯ *畝 ⓰ *捻*挫

2 漢字の書き 漢字に直して書きなさい。

❶ （こんちゅう）採集。 ❷ 有害な（しがいせん）。
❸ （じゅんすい）な心。 ❹ 芸を（ひろう）する。
❺ 死者への（ついとう）。 ❻ （とうき）の花瓶。
❼ （はちみつ）入りの菓子《かし》。 ❽ 白鳥の（つばさ）。

基本問題 随筆《ずいひつ》を書く

1 次の言葉とほぼ同じ心情を表す言葉をあとから一つずつ選び、記号で答えなさい。

① 緊張《きんちょう》する（ ） ② 悔《くや》しがる（ ）
③ 感動する（ ） ④ 恐れる（ ）

ア 固唾《かたず》をのむ イ 背筋が寒くなる
ウ 琴線《きんせん》にふれる エ 地団太《じだんだ》を踏む

随筆などの文章を書くときは、どのような表現を使うのがよいか、じっくり考えてみよう。

2 次の季節を表す言葉を□から二つずつ選び、書きなさい。

① 春（ ）（ ）
② 夏（ ）（ ）
③ 秋（ ）（ ）
④ 冬（ ）（ ）

油照り　せみしぐれ　花曇《ぐも》り　いわし雲
山眠る　山笑う　枯野《かれの》　馬肥ゆる

基本問題　言葉の小窓2

1 日本語の漢字と仮名を適度に交ぜる書き表し方を、なんといいますか。八字の言葉を書きなさい。

2 表音文字と表意文字について説明した次の文の（　）にあてはまる言葉をそれぞれ書きなさい。

・表音文字…（　　）を表さずに（　　）だけを表す文字。

・表意文字…（　　）だけでなく（　　）も表す文字。

3 次の文字の書体はなんですか。［　］から選び、（　）に書きなさい。

① 秋（　　）
② 秋（　　）
③ 秋（　　）

［行書　草書　楷書《かいしょ》］

4 次の日本語の文字にあてはまる説明をあとから全て選び、記号で答えなさい。

① 漢字（　　）
② 万葉《まんよう》仮名（　　）
③ 平仮名（　　）
④ 片仮名（　　）
⑤ ローマ字（　　）

ア 表音文字。
イ 表意文字。
ウ 『万葉集《まんようしゅう》』に多く用いられた、漢字の読みを借りて日本語の音を表す文字。
エ 漢字の一部分を切り取るようにして作られた文字。
オ 行書や草書をもとに作られた文字。
カ 公共の場での地名表示などに用いられる文字。
キ 中国から伝えられた文字。

5 次の平仮名、あるいは、片仮名のもとになった漢字をそれぞれ［　］から選び、（　）に書きなさい。

① れ（　　）　② も（　　）
③ タ（　　）　④ カ（　　）

［利　太　加　礼　多　世　毛］

知識の泉　Q 「賛成のイシ（意志・意思）を示す。」（　）の中で正しいのは？

確認のワーク ステージ1

子どもの権利

学習のねらい
- 文章の展開や論理の構成に注目して、筆者の主張を読み取ろう。
- 専門的な内容を表す語句の意味を捉えて、文章の内容をつかもう。

解答 21ページ　スピードチェック 10ページ　予想問題 141ページ

漢字と言葉

1 漢字の読み 読み仮名を横に書きなさい。

❶ *虐待　❷ *奪う　❸ *含む

*は新出漢字　▼は新出音訓・◎は熟字訓

2 漢字の書き 漢字に直して書きなさい。

❶ （ぎゃくたい）を防ぐ。　❷ 消費税を（ふく）む代金。

3 語句の意味 意味を下から選んで、線で結びなさい。

❶ 監視《かんし》・　　・ア 心が広く、人の言動をよく受け入れること。
❷ 確信・　　・イ 確かにそうなると固く信じること。
❸ 寛容《かんよう》・　　・ウ よくないことが起きないように見張ること。

教科書の要点

1 話題 筆者は初めに、「長い間、世界中で支配的だった考え方」として、どのような考え方を提示していますか。（　）に教科書の言葉を書き入れなさい。　教 p.172

子どもは心身ともに（①　　）だから、大人の（②　　）にするべきだという考え方。

2 要点 1の考え方を大きく変えたのはどんな出来事ですか。（　）に教科書の言葉を書き入れなさい。　教 p.172〜173

一九八九年に（①　　）で作られた、「（②　　）」が子どもに対する見方を大きく変えた。

←内容

- 子どもには、（③　　）権利や成長する権利、暴力から守られる権利、（④　　）を受ける権利などがある。
- 子どもの権利を守るのは、親だけでなく、（⑤　　）の責任でもある。

3 筆者の考え 筆者はどんな主張を述べていますか。□に教科書の言葉を書き入れなさい。　教 p.176

子どもが□□□□□ことは、自分を大切にすると同時に、□□を思いやり、□□な社会を築くために必要だ。

4 構成のまとめ

（　）に教科書の言葉を書き入れなさい。（各段落に1～10の番号をつけて読みましょう。）

教 p.172～176

まとめ

序論	本論	結論
支配的な考え方	子どもの権利を守るための国連の取り組み	筆者の主張

内容

1～2段落（序論）

世界中で支配的だった考え方

▼子どもは心身ともに未熟だから、（①　　）の言うとおりにするべきだ。

3～4段落

子どもの権利条約…子どもに対する見方を大きく変えた。

▼子どもには大人とは異なる特別な保護が必要であり、同時に、一人の人間として、大人と同様に（②　　）をもつ。

▼子どもの権利を守るのは、親と国の（③　　）だ。

日本や世界の現状

●**日本** 親に虐待されたり、いじめに遭《あ》ったりしている子どもの報道が後を絶たない。

●**世界** 武力紛争《ふんそう》などで子どもが命を奪われたり、劣悪《れつあく》な環境《かんきょう》で働かされたりしている。

5～6段落

国連の「子どもの権利委員会」の取り組み

▼子どもの権利条約が守られているか（④　　）し、問題があれば改善するように勧告《かんこく》する。

・筆者もこの委員の一人。

具体例

●**モンテネグロで起きた問題** 親による養育を受けられない子どもや障害のある子どもが大勢施設に入れられていた。

↓「子どもの権利委員会」が改善を勧告した。

7～8段落

国連…二度の世界大戦を踏まえて、一九四五年に設立された。

▼国連の考え＝人種、性別、言語、宗教による差別なく、全ての人の人権が保障されることが平和の基礎《きそ》である。

▼国連の目的の一つ＝人権の（⑤　　）。

筆者の体験

●**高校生の頃の筆者** 国連の仕事がしたいと思った。だが、国連について漠然としたイメージしかなく、具体的な活動について、ほとんど（⑥　　）。→勉強した。

9～10段落（結論）

平和な社会を築くために必要なこと

◆対話による解決や、自分と違う立場の人の気持ちや心の痛みを想像することなどの（⑦　　）の中での努力。

◆子どもが人権（＝全ての人の命の尊さと（⑧　　）を学び、自分を大切にして（⑨　　）を思いやること。

おさえよう

要旨《ようし》 筆者は、世界中で〔ア 批判的　イ 一般《いっぱん》的〕であった、「子どもは未熟だから大人の言うとおりにするべきだ」という考え方を大きく変えた、「子どもの権利条約」や国連の取り組みを紹介し、子どもが〔ア 人権　イ 文化〕を学ぶことは、自分と他人を尊重し、平和な社会を築くために必要だと主張している。

知識の泉 Q 「間」「聞」「開」のうち，部首が異なる漢字は？

実力判定テストA ステージ2 子どもの権利

30分

自分の得点まで色をぬろう!
100点 合格! 80 もう一歩 60 がんばろう! 0
/100

解答 21ページ

★ 次の文章を読んで、問題に答えなさい。

教 p.175・⑦〜176・⑬

しかし、高校生の頃は、①国連で働きたいと言いながら、国連について漠然としたイメージしかなく、その具体的な活動について、実はほとんど知らなかったのです。弁護士になってから、初めて、国連が人権の分野で大きな役割を果たしてきたことを知り、夢中になって国連と人権について調べ、勉強しました。そして、国連は、人類が起こした二度の世界大戦の悲惨《ひさん》な経験を踏まえ、将来の世代を戦争の惨害から救いたいとの決意から一九四五年に設立されたことを知りました。人種、性別、言語、宗教による差別なく、全ての人の人権が保障されることが平和の基礎《きそ》であるとの確信から、人権の保障を目的の一つに掲《かか》げ活動してきたことも知りました。子どもの権利条約も、国連の活動の中で作られた国際人権条約の一つです。

人はみな、人種や民族、性別などによる外見の違いがあります。生まれた国によって話す言葉も置かれた状況《じょうきょう》も異なります。同じ国の中でも育つ家庭環境《かんきょう》はさまざまです。②そうしたそれぞれ違いのある一人一人が集まって社会を作っています。その違いを認め合い、意見が異なるときも、対話によって解決し、自分と違う立場にいる人の気持ちや心の痛みを想像するといった、③日常の生活の中での努力が平和な社会を築くことにつながります。

④しかし、どれだけの大人、子どもがこの子どもの権利条約を知っているでしょうか。大人の中には、子どもに権利なんて教えると大人の言うことを聞かなくなる、自己中心的で権利主張ばかりするわがままな人間になると心配する人もいます。しかし、子どもの権利条約では、子どもの教育の目的を、子どもが人権を尊重し、他者への理解、平和や寛容《かんよう》、男女の平等を学び身につけ、責任ある大人になるための準備にあると定めています。子どもが人権を学ぶことは、自分を含む全ての人の命の尊さと平等を学ぶことであり、自分を大切にすると同時に、他人を思いやり、平和な社会を築くために必要なのです。

〈大谷《おおたに》 美紀子《みきこ》「子どもの権利」による〉

1 ①国連 について答えなさい。

(1) よく出る 「国連」はどんな考えから設立されたのですか。「……という考え。」に続くように、文章中から十七字で抜き出しなさい。(10点)

という考え。

知識の泉 A 聞。 部首は，間・開→「門」(もんがまえ)，聞→「耳」(みみ)。

(2) 人権に関する「国連」の活動についてまとめた次の文の（　）にあてはまる言葉を、文章中から抜き出しなさい。 10点×2（20点）

国連は（　　　）を活動の目的の一つとし、

国際人権条約の一つとして（　　　）を作った。

2 ②そうしたそれぞれ違いのある一人一人 とありますが、具体的になんの違いですか。次の文の□にあてはまる言葉を、文章中から抜き出しなさい。 5点×3（15点）

・□の違い。（人種・民族・性別など）

・□や状況の違い。

・□の違い。

攻略！「そうした」とあるので前の部分から探そう。

3 記述 ③日常の生活の中での努力が……つながります とありますが、筆者はそのために必要なのは一人一人がどうすることだと述べていますか。文章中の言葉を使って三つに分けて書きなさい。 10点×3（30点）

（　　　）

4 ④しかし、どれだけの大人、子どもがこの子どもの権利条約を知っているでしょうか とありますが、この表現から筆者のどんな気持ちが伝わりますか。次から一つ選び、記号で答えなさい。（10点）

ア 子どもの権利条約を知っている人が多いことに驚く気持ち。
イ 子どもの権利条約が知られていないことに対し嘆《なげ》く気持ち。
ウ 子どもの権利条約を知っている人の少なさに納得する気持ち。
エ 子どもの権利条約を知っている人の数を知りたい気持ち。

（　　　）

5 よく出る この文章で述べられている筆者の考えとして合うものを次から一つ選び、記号で答えなさい。 （15点）

ア 他者への理解や男女の平等など、真の平和を学ぶには大人が適しているが、その準備として子どもは人権を学ぶべきだ。
イ 子どもが人権を学ぶことは、責任ある大人になり、思いやりをもって平和な社会を築くために必要なものである。
ウ 子どもが人権を学ぶと、権利の主張ばかりをするようになるという認識は誤っており、大人が適切な時期に教えるべきだ。
エ 子どもたちが平和を築くための学びを得るために、国連では子どもに対し特別な学習時間を設ける取り組みをしている。

（　　　）

知識の泉 Q ——線を漢字で書くと？ 席をアける・夜がアける・ドアをアける

確認のワーク ステージ1

調べた内容を聞く
漢字の広場3 漢字の音と訓（漢字の練習5）

解答 22ページ ｜ スピードチェック 10ページ

学習のねらい
- 考えを比較し、相違点や共通点を捉えて、考えをまとめる。
- 相手の話を記録したり、質問したりして、内容を捉える。

漢字

1 漢字の読み 読み仮名を横に書きなさい。

＊は新出漢字　▼は新出音訓・◎は熟字訓

❶ 歩＊幅　❷ ＊脇役　❸ 片＊隅　❹ ＊曖＊昧
❺ ＊錠前　❻ ＊炎上　❼ ＊逃走　❽ ＊滝
❾ 河＊畔　❿ 抑＊揚　⓫ ＊柔＊軟　⓬ ＊憤然
⓭ 基＊盤　⓮ 必＊須　⓯ 分＊析　⓰ 果＊敢
⓱ 必＊携　⓲ 痛＊恨　⓳ ＊辛＊辣　⓴ ＊鎮静

2 漢字の書き 漢字に直して書きなさい。

❶（やっかい）な話。
❷（だきょう）案を示す。
❸ 推理小説の（けっさく）。
❹（とうげ）の茶屋。
❺（せま）い部屋。
❻（すず）の音。

基本問題 調べた内容を聞く

★ 次の、報告後に行われたグループ内での話し合いを読んで、あとの問いに答えなさい。

【「地球に優しい暮らしをするために必要なこと」についての報告】

田中《たなか》　小林《こばやし》さんの報告の中に、ごみ問題を解決するためには、一人一人が地球の資源には限りがあることを意識することが大切だとありましたが、なぜそう思いますか。

小林　一人一人が意識するようになると、割り箸《ばし》などの使い捨ての商品の利用や、食べ残しが減ると考えたからです。

鈴木《すずき》　私は、水問題について考えました。家庭用水の無駄《むだ》づかいをしないことは、小林さんの報告にある、資源には限りがあることを意識することに通じます。

桜井《さくらい》　私の自然開発についての報告の中では、資源への意識については述べませんでしたが、小林さんの報告にあった割り箸は、産出国によっては二酸化炭素排出量が多く、環境負荷の原因となっていて共通しています。

鈴木　みんなの報告と意見から、私たちのグループでは、「地球に優しい暮らしをするために必要なこと」は、「一人一人が地球の資源には限りがあることを意識すること」にまとまります。

知識の泉 **A** 空・明・開。 同訓異字は,「空席」のように熟語に置き換えて考えよう。

1 小林さん、鈴木さん、桜井さんの発言について答えなさい。

(1) 三人はそれぞれどのような課題について報告しましたか。話し合いの中から、それぞれ四字以内で抜き出しなさい。

小林さん…□□□□

鈴木さん…□□□□

桜井さん…□□□□

(2) 三人の共通点として、どのような考えがあげられましたか。

「地球に優しい暮らしをするために必要なこと」は、（　　　　）ことである。

2 次の発言をしている人は誰ですか。□から選び、記号で答えなさい。

① 自分が知りたいことを相手から引き出すために、質問をしている。（　）

② グループとしての考えをまとめている。（　）

③ ほかの人の質問に答えて、自分の考えを述べている。（　）

ア 田中さん　イ 小林さん
ウ 鈴木さん　エ 桜井さん

攻略！ それぞれの発言の文末の表現に注目しよう。

基本問題　漢字の広場3

1 次の――線部の漢字の読みを平仮名で書きなさい。また、その読み方が音の場合は「A」、訓の場合は「B」を書きなさい。

① 駅前広場で待ち合わせる。（　・　）

② 高い志をもつ。（　・　）

③ 見事な盆栽を鑑賞する。（　・　）

④ プロ野球が開幕する。（　・　）

⑤ 空の瓶を捨てる。（　・　）

⑥ 鈴を転がすような声。（　・　）

2 重箱読みと湯桶《ゆとう》読みの熟語をあとから全て選び、記号で答えなさい。

① 重箱読み（音＋訓）（　）

② 湯桶読み（訓＋音）（　）

ア 仕事　イ 場所　ウ 客間　エ 合図
オ 値段　カ 台所　キ 福袋　ク 手本

3 次の漢字から国字を二つ選び、記号で答えなさい。

ア 逃　イ 臼　ウ 峠　エ 畔　オ 畑　（　）（　）

攻略！ 国字とは日本で作られた漢字で、訓読みしかない。

知識の泉 Q 慣用句「舌を巻く」に意味が近い熟語は？　ア＝感心　イ＝失望

確認のワーク ステージ1

学びのチャレンジ

学習のねらい
●さまざまな文章や資料を読み、考える力や判断する力、表現する力を養おう。

解答 22ページ

基本問題

1 教科書の次の部分（問題1）およびグラフと図を読んで、問題に答えなさい。

●教p.187（皆さんは、夏の高原を……）〜
●教p.188（……と考えることができる。）

1 よく出る 教p.187・上段【図1】基準のグラフ からどんなことが読み取れますか。次から二つ選び、記号で答えなさい。

ア 夏の高原には色とりどりの花が咲いていること。
イ 花には、たくさんの数の昆虫が訪《おとず》れていること。
ウ 花は、自ら咲く場所を選んで咲いていること。
エ 花の種類によって、花の形が大きく異なること。
オ 花の種類によって、訪れる昆虫の種類が異なること。

（　　）（　　）

2 教p.188・上段第⑤段落の問いに対する答えを、文章中から三十八字で抜き出し、初めと終わりの五字を書きなさい。

□□□□□〜□□□□□

3 文章を読んだあと、インターネットで次の三枚の花の画像を見つけました。次のア〜ウの画像のうち、どの花が「ハナアブやハエの仲間がよく訪れる花」といえますか。適切なものを一つ選び、記号で答えなさい。

ア

イ

ウ

（　　）

攻略！ ハナアブやハエの仲間がよく訪れる花の特徴《とくちょう》が書かれている段落を探《さが》し、花の特徴を捉えよう。

2 教科書の次の部分（問題2）を読んで、問題に答えなさい。

●教p.191（近づいてくる。……）〜
●教p.193（……未《み》来《く》は叫んで、走り出した。）

知識の泉 A ア。〈例〉小学生の見事なピアノ演奏に，舌を巻いた。

1 教p.191・上「くちびるを引きしめた」「ピストンにのせた指が細かく震《ふる》え始めた。」という表現には、どのような効果がありますか。次から一つ選び、記号で答えなさい。

ア 未来の言動や様子を描《えが》くことで、未来のいら立つ思いを効果的に伝えている。

イ 未来の表情やしぐさを描くことで、未来の張りつめた思いを効果的に伝えている。

ウ 未来の行動や態度を描くことで、未来の後悔《こうかい》する気持ちを効果的に描いている。

エ 未来の心の中の声を描くことで、未来の不安な気持ちを効果的に伝えている。

（　）

2 教p.193・上［　］で囲んだ場面について生徒たちが話し合っています。話し合いを読んで、あとの問いに答えなさい。

田中《たなか》さん　昇《のぼ》りかけた朝日とあるから、未来も咲も練習のために朝早く登校したんだね。

森山《もりやま》さん　未来は咲の姿を感じ取って、「［A］」と思っているよ。

石川《いしかわ》さん　私は少し前の未来だったら、このようには思わなかったと思うな。咲に対して、抜け駆《が》けしてずるいなどと感じて、ふてくされていたかもね。

田中さん　そうだね。この場面からは、［B］ことがわかるね。

(1) ［A］にあてはまる言葉を文章中から一文で抜き出しなさい。

（　）

(2) よく出る ［B］にあてはまる言葉として、適切なものを次から一つ選び、記号で答えなさい。

ア 咲の言葉によって、未来が自信を取り戻《もど》していった

イ 咲の行動が、未来の気持ちを前向きなものに変えた

ウ 朝の光を浴びて、未来と咲の気持ちが大きく変化した

エ 未来の気持ちが変化したことで、咲との関係も変化した

（　）

3 教科書の次の部分（問題3【文章の下書き】と【資料一】）を読んで、問題に答えなさい。

●教p.195（読み手や話し手に配慮《はいりょ》することが大切）
●教p.195（……意識することが大切だと思います。）
●教p.198【資料一】

1 教p.195【文章の下書き】の第④段落「以上のように……踏まえると」を裏づける事例として適切なものを、教p.198の【資料一】を参照しながら次から一つ選び、記号で答えなさい。

ア 平成七年に「来れますか」を使うと答えた人は全体の三割ほどだったが、平成二十七年には約四割にまで増加した。

イ 「食べれない」を使うと答えた人の割合が最も多いのは、十六～十九歳の人で、最も少ないのは、七十歳以上の人だった。

ウ 「来れますか」を使うと答えた人は、五十代で四一・四％、二十代で五四・九％と、世代の差はそれほど大きくはない。

エ 「食べれない」を使うと答えた人は全体の約三割を占《し》めていたが、「考えれない」を使うと答えた人は全体の一割にも満たなかった。

（　）

知識の泉 Q「自業自得」と同じ意味のことわざは？　「身から出た□□」

確認のワーク ステージ1 言葉がつなぐ世界遺産

解答 23ページ ｜ スピードチェック 11ページ ｜ 予想問題 142ページ

学習のねらい
- 問いとそれに対する答えを捉えよう。
- 事実と意見の関係や構成に着目して、筆者の考えを読み取ろう。

漢字と言葉

1 漢字の読み
読み仮名を横に書きなさい。

＊は新出漢字 ▼は新出音訓・◎は熟字訓

❶ 装＊飾 ❷ ＊環境 ❸ ＊彫刻 ❹ ＊剝落
❺ ＊迫力 ❻ ＊微妙 ❼ ＊軒下 ❽ ＊瞳（訓読み）
❾ ＊頼る ❿ ＊詳細 ⓫ ＊繊細 ⓬ ＊肌

2 漢字の書き
漢字に直して書きなさい。

❶ 作品の（しんさ）。 ❷（しっけ）を防ぐ。
❸（ごうか）な客船。 ❹（あざ）やかな色。
❺（こ）い味。 ❻ ペンキを（ぬ）る。

3 語句の意味
意味を下から選んで、線で結びなさい。

❶ 景観 ・　・ア 光の当たらない暗い部分。
❷ 彩色 ・　・イ 景色。風景。
❸ 陰影 ・　・ウ 色をつけること。

教科書の要点

1 問い・答え
筆者は世界遺産に登録された日光《にっこう》の社寺についてどのような問いかけをしていますか。また、その答えはなんですか。（　）に教科書の言葉を書き入れなさい。 教p.203〜207

問い……現地調査を行ったイコモスの専門家たちが驚いた、建造物を（①　　）ための方法とは、どんなものなのか。

答え……
- 「修復記録の（②　　）」
- 「世代を超《こ》えた技術の（③　　）」

2 調査の内容
筆者は、言葉のどんなはたらきについて述べていますか。次から二つ選び、記号で答えなさい。

ア 人が自分の思いを手紙に書いて伝えるはたらき。
イ 直接語ることで、技法や技術などを伝えるはたらき。
ウ 伝えたい思いを文学作品に書いて残すはたらき。
エ 絵で伝えるのが難しい情報を文字で記録するはたらき。
オ コミュニケーションによって人間関係を作るはたらき。

（　　）（　　）

3 構成のまとめ

（　）に教科書の言葉を書き入れなさい。（各段落に1〜20の番号をつけて読みましょう。）教 p.202〜209

題名	序論		本論		結論
	話題		詳しい説明		まとめ
	1〜3段落	4段落	5〜12段落	13〜19段落	20段落
問い❶ 題名「言葉がつなぐ世界遺産」とはどのようなことか。…読み手への投げかけ	・一九九九年に日光の社寺が世界遺産に登録された。 ・日光では、厳しい自然環境の中で、江戸時代初期の創建時から、定期的な（①　　）が続けられてきた。	問い❷ ▼日光に審査に訪れたイコモスの専門家たちが驚いた、**建造物を修復し保存するための方法**とは、どんなものか。	事実と答え ●一つめの答え…「**修復記録の蓄積《ちくせき》**」 ・職人たちが、彫刻そのものの絵とその技法を一枚一枚の（②　　）に記録し続け、後世に伝えてきた。 事実…とらが描かれた見取り図の余白には、部分ごとに修復のための（④　　）が書きこまれていた。 言葉のはたらき ●使われ方…**見取り図**の余白に、修復のための指示を**文字**で書きこむ。 ●はたらき…絵で伝えることの（③　　）な情報を伝えるはたらき。	事実と答え ●二つめの答え…「**世代を超えた技術の伝承**」 ・繊細な技術が師匠《ししょう》から弟子に、丁寧《ていねい》に（⑤　　）され、受け継《つ》がれていった。 事実…手塚《てづか》さんは師匠の言葉を噛《か》みしめながら聞いていた。 言葉のはたらき ●使われ方…技術の詳細を**口移し**で伝える。 ●はたらき…（⑥　　）を受け渡していくはたらき。	答えと意見 ▼職人たちは、**絵や文字で記録を残す**とともに、**直接言葉で語る**ことで、技法や技術などを伝えてきた。これこそが、審査に訪れたイコモスの専門家たちを（⑦　　）「修復記録の蓄積」と「世代を超えた技術の伝承」である。

おさえよう

要旨《ようし》 日光に審査に訪れたイコモスの専門家たちが驚いた、建造物を修復し保存するための方法とは、創建以来、同じ思いを〔ア 共有　イ 主張〕した職人たちが、絵や文字で修復の記録を〔ア 蓄積　イ 装飾〕してきたことと、技術を師匠から弟子に、〔ア 言葉　イ 行い〕によって伝承してきたことである。

知識の泉 Q「この小説のクライマックスは圧巻だ。」——線の使い方は○か×か？

実力判定テストA ステージ2

言葉がつなぐ世界遺産

30分

自分の得点まで色をぬろう！ 100点 80 60 0 /100

解答 23ページ

★ 次の文章を読んで、問題に答えなさい。

教 p.203・②〜206・⑯

世界遺産登録に先立つ一九九八年十二月、審査をするイコモスの専門家たちが、日光《にっこう》の現地調査を行った。その際、彼らは、社寺や景観のすばらしさを称賛《しょうさん》するとともに、建造物を修復し保存するための方法に対して、そろって舌を巻いたという。専門家たちが驚いたその方法とは、どんなものなのだろうか。

①その一つは、「修復記録の蓄積《ちくせき》」である。

日光社寺文化財保存会の浅尾和年《あさおかずとし》さんに、その一部を見せていただいた。目の前に広げられたのは、一匹の竜が描かれた、畳一《たたみいち》畳《じょう》ほどの大きさの和紙だった。②見取り図と呼ばれるものである。浅尾さんによると、実物の彫刻と同じ大きさや色合いで描かれているという。迫力に満ちた、色鮮やかな竜である。

そして、余白には、修復のための指示が細かな筆文字で書きこまれていた。確かに、彫刻の絵を正確に描くことで、形や色は描き留めることができる。□、細かな技法や微妙な色合いなどの表現方法は、絵だけで完全に伝えることは難しい。絵で伝えることの困難な情報を、後世の職人が見たときにもわかるよう、丁寧《ていねい》に文字で書き留めていたのである。

見取り図の一枚には、五重塔《ごじゅうのとう》の軒下に据えられた、十二支のとらが描かれていた。③余白の指示は、鼻、目、耳と、部分ごとに二十あまりに及《およ》んでいる。

「目《め》　朱《しゅ》ノク、リ」（目の外側の輪郭は、朱色で囲む。）

「中《なか》　白群地《びゃくぐんじ》ニ元《もと》ヨリ群青《ぐんじょう》ヲフカス」（目の白い部分は、水色地に濃い青で縁《ふち》をぼかす。）

「ヒトミ　朱土《しゅど》、ク、リ星《ほし》　墨《すみ》」（瞳は茶色で塗り、輪郭と中心の部分は黒色で塗る。）

書き記された情報に従えば、完全に元どおりのものを描くことができるという。その指示が、職人にとっては何よりも頼りになる修復の手がかりなのだ。

「例えば、色の境目をぼかしながらグレーから白に徐々《じょじょ》に変えていくというような技法がありますが、そうした技法で描かれていることを、ここに書きこんでいきます。絵の具を何度も塗り重ねて盛り上げ、立体感を出す置き上げという技法などもそうです。この絵だけですと、平面的な彩色なのか、置き上げなのかわからないわけです。④ですから、これは立体的な模様だということを、情報として書きこまなくてはならないのです。」

先人から私たちへ、そして私たちから未来へと受け渡していくために、言葉による情報が欠かせないのだと、浅尾さんは語ってくれた。

木造の社寺建築では、建物そのものの修復保全は容易なことではない。それにもまして難しいのが、建物の装飾を修復しながら後世に伝えていくことである。日光では創建当時から修復のたびに、職人たちが、彫刻そのものとその技法を一枚一枚の見取り図に記録し続けてきた。今、保存されているのは明治期以降に描か

知識の泉　A　〇。　優れた答案(巻)をいちばん上に載せた故事から「最も優れている部分」という意味。

れた数千枚であるという。⑤これが、まさに「修復記録の蓄積」なのである。

〈橋本《はしもと》 典明《のりあき》「言葉がつなぐ世界遺産」による〉

1 ①その一つ の「その」は何を指していますか。（　）にあてはまる言葉を、文章中から抜き出しなさい。（15点）

イコモスの専門家たちが驚いた、日光の社寺における（　　　　）。

攻略！ 「その」は、直前の「専門家たちが驚いたその方法」を指している。

2 ②見取り図 には、何が描かれていますか。次から二つ選び、記号で答えなさい。10点×2（20点）

ア 実物の彫刻より大きく迫力に満ちた竜の絵が描かれている。
イ 実物の彫刻と同じ大きさや色合いの竜の絵が描かれている。
ウ 実物の彫刻より鮮やかで異なる色の竜の絵が描かれている。
エ 修復のための指示が、余白に細かい文字で書かれている。
オ 竜の絵を描く方法が、余白に大きな文字で書かれている。

（　）（　）

3 □にあてはまる言葉を次から一つ選び、記号で答えなさい。（10点）

ア ところで　イ そのため
ウ あるいは　エ しかし

（　）

4 ③余白の指示 について答えなさい。

(1) よく出る 指示の役割について、筆者はどのように述べていますか。次から一つ選び、記号で答えなさい。（10点）

ア 絵で伝えることが難しい情報を、後世の職人に伝える役割。
イ 正確な形や絵の具の調合方法を、若い職人に教える役割。
ウ 実物の彫刻の大きさや材質を、後世の職人に伝える役割。
エ 実際には存在しない動物の様子を、若い職人に教える役割。

（　）

(2) この指示は、今の職人にとってどんなものですか。文章中から七字で抜き出しなさい。（10点）

□□□□□□□

5 よく出る ④ですから、これは立体的な模様だということを、情報として書きこまなくてはならないのです。とありますが、この話全体を通して、浅尾さんは、何を伝えようとしていますか。次から一つ選び、記号で答えなさい。（15点）

ア 建造物を修復しながら後世に残していくことの大切さ。
イ 建物の模様に色を塗るさまざまな技法を学ぶことの難しさ。
ウ 優れた技法を言葉だけで後世に伝えていくことの難しさ。
エ 言葉によって後世に情報を受け渡していくことの大切さ。

（　）

攻略！ 浅尾さんが実際に語った言葉のあとの一文に注目しよう。

6 記述 ⑤これが、まさに「修復記録の蓄積」なのである。の「これ」とは、何を指していますか。「職人たち」「記録」という言葉を使って書きなさい。（20点）

（　　　　　　　　）

知識の泉 Q 部首「あくび」はどっち？　ア＝欠　イ＝隹

実力判定テストB　ステージ3

言葉がつなぐ世界遺産

30分

次の文章を読んで、問題に答えなさい。

教 p.207・①〜209・③

【しかし、どんなにすばらしい見取り図があっても、それをもとに修復できる技術者がいなければ、①日光《にっこう》の世界遺産を保存し続けることはできない。

そこで二つめにあげられるのが、「世代を超《こ》えた技術の伝承」である。

現代では、日光ほどの装飾を社寺に施《ほどこ》すことはきわめて少ない。加えて、継承者《けいしょう》が減少し、昔ながらの材料も確保しにくいため、②技術の伝承はいっそう難しくなっている。そうした中、日光では、日光社寺文化財保存会の技術者たちが、まさに口移しで③彩色技術の詳細を伝えながら、修復を行っている。

手塚茂幸《てづかしげゆき》さんは、彩色を始めて六年めになるという。この道四十年近くになる澤田了司《さわだりょうじ》さんの指導を受けながら、彫刻の細部に丁寧《ていねい》に色をつけていた。

日光では、創建当時から彩色に岩絵の具や金箔《きんぱく》が使われてきた。多彩に見えるが、実際に使われている絵の具は、十種類にも満たない。微妙に混ぜ合わせ、また、立体的な置き上げ技法による陰《いん》影《えい》などを利用して、複雑な色彩を生み出している。さらに、その日の湿度や温度によっても、絵の具の溶《と》き方をきめ細かく変え、微妙な色合いを確かめながら、彫刻の一つ一つの部分を丁寧に塗らなければならない。実に繊細な技術は、師匠《ししょう》から弟子に、丁寧に説明され受け継《つ》がれていく。この日も、師匠である澤田さんの言葉を、噛《か》みしめながら聞いている手塚さんの姿があった。ここでもまた、技術を受け渡していくのは、言葉なのである。】

④「(教えられたことを)自分の肌でつかんで、初めてできるようになると思います。それまではまだまだ修行《しゅぎょう》です。」と、作業の手を止めることなく、手塚さんは語った。

言葉で教えられたことを自分の技術へと高めていく。彼らが受け継がなければ失われる技術であるだけに、手塚さんの言葉はとても重みのあるものに感じられた。

もう一つ、⑤二人のやりとりをうかがっていて印象深く感じたことがある。それは、これがただ師弟の間だけで技術を受け渡すのではないということだ。師匠の澤田さんにしても、江戸時代から連綿と技術を伝承してきた職人の連なりの最後尾にいるにすぎない。そしてその連なりは、弟子の手塚さんを経て、おそらく顔を見ることもない幾《いく》世代もの後の職人たちへと続いていく。二人は、こうした長い技術伝承の鎖の一つなのだということを、強く意識しているという。

〈橋本《はしもと》典明《のりあき》「言葉がつなぐ世界遺産」による〉

自分の得点まで色をぬろう!
100点　合格!　80　もう一歩　60　がんばろう!　0
/100

解答 24ページ

知識の泉　A ア。「欠」の漢字には「歌・歓」など,「隹」(ふるとり)には「雑・難」などがある。

1 よく出る ①日光の世界遺産を保存し続けること とありますが、このために大切なこととして、ここでは「見取り図」のほかに何をあげていますか。【 】の中から十一字で抜き出しなさい。（10点）

2 ②技術の伝承はいっそう難しくなっている について答えなさい。

(1) 記述 それはなぜですか。三つ書きなさい。8点×3（24点）

（　　　）
（　　　）
（　　　）

(2) よく出る 日光では、技術をどのように伝承しているのですか。□にあてはまる言葉を文章中から抜き出しなさい。（10点）

師匠が弟子に□で技術を伝えている。

3 ③彩色技術 とありますが、ここではどのような技術ですか。次から二つ選び、記号で答えなさい。10点×2（20点）

ア 多彩な絵の具を混ぜ合わせ、複雑な色彩を生み出す技術。
イ 岩絵の具と金箔を使い、十種類の色彩を生み出す技術。
ウ 十種類にも満たない絵の具から複雑な色彩を生み出す技術。
エ 塗る部分にあわせて、絵の具の種類を変える技術。
オ 湿度や温度にあわせて、絵の具の溶き方を変える技術。

（　　）（　　）

4 ④「（教えられたことを）自分の肌でつかんで、初めてできるようになると思います。それまではまだまだ修行です。」について答えなさい。

(1) この言葉に表れている手塚さんの姿勢について、筆者が言い換えた部分を文章中から一文で抜き出しなさい。（10点）

（　　　）

(2) この手塚さんの言葉が、筆者には「とても重みのあるもの」に感じられたのはなぜですか。次から一つ選び、記号で答えなさい。（10点）

ア 受け継ぐ者がいないと貴重な技術は失われてしまうから。
イ 技術は厳しい修行によって身につけることができるから。
ウ 技術を受け継ぐためには、謙虚《けんきょ》な姿勢が必要だから。
エ 自ら行動しないと、技術を受け継ぐことはできないから。

（　　）

5 レベルUP ⑤二人のやりとりをうかがっていて印象深く感じたこととは、どんなことですか。□にあてはまる言葉を文章中から抜き出しなさい。完答（16点）

技術は、□だけで受け渡すものではなく、□の中で、幾世代も後の□へ受け渡していくものだということ。

八 伝統／文化／歴史

知識の泉 Q「たかをくくる」の意味は？

確認のワーク ステージ1

地域から世界へ ――ものづくりで未来を変える――

学習のねらい
●文章の展開や構成に着目しよう。
●事実と意見の関係を捉えて筆者の伝えたいことを読み取ろう。

解答 25ページ　予想問題 143ページ

教科書の要点

1 話題 日本の伝統的な工芸品について、（　）に教科書の言葉を書き入れなさい　教p.212〜218

日本の伝統的な工芸品が抱《かか》える問題

・生産量は一九八〇年代がピークで、二〇一四年頃は、その①（　）にまで減少。→職人の②（　）が減少し、多くの産業で、後継者《こうけい》が集まらなくなった。

状況《じょうきょう》を変えようと動き始めた人たちとその考え

●村瀬裕《むらせひろし》さん…新しい③（　）や④（　）と伝統的なものづくりを融合《ゆうごう》させ、発想の転換をはかっていきたい。

●小林新也《こばやししんや》さん…商品のよさを多くの人に伝えたい。

●山川智嗣《やまかわともつぐ》さん…地元の職人と空き家を生かし、地域全体の⑤（　）を目ざしたい。

2 構成のまとめ （　）に言葉を書き入れなさい。　教p.212〜218

まとまり	内容
導入（教初め〜p.212・上⑦）	●日本各地では、伝統的な工芸品の生産量が減少し、①（　）不足が問題になっている。→その状況を新たな視点で変えようとする人たちがいる。
事例①（p.212・上⑨〜p.215・上⑪）	●村瀬さんは「有松《ありまつ》・鳴海絞《なるみしぼ》り」の「型彫絵刷師《かたぼりえずりし》」。→新しい②（　）や技術を取り入れ、世界に挑戦《ちょうせん》している。
事例②（p.215・上⑬〜p.216・下⑬）	●小林さんは、デザイナー。→売り方と見せ方を変えて、地元・小野《おの》市の工芸品である多種多様な③（　）のよさをきわだたせている。
事例③（p.216・下⑮〜p.218・上④）	●山川さんは、建築家。→「井波《いなみ》彫刻」の職人の技術をもとにした④（　）を模索している。
結論（p.218・上⑥〜終わり）	●三人は、新しい視点で地域の伝統的なものづくりにさらなる魅力《みりょく》を見いだし、新たな需要《じゅよう》へとつなげた。

おさえよう

要旨《ようし》 今、日本の「伝統的な工芸品」は生産量の減少、後継者不足などの問題に直面している。村瀬さん、小林さん、山川さんは、〔ア 世界　イ 歴史〕という新しい視点を取り入れたことで、それまで気づかなかった「伝統的な工芸品」のさらなる魅力を見いだし、若者や外国人などの〔ア 文化の価値　イ 新たな需要〕へとつなげている。

知識の泉　A　**たいしたことはないと見くびること。**「たか」（高）は，程度・値打ちの意味。

基本問題

★ 次の文章を読んで、問題に答えなさい。 教 p.212・下⑩〜213・下⑪

「有松《ありまつ》・鳴《なる》海《み》絞《しぼ》り」は江戸時代から四百年以上にわたり、手ぬぐいや浴衣《ゆかた》、着物などに使われてきました。一九七〇年頃に全体の生産量のピークを迎えましたが、着物離《ばな》れや海外に依託《いたく》して作られた安い商品の流入により、①一九八〇年頃から徐々《じょじょ》に衰退《すいたい》していきました。それにより、国内の「絞り」の仕事量も失われて、かつて百種類以上ともいわれた模様の種類も、現在では七十種類ぐらいまでに減ってしまいました。

村瀬《むらせ》さんは、絞りの下絵図案を布に刷り込む「型彫絵刷師《かたぼりえずりし》」です。多くの伝統的な工芸品がそうであるように、「有松・鳴海絞り」もまた、工程ごとに専門の職人がいます。そのため、②工程の中のどこかが継承《けいしょう》できなくなると、工芸品全体が消えてしまうこともあります。

「絞り」は、模様によって加工方法と道具が違うため、模様ごとに糸で縛る専門の「くくり手」がいます。後継者が減ったために、技術が受け継《つ》がれず、多くの模様が消えてしまっていました。

〈関根《せきね》 由子《よしこ》「地域から世界へ——ものづくりで未来を変える——」による〉

1 ①一九八〇年頃から徐々に衰退していきました とありますが、「有松・鳴海絞り」が衰退していった原因を文章中から二つ抜き出しなさい。

2 ②工程の中のどこかが継承できなくなると、工芸品全体が消えてしまう とありますが、それはなぜですか。「多くの伝統的な工芸品では、……」につながるように、書きなさい。

多くの伝統的な工芸品では、

3 よく出る 「有松・鳴海絞り」の現状をまとめた次の文の□にあてはまる言葉を、文章中からそれぞれ抜き出しなさい。

国内の「絞り」の仕事量が減ったことで、専門の工程をになう職人の□が減り、その□が継承されないために、□が失われた。

攻略！ 第一段落と第三段落から読み取ろう。

八 伝統／文化／歴史

知識の泉 Q □に入る漢数字は？ 「□日□秋」「□束□文」「□里霧《む》中《ちゅう》」

実力判定テストA ステージ2

地域から世界へ ——ものづくりで未来を変える——

30分

自分の得点まで色をぬろう!
100点　80　60　0
合格!　もう一歩　がんばろう!
/100

解答 25ページ

☆ 次の文章を読んで、問題に答えなさい。

教 p.213・下⑫〜215・上⑪

一九九二（平成四）年、日本で「①第一回　国際絞《しぼ》り会議」が開かれました。会議に実行委員として参加した村瀬《むらせ》さんは、各国から集まった「絞《しぼ》り」職人から、「有松《ありまつ》・鳴海《なるみ》絞り」が高い技術をもっていること、その技術を限られた地域の伝統にとどめず、産業として現代につなげていることが世界的にも貴重であることを教えられました。海外の職人からも、「有松・鳴海の技術を、言葉だけでなく、実技や体験として学びたい。」という要望が寄せられたため、村瀬さんは欧米《おうべい》の各地で、展示会や技術を実際に見せる展覧会やワークショップを開催しました。このような取り組みをとおして、村瀬さんは、「あえて『和』に固執《こしゅう》せず、新しい分野で、しかも海外で認められることが、日本での価値観を変える。」と考えました。

そのために、海外での需要《じゅよう》を考え、息子の村瀬弘行《ひろゆき》さんがドイツで設立した会社とともに、②有松・鳴海絞りを生かした海外での商品開発や宣伝を工夫していきました。その方法として、絞りに使う素材を見直し、それまでは使っていなかったウールやカシミア、アルパカなどを素材に、ストールやセーター、ワンピースなどを作りました。洋服だけでなく、クッションなども作りました。すると、「これが有松・鳴海絞り?」と驚かれるほどイメージが変わり、ついには世界のファッション界でも注目され、需要の拡大につながりました。

また、絞りの技法も工夫しました。今までの絞りは、模様を染めたあと、布のしわを伸《の》ばして製品化していました。ところが、素材にポリエステルを使うと、一度しわを寄せて高温と高圧をかければ形状が残ります。そこで、絞ったしわをそのまま残して立体的な造形に仕上げて、③絞り独特のユニークな突起のある照明を作ったのです。

こうして、「有松・鳴海絞り」の職人たちも海外での評価に手応えを感じ、その誇《ほこ》りを自信として、国内外の活動を行っていきました。さらに、海外からも、絞りの研修を志願する多くの人が集まってきたのです。

村瀬さんは、これからも、新しい素材や技術と伝統的なものづくりを融合《ゆうごう》させ、発想の転換をはかっていきたいと考えています。また、地元の幼稚園や小中学校に出向いたり、工房《こうぼう》を見学してもらったりして、子どもたちに「絞り」の技術を紹介《しょうかい》しています。そこでは子どもたちに、「今日の体験で、作る喜びを感じてほしい。それが、地域の文化や伝統としてつながっていることを誇りに思うこと。さらにその体験を生かし、世界を視野に入れて考えてみること。」と伝えています。

〈関根《せきね》 由子《よしこ》「地域から世界へ——ものづくりで未来を変える——」による〉

知識の泉　A　一・千（三）／二・三／五。　ほかにも「一石二鳥」など，数字を使う四字熟語は多い。

1 よく出る 「第一回　国際絞り会議」①で、村瀬さんはどんなことを知りましたか。次から二つ選び、記号で答えなさい。　10点×2（20点）

ア 「有松・鳴海絞り」の技術は高く、海外の職人からも学びたいという要望があること。

イ 「有松・鳴海絞り」の商品の人気は高く、海外のファッション業界でも注目されていること。

ウ 「有松・鳴海絞り」の技術が、産業として現代につながっていることが世界的にも貴重であること。

エ 「有松・鳴海絞り」の技術が、限られた地域の文化や伝統として継承《けいしょう》されていて、珍《めずら》しいこと。

オ 「有松・鳴海絞り」の技術が、科学技術の進歩によって衰退《すいたい》しつつあり、心配されていること。

（　　）（　　）

2 記述 有松・鳴海絞りを生かした海外での商品開発や宣伝を工夫していきました②とありますが、村瀬さんがこのように工夫したのはなぜですか。「有松・鳴海絞りが……」に続くように、「海外」「日本」という言葉を使って三十五字以内で書きなさい。（20点）

有松・鳴海絞りが

3 よく出る 絞り独特のユニークな突起のある照明③に施《ほどこ》されている工夫を、次のようにまとめました。（　）にあてはまる言葉を、文章中から抜き出しなさい。　完答（20点）

（　　）という素材を使い、従来は伸ばして製品化していた布の（　　）をそのまま残して、立体的な造形に仕立てる（　　）を取り入れた。

攻略！ 使用した素材の特性を捉えて考えよう。

4 村瀬さんは子どもたちに「絞り」の技術を紹介するときに、作る喜びを感じること以外にどんなことを伝えていますか。二つに分けて簡潔に書きなさい。　15点×2（30点）

（　　）

（　　）

5 村瀬さんはどんな人物だと考えられますか。次から一つ選び、記号で答えなさい。（10点）

ア 従来の方法に固執せず、新たな発想で世界に挑戦《ちょうせん》する人物。

イ 地域の文化や伝統を変えずに守り、受け継《つ》いでいく人物。

ウ 職人の技には頼らず、最新の技術を積極的に取り入れる人物。

エ 海外と日本の技術を融合させて、斬新《ざんしん》な製品を作り出す人物。

（　　）

知識の泉 Q 「取得」と同じ構成の熟語は？　ア＝採集　イ＝取捨　ウ＝得点

実力判定テストB ステージ3

地域から世界へ ——ものづくりで未来を変える——

30分

自分の得点まで色をぬろう!
100点 合格! 80 もう一歩 60 がんばろう! 0

解答 26ページ

/100

☆ 次の文章を読んで、問題に答えなさい。

教 p.215・上⑲〜216・下⑬

はさみの多くは縫製《ほうせい》に使われますが、一九〇〇年代の終わり、平成になった頃から日本の縫製工場がアジアなど海外に移転して、一気に国内の需要《じゅよう》がなくなり、①価格が下がり始めました。同時に海外製で安価なはさみが出回り、その安さに対抗《たいこう》しようとますます安くするという悪循環《じゅんかん》に陥っていました。

そのような時、小林《こばやし》さんは、地元の問屋の組合から、売れるような新しいはさみのデザインを頼まれました。ところが、地元の伝統的な工芸品についてよく知らないことに気づき、職人のところに連れていってもらいました。そこで、製品としてはこれ以上進歩のしようがないくらい、美しく切れ味のよい刃物《はもの》が既《すで》に造られていることと、職人の高齢《こうれい》化と後継《こうけい》者がいない現実を知りました。

「いいものは高くても売れるということに気づかないといけない。」「②この地域で、こんなにすばらしい刃物をいろいろ造っていることが、もっと多くの人に見えるようにしよう。」

小林さんはこう思い、それまで鎌《かま》や包丁といった日用で使う刃物と一緒に売っていたはさみを、他の製品と区別することにしました。③産地を代表する十種類のはさみなどを一括《いっかつ》して播州《ばんしゅう》の刃物であるという商標をつけ、包装する箱も一新しました。そして、④裁ちばさみには布など、商品と切る対象物の写真を一対一で組み合わせたデザインのカタログやホームページを作り、東京の展示会に使いました。また、今ある握りばさみに色をつけて新しさを出すなど、製品にも工夫を施《ほどこ》しました。すると、日本だけでなく海外の人の目をひくこととなり、パリでの展示、アムステルダムでの出店へとつながりました。言葉だけではなく、他の刃物との違いを視覚的に表すことで、商品のよさが伝わったのです。

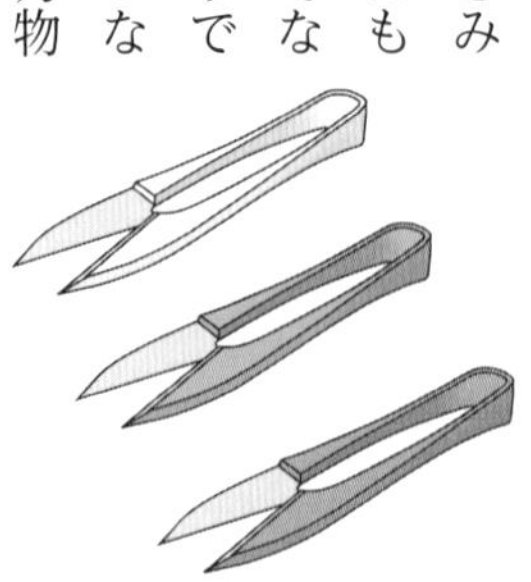

さらに、小林さんは、自宅を改装し、⑤職人志望の人が学べる工房を作りました。ここで職人は、一人の師匠《ししょう》につくのではなく、わからないことがあれば職人を訪ねて教えを請《こ》うという、地域の職人がみんなの師匠となって、後継者づくりを進めています。

小林さんは、⑥「まずはなんでもいいから自分の国の文化を身につけたほうがいい。それが基準となって、『改めて自分の国はこうだ。』と気づくことができる。また、自国の文化を大事にしていると、相手もそれを大事にしてくれる。」と言います。

〈関根《せきね》 由子《よしこ》「地域から世界へ——ものづくりで未来を変える——」による〉

1 ①価格が下がり始めました とありますが、はさみの価格が下がっているのはなぜですか。次の書き出しに続くように、それぞれ書きなさい。 10点×2(20点)

知識の泉 A ア。 どちらも似た意味の漢字を組み合わせたもの。

・はさみの多くは縫製に使われるが、日本の縫製工場が
（　　　）
・海外製の安価なはさみが出回ったために、
（　　　）

2 ②こんなにすばらしい刃物　とは、具体的にはどのような刃物ですか。文章中から三十四字で抜き出し、初めと終わりの五字を書きなさい。　完答（15点）

［　　　　　］～［　　　　　］

3 レベルUP ③産地を代表する……一新しました。④裁ちばさみには……展示会に使いました　について答えなさい。

(1) それぞれどのような工夫をしていますか。次から一つずつ選び、記号で答えなさい。　10点×2（20点）

ア さまざまなはさみの特徴《とくちょう》が視覚的に伝わるように、見せ方を工夫している。
イ 日用で使う刃物との違いが伝わるように、はさみについて説明する言葉を工夫している。
ウ 産地を代表する特別なはさみであることが伝わるように、売り方を工夫している。
エ 世界中の人にさまざまな刃物の手入れ方法が伝わるように、情報の発信の仕方を工夫している。
オ 高くて、そのうえ高品質のものであることが伝わるように、はさみのデザインを工夫している。

③（　　）　④（　　）

(2) これらの工夫によって実現したことが書かれている一文を文章中から抜き出し、初めの五字を書きなさい。　（10点）

［　　　　　］

4 ⑤職人志望の人が学べる工房　とありますが、小林さんがこのような工房を作ったのは、なんのためですか。次の文の□にあてはまる言葉を文章中から抜き出しなさい。　完答（15点）

［　　　　　］がみんなの師匠として教えることで、［　　　］を育てるため。

5 記述 小林さんが、⑥まずはなんでもいいから自分の国の文化を身につけたほうがいい。と考えるのは、なぜですか。四十字以内でまとめて書きなさい。　（20点）

［　　　　　　　　　　］

八 伝統／文化／歴史

知識の泉 Q ——線を漢字で書くと？　異ク同音に賛成した。

確認のワーク ステージ1

読み手を意識して報告文を整える
文法の小窓3 単語のいろいろ

解答 26ページ　スピードチェック 20ページ

学習のねらい
● 段落の初めに要点をまとめて、わかりやすく整える方法を学ぼう。
● 単語の種類と、それぞれの単語の性質やはたらきを知ろう。

基本問題 読み手を意識して報告文を整える

★ 次の報告文の――線を、順番を変えて←の位置に移す場合、どのような効果が期待できますか。（　）に記号で答えなさい。

アンケート調査を行った結果、← 家事の手伝いをしている人は一年生で四十七パーセント、三年生で二十三パーセントでした。一年生のほうが三年生より家事の手伝いをしている人が多いことがわかりました。

ア 読み手の意識を集中させられる。
イ 段落の内容が伝わりやすくなる。
ウ 中心となる話題をあとで示すことができる。

（　　）

教科書の要点 文法の小窓3

1 自立語と付属語 （　）に言葉を書き入れなさい。 教 p.280

● 単語は、自立語と付属語に分けられる。

①（　　）
● それだけで文節をつくることができる。
● 一文節に必ず一つあり、文節の最初にくる。

②（　　）
● それだけでは文節をつくることができない。
● 必ず自立語のあとにつく。一文節にないこともあり、一つまたは二つ以上あることもある。

2 活用のある単語と活用のない単語 （　）に言葉を書き入れなさい。 教 p.281〜284

● 他の単語に続いたり、言い切ったりするときに形が変わることを活用という。
● 自立語と付属語には、それぞれ活用のあるものと活用のないものがある。

活用のない自立語
- 主語になることができる。
  - ①（　　）（体言《たいげん》）
- 主語になることができない。
  - ②（　　）……連体修飾語になる。
  - ③（　　）……主に連用修飾語になる。
  - ④（　　）……接続語になる。
  - ⑤（　　）……独立語になる。

活用のある自立語＝用言《ようげん》＝単独で述語になることができる。
- ⑥（　　）……ウ段の音で終わる。
- ⑦（　　）……「い」で終わる。
- ⑧（　　）……「だ」「です」で終わる。

活用のない付属語
- ⑨（　　）……言葉どうしの関係を示す。意味を添える。

活用のある付属語
- ⑩（　　）……述語の意味を詳しくする。判断や気持ちを表す。

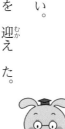

基本問題 文法の小窓3

1 次の文の自立語に——線、付属語に══線をつけなさい。

① 公園 で 同じ 学校 の 生徒 に 会っ た。

② 九時 まで に 宿題 を 終わら せ ます。

攻略！ 文節に分けて、文節の最初にくるかどうかで判断する。

2 次の文の活用のある語に——線、活用のない語に══線をつけなさい。

① 明日 から 雨 が 降る らしい。

② 湖 に 近い ホテル で 朝 を 迎《むか》え た。

3 次の文の——線の単語の品詞名をあとから選び、記号で答えなさい。

・ⓐあれっ、ⓑこの 本 は きっと ⓒ先生 の もの だ。

・ペン ⓓまたは ボールペン で ⓔゆっくり 書く。

ア 名詞　イ 連体詞　ウ 副詞
エ 接続詞　オ 感動詞

ⓐ（　）ⓑ（　）ⓒ（　）ⓓ（　）ⓔ（　）

4 次の文の——線の単語の品詞名をあとから選び、記号で答えなさい。

① ⓐ静かな 教室 に 先生 の 声 が ⓑ響い た。

② 薬 は ⓒ苦かっ た が、おかげ で ⓓ元気に なっ た。

ア 動詞　イ 形容詞　ウ 形容動詞

ⓐ（　）ⓑ（　）ⓒ（　）ⓓ（　）

攻略！ 言い切りの形にして判断する。

5 次の文の助詞にあたる単語に——線、助動詞にあたる単語に══線をつけなさい。

① 晴れ て い た ので、ふとん を 干し た。

② 滝 の ような 雨 に 降ら れる。

6 よく出る 次の——線の単語の品詞名をあとから選び、記号で答えなさい。

「①天気予報 ②に よる と、明日 は ③晴れる ④らしい。⑤でも、気温 は ⑥かなり ⑦低く なる ようだ から、⑧あの 上着 を 着 て いこ う。」
「⑨うん、ぼく も そう する よ。かぜ を ひい たら ⑩大変だ。」

ア 動詞　イ 形容詞　ウ 形容動詞　エ 名詞
オ 副詞　カ 連体詞　キ 接続詞　ク 感動詞
ケ 助動詞　コ 助詞

①（　）②（　）③（　）④（　）
⑤（　）⑥（　）⑦（　）⑧（　）
⑨（　）⑩（　）

攻略！ 自立語か付属語か、活用があるかないかを考えよう。

知識の泉 Q 「品質をホショウする。」正しいのはどちら？　ア＝保障　イ＝保証

実力判定テストA ステージ2　文法の小窓3　単語のいろいろ

30分

自分の得点まで色をぬろう！ 100点 80 60 0 合格！ もう一歩 がんばろう！ /100

解答 27ページ

1 次の文から、自立語と付属語をそれぞれ全て抜き出しなさい。 完答5点×2（10点）

① 合唱団の 美しい 歌声に 耳を すます。

自立語…（　　）

付属語…（　　）

② 駅前に とても 大きな ビルが 建つらしいよ。

自立語…（　　）

付属語…（　　）

攻略！ 文節の最初にあるのが自立語だよ。

2 次の単語の中から、活用のあるものを全て選び、記号で答えなさい。 完答（3点）

ア 変だ　イ あらゆる　ウ はっきり

エ 笑う　オ ようだ　カ だから

キ いいえ　ク 勇ましい　ケ 青空

（　　）

攻略！ 「ない」や「た」をつけて、語形が変わるかどうか確かめよう。

3 次の文の体言に——線、用言に══線をつけなさい。 完答2点×4（8点）

① この 写真 は たしか 夏 に 撮《と》っ た もの だ。

② ああ、世界 が 全く 違っ て 見える。

③ 食後 に おいしい コーヒー を 飲み ます か。

④ どんな とき も 努力する こと が 重要だ。

4 次の単語のグループの品詞名をあとから選び、記号で書きなさい。 2点×4（8点）

① しかし さて そこで つまり（　）

② ああ おはよう ええっ はい（　）

③ いつも そわそわ 必ず きっと（　）

④ あの 小さな 大した いわゆる（　）

ア 連体詞　イ 副詞　ウ 接続詞　エ 感動詞

攻略！ 全て活用のない自立語。どんなはたらきをするかで区別しよう。

5 次の単語のグループの品詞名を（　）に書きなさい。 3点×3（9点）

① 穏《おだ》やかだ　鮮やかだ　きれいだ（　　）

② 美しい　おもしろい　楽しい（　　）

③ 買う　遊ぶ　食べる（　　）

知識の泉 **A イ。** 保障＝保護し，守ること。保証＝確かであると請《う》け合うこと。

6

次の文の――線の単語の性質をあとから選び、記号で答えなさい。 2点×8（16点）

・ⓐああ、山頂からの ⓑ眺めは、ⓒとても ⓓ雄大《ゆうだい》だ。
・ぼくⓔの 兄ⓕは、四月ⓖから 大学生ⓗです。

ア 活用のある自立語　イ 活用のない自立語
ウ 活用のある付属語　エ 活用のない付属語

ⓐ（　）ⓑ（　）ⓒ（　）ⓓ（　）
ⓔ（　）ⓕ（　）ⓖ（　）ⓗ（　）

7

よく出る 次の文の――線の単語の品詞名をあとから選び、記号で答えなさい。 2点×10（20点）

① ねえ、今日は みんなで 出かけようよ。（　）
② ある 日、不思議な できごとが 起きた。（　）
③ さわやかな 風が 吹き抜けた。（　）
④ 自分の 意見を すらすら 述べる。（　）
⑤ 母は 毎朝、六時に 起きる。（　）
⑥ 僕は 音楽家に なりたい。（　）
⑦ 約束の 時間に なった。しかし、彼女は 来ない。（　）
⑧ 音楽を 聴《き》きながら、本を 読む。（　）
⑨ すばらしい 作品を 見て 感動した。（　）
⑩ 祭りの 準備で 忙しい。（　）

ア 名詞　イ 副詞　ウ 連体詞　エ 接続詞
オ 感動詞　カ 動詞　キ 形容詞　ク 形容動詞
ケ 助動詞　コ 助詞

8

次の単語のグループのうち、他と品詞の違うものを一つ選び、記号で答えなさい。 2点×4（8点）

① ア 温かい　イ 白い　ウ 悲しい　エ きれいだ（　）
② ア 選ぶ　イ 危ない　ウ 拾う　エ 流す（　）
③ ア たちまち　イ じっと　ウ 大きな　エ しきりに（　）
④ ア しかし　イ そして　ウ または　エ すぐに（　）

9

よく出る 次の文章を読んで、――線①～⑥の単語と同じ品詞のものを、あとから二つずつ選び、記号で答えなさい。 完答3点×6（18点）

①豊かな自然は私の心に安らぎをもたらす。たとえば、②きらきら光る木漏《こも》れ日や、青空に浮かぶ③白い雲をただ④眺めているだけで、心が落ち着いてくる。⑤そして、心にあった⑥小さな不安や悩《なや》みも消えていくように感じられる。

ア です　イ すると　ウ 味わう　エ 簡単
オ 広大だ　カ しかも　キ で　ク あらし
ケ あらゆる　コ 近い　サ 描く　シ やがて
ス 明るい　セ もしもし　ソ など　タ のどかだ
チ ようだ　ツ いろんな　テ まあ　ト ゆっくり

①（　）（　）　②（　）（　）
③（　）（　）　④（　）（　）
⑤（　）（　）　⑥（　）（　）

知識の泉 Q「抽象《ちゅうしょう》的」の対義語は？

八 伝統／文化／歴史

解答 27ページ　スピードチェック 12ページ

学習のねらい
- 話題を意識して話し合い、意見を整理し、考えを一つにまとめよう。
- 漢字の意味を考えて、熟語の構成を考えよう。

確認のワーク ステージ1
発言を結びつけて話し合う
漢字の広場4 熟語の構成（漢字の練習6）

漢字

1 漢字の読み 読み仮名を横に書きなさい。

＊は新出漢字　▼は新出音訓・◎は熟字訓

❶ ＊雷鳴　❷ ＊訂正　❸ ＊禍福　❹ ＊憂＊鬱

❺ ＊渋滞《たい》　❻ ＊措置　❼ 進＊捗　❽ ＊邸宅

2 漢字の書き 漢字に直して書きなさい。

❶（こふん）時代。　❷（ふきゅう）の名作。

❸（はくしゅ）をする。　❹（かき）の実。

教科書の要点　発言を結びつけて話し合う

1 意見を結びつける 次のAさんとBさんの意見を結びつけるとき、Cさんの発言の（　）に入る言葉を考えて書きなさい。

A 成長を感じるのは、去年できなかったことができたときです。

B 私は部活動で昨日よりも速く走れたときに、成長したと感じます。

C 二人の考えをまとめると、成長とは（　　　）になります。

教科書の要点　漢字の広場4

1 熟語の構成 （　）に教科書の言葉を書き入れなさい。 教p.230

①（　　）型	前の部分が主語を表し、あとの部分が述語となる関係。	例 県立 年長
②（　　）型	前の部分があとの部分を修飾する関係。	例 曲線 良心
③（　　）型	前の部分が述語にあたる意味を表し、あとの部分が「……を」「……に」などの対象を表す関係。	例 作曲 閉会
④（　　）型	前の部分とあとの部分が似た意味で並立《へいりつ》する関係。	例 運送 生産
⑤（　　）型	前の部分とあとの部分が反対の意味で並立する関係。	例 前後 善悪
⑥（　　）型	「不」「非」「無」「未」などの接頭語であとの部分を打ち消す関係。	例 不利 未定
⑦（　　）型	「的」「性」「然」「化」などの接尾語がつく関係。	例 油性 酸化

知識の泉　A **具体的。**　具体的＝はっきりとした実体を備えている様子。

基本問題　漢字の広場4

1 次の熟語と構成が同じものをそれぞれあとから選び、記号で答えなさい。

① 人造　〔ア 壮大　イ 国営　ウ 読書　エ 厳守〕（　　）

② 出荷　〔ア 名峰　イ 問答　ウ 帰宅　エ 民営〕（　　）

③ 暗黒　〔ア 温暖　イ 市立　ウ 腕力　エ 増減〕（　　）

④ 舞台　〔ア 是非　イ 拍手　ウ 善悪　エ 砂丘〕（　　）

⑤ 非常　〔ア 洞窟　イ 不覚　ウ 年長　エ 是非〕（　　）

攻略！ ②「出荷」は「荷を出す」という意味で、構成は述語―対象型。

2 次の□にあてはまる、打ち消しの意味をもつ漢字を[　]から選び、書きなさい。

① □ → 料（上）、限（右）、責任（下）、数（左）

② □ → 完（上）、然（右）、成年（下）、知（左）

[不　非　無　未]

3 次の□にあてはまる漢字を[　]から選び、書きなさい。

① 初歩□なまちがいをする。

② 近代□が進む。

③ 天□の才能をもつ。

④ 彼は平□としている。

[的　性　然　化]

4 次の三字の熟語と構成が同じものをそれぞれあとから選び、記号で答えなさい。

① 効率化　〔ア 不親切　イ 国際性　ウ 雪月花〕（　　）

② 不信任　〔ア 無意識　イ 上中下　ウ 本格的〕（　　）

5 次の四字の熟語と構成が同じものをそれぞれあとから選び、記号で答えなさい。

① 安全地帯　〔ア 自由自在　イ 右往左往　ウ 群集心理〕（　　）

② 認識不足　〔ア 人口増加　イ 旧教科書　ウ 都道府県〕（　　）

知識の泉　Q「単純」の対義語は？

確認のワーク ステージ1

四季の詩

学習のねらい
●詩の題材を捉えて、描かれているイメージを思い浮かべよう。
●詩に描かれている情景や作者の心情を読み取ろう。

解答 28ページ

教科書の要点

1 詩の形式 秋の詩「虫」の、詩の分類を五字で書きなさい。

2 詩の表現方法 [ ]から言葉を選び、（　）に書き入れなさい。

●体言止め…（①　　）を体言で止めて、余韻《よいん》を残す。
例「耳」…「私の耳は貝のから」

●対句《ついく》法……（②　　）表現を並べてリズムを作り、印象を深める。
例「雪」…「太郎を眠らせ……」「次郎を眠らせ……」

●繰《く》り返し…同じ表現を繰り返してリズムを作り、感動を高める。
例「雪」…「……を眠らせ、……の屋根に雪ふりつむ。」

同じ　対になる　行頭　行末

3 詩の特徴《とくちょう》 （　）に教科書の言葉を書き入れなさい。 教 p.236～237

季節	詩	特徴
春	春	▼小さな（①　　）と雄大《ゆうだい》な韃靼海峡《だったんかいきょう》の情景を対比させている。…平仮名の言葉と漢字の言葉との対比。
夏	耳	▼「わたしの耳」を（②　　）にたとえている。
秋	虫	▼（③　　）の命のはかなさが描かれている。…作者の思い…「しぜんと／涙《なみだ》をさそわれる」
冬	雪	▼（④　　）が屋根に静かに降り積もっている夜の情景が描かれている。

おさえよう

主題 「春」では、小さな生き物と雄大な景色との〔ア 共存　イ 対比〕が、「耳」では、夏の海の思い出を〔ア なつかしむ　イ 忘れたい〕思いが、「虫」では、虫の命の〔ア たくましさ　イ はかなさ〕に涙する思いが、「雪」では、雪が降り続いていく〔ア 不安な　イ 静かな〕夜の光景が描かれている。

知識の泉 A **複雑。** 「単純」の類義語には「簡単」などがある。

☆ 基本問題

次の詩を読んで、問題に答えなさい。

教 p.236～237

A　春
安西《あんざい》 冬衛《ふゆえ》

てふてふが一匹韃靼海峡《だつたんかいけふ》を渡つて行つた。

B　虫
八木《やぎ》 重吉《じゅうきち》

虫がないてる
いま　ないておかなければ
もう駄目《だめ》だというふうにないてる
しぜんと
涙《なみだ》をさそわれる

C　雪
三好《みよし》 達治《たつじ》

太郎を眠らせ、太郎の屋根に雪ふりつむ。
次郎を眠らせ、次郎の屋根に雪ふりつむ。

1　Aの詩全体を現代仮名遣《づか》いに直して、全て平仮名で書きなさい。

（　　　　）

2　Aの詩で、「韃靼海峡」と対比されているものはなんですか。詩の中から抜き出しなさい。

（　　　　）

攻略！　書き方の違いにも注目しよう。

3　Bの詩の虫がないてるについて答えなさい。

(1)　虫はどのようにないていると作者は感じましたか。次から一つ選び、記号で答えなさい。

ア　静かな秋の情景の中で、小さな声でないている。
イ　短い命のあかしとして、必死にないている。
ウ　美しい声を響かせたいと、懸命にないている。
エ　ないても無駄《むだ》と知りながら、仕方なくないている。

（　　）

攻略！　「いま　ないておかなければ／もう駄目だというふうに」から考えよう。

(2)　虫の声を聞いている作者はどんな思いですか。その思いがわかる二行を詩の中から抜き出しなさい。

（　　　　）

4　Cの詩の、雪の降る様子を表す言葉として適切なものを次から一つ選び、記号で答えなさい。

ア　しんしんと　　イ　ぽとぽとと
ウ　ごうごうと　　エ　ぽたぽたと

（　　）

攻略！　「眠らせ」と「雪ふりつむ」の表現に注目しよう。

5　よく出る　次の説明にあたる詩をそれぞれ選び、A～Cの記号で答えなさい。

①　いつまでも続いていくような、静かな光景を表現している。
②　生き物の命のはかなさを悲しみつつもいとおしんでいる。
③　雄大《ゆうだい》な自然と小さな生き物を対比的に描いている。

①（　）　②（　）　③（　）

知識の泉　Q　人に対する態度が謙虚《けんきょ》なことを示す慣用句は？　「□が低い」

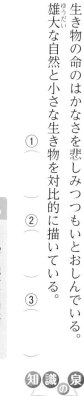

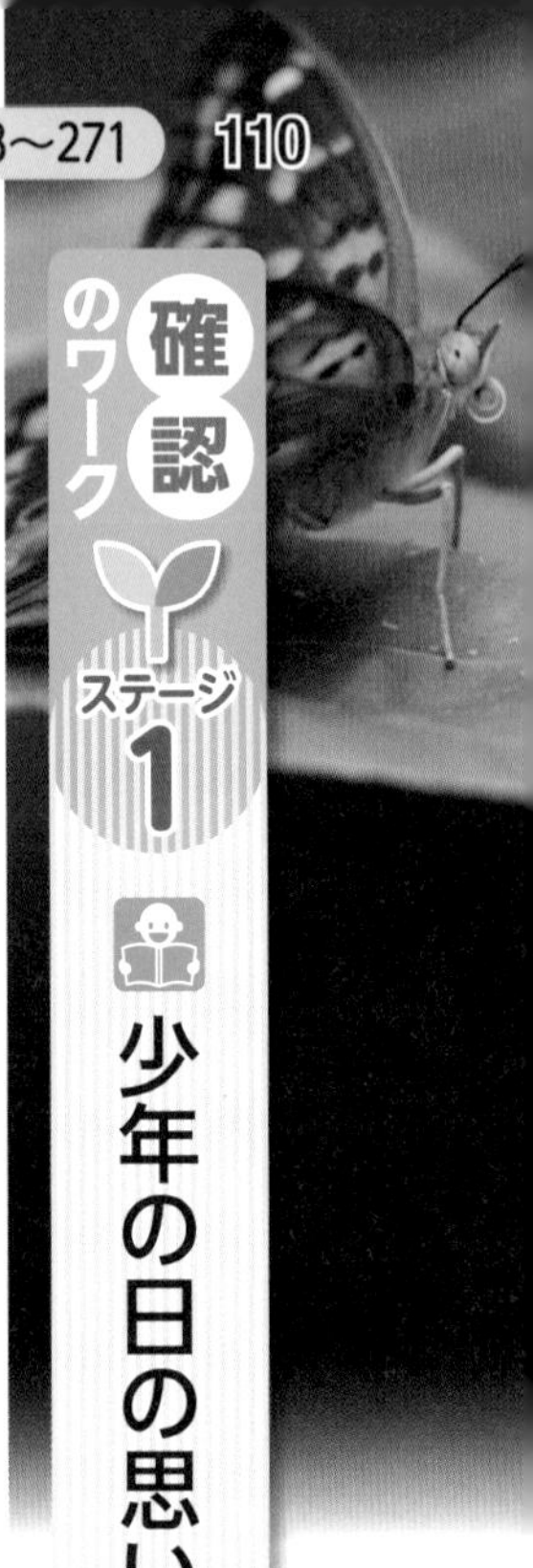

確認のワーク ステージ1

少年の日の思い出 ほか

漢字と言葉

1 漢字の読み　読み仮名を横に書きなさい。

＊は新出漢字　▼は新出音訓・◎は熟字訓

❶＊擦る　❷遊＊戯　❸＊忍び寄る　❹＊斑点
❺＊挿絵　❻優＊雅　❼＊丹念　❽軽＊蔑
❾＊償い　❿＊戒める　⓫＊抄録　⓬＊撤回

2 漢字の書き　漢字に直して書きなさい。

❶（　　）《じゅうい》になる。　❷優勝に（　　）《かんき》する。
❸皆の（　　）《もはん》となる。　❹空が（　　）《す》んでいる。
❺相手が（　　）《うらや》ましい。　❻時間が（　　）《おそ》い。

3 方言と共通語　次のうち、方言を使う場合にはア、共通語を使う場合にはイを書きなさい。

❶家族とくつろいで話すとき。（　）
❷よそから来た人と話すとき。（　）

解答 28ページ　スピードチェック 14ページ　予想問題 144ページ

学習のねらい
- 場面の展開や人物の描写に注目して、「僕」の心情の変化を捉えよう。
- 語り手に注目して読もう。

教科書の要点　少年の日の思い出

1 登場人物　□から言葉を選び、（　）に書き入れなさい。　教 p.242〜254

①「（　　）」…現在の場面で、「客（＝友人）」から少年の日の思い出を聞き、語り直す。
②「（　　）」…現在の場面での「私」の客（＝友人）。回想場面での中心人物。
③（　　）……回想場面に登場する模範少年。
④母…回想場面に登場する主人公の母。

僕　私　エーミール

2 あらすじ　正しい順番になるように、番号を書きなさい。

（　）「私」の客は、チョウチョの収集家だった少年時代の苦い思い出を語り始める。

（　）エーミールがヤママユガを持っていると聞いた「僕」は、それを盗んでしまう。

（　）「僕」は、自分のチョウチョを全て押し潰《つぶ》してしまった。

（　）チョウを潰してしまった「僕」はエーミールに謝るが、彼はただ軽蔑的に見つめるだけだった。

（　）チョウチョ集めに夢中だった「僕」は、珍しいコムラサキを捕《と》らえたとき、エーミールに見せて酷評《こくひょう》された。

知識の泉　A　腰。〈例〉この店の店長は，腰が低い。

3 構成のまとめ

（　）に教科書の言葉を書き入れなさい。教 p.242〜254

場面		できごと	「僕」の心情
現在の場面	教初め〜p.244・⑨	〈私の書斎〉 ●「私」は、客（＝友人）から、チョウチョを収集していた幼年時代の苦い思い出を聞いた。	▼客（＝友人＝「僕」）はその思い出が（①　　　）でもあるかのようだった。
回想の場面　十歳《さい》の頃	p.244・⑪〜247・⑯	●「僕」は、チョウチョ集めに熱中していた。 ●珍しいコムラサキを捕らえた「僕」は、隣《となり》の子ども（エーミール）に見せた。	▼微妙な喜びと、激しい（②　　　）との入り交じった気持ち。 ▼エーミールのこっぴどい批評に、獲物《えもの》に対する喜びは、かなり（③　　　）。
回想の場面　二年たって	p.248・①〜終わり	●「僕」は、エーミールがヤママユガを持っていると聞く。 ・エーミールの部屋へ行き、チョウの斑点を見た。 ・生まれて初めて盗みを犯した。 ・ヤママユガを潰してしまった。 ●「僕」は、エーミールに自分がチョウを潰したと告白した。 エーミール…「僕」を眺めて、軽蔑していた。 ●「僕」は、自分の収集したチョウチョを指でこなごなに押し潰した。…→自分自身への罰	▼すっかり（④　　　）してしまい、見られる時が待ちきれなくなった。 ▼この宝を手に入れたいという逆らいがたい欲望を感じた。 ▼大きな（⑤　　　）。→良心が目覚めた。→自分は下劣《げれつ》なやつだと悟った。→恐ろしい（⑥　　　）に襲《おそ》われた。→冷たい気持ちに震《ふる》えた。 ▼盗みをしたという気持ちより、潰してしまったチョウを見ているほうが、心を（⑦　　　）。 ▼一度起きたことは、もう（⑧　　　）のできないものだと悟った。

おさえよう

主題　「僕」は自分の犯したあやまちが（ア　言い訳　イ　償い）のできないものであることを悟り、自分の大切な宝物であるチョウの収集を潰すことで自らを（ア　許そう　イ　罰しよう）とした。

知識の泉　Q「言う」の謙譲語《けんじょう》は？

実力判定テストA ステージ2

少年の日の思い出

30分

自分の得点まで色をぬろう!

100点 合格! 80 もう一歩 60 がんばろう! 0

/100

解答 29ページ

次の文章を読んで、問題に答えなさい。

教 p.249・④〜251・⑪

せめて例のチョウを見たいと、僕は中に入った。そしてすぐに、エーミールが収集をしまっている二つの大きな箱を手に取った。どちらの箱にも見つからなかったが、やがて、そのチョウはまだ展翅板《てんしばん》に載っているかもしれないと思いついた。はたしてそこにあった。とび色のビロードの羽を細長い紙きれに張り伸《の》ばされて、ヤママユガは展翅板に留められていた。僕はその上にかがんで、毛の生えた赤茶色の触角や、優雅で、果てしなく微妙な色をした羽の縁《ふち》や、下羽の内側の縁にある細い羊毛のような毛などを、残らず間近から眺めた。あいにく、あの有名な斑点《はんてん》だけは見られなかった。細長い紙きれの下になっていたのだ。

胸をどきどきさせながら、①僕は紙きれを取りのけたい誘惑《ゆうわく》に負けて、針を抜いた。すると、②四つの大きな不思議な斑点が、挿絵のよりはずっと美しく、ずっとすばらしく、僕を見つめた。それを見ると、この宝を手に入れたいという逆らいがたい欲望を感じて、僕は生まれて初めて盗みを犯した。僕はピンをそっと引っぱった。チョウはもう乾いていたので、形は崩《くず》れなかった。僕はそれをてのひらに載せて、エーミールの部屋から持ち出した。その時、さしずめ僕は、大きな③満足感のほか何も感じていなかった。

チョウを右手に隠して、僕は階段を下りた。その時だ。④下の方から誰か僕の方に上がってくるのが聞こえた。その瞬間に僕の良心は目覚めた。僕は突然、自分は盗みをした、下劣《げれつ》なやつだということを悟った。同時に、見つかりはしないかという恐ろしい不安に襲《おそ》われて、僕は本能的に、⑤獲物《えもの》を隠していた手を、上着のポケットに突っ込んだ。ゆっくりと僕は歩き続けたが、大それた恥ずべきことをしたという、冷たい気持ちに震《ふる》えていた。上がってきたお手伝いさんと、びくびくしながらすれ違ってから、僕は胸をどきどきさせ、額に汗《あせ》をかき、落ち着きを失い、自分自身におびえながら、家の入り口に立ち止まった。

すぐに僕は、このチョウを持っていることはできない、持っていてはならない、もとに返して、できるならなにごともなかったようにしておかねばならない、と悟った。そこで、人に出くわして見つかりはしないか、ということを極度に恐れながらも、急いで引き返し、階段を駆《か》け上がり、⑥一分の後にはまたエーミールの部屋の中に立っていた。僕はポケットから手を出し、チョウを机の上に置いた。それをよく見ないうちに、僕はもうどんな⑦不幸が起こったかということを知った。そして泣かんばかりだった。ヤママユガは潰《つぶ》れてしまったのだ。前羽が一つと触角が一本なくなっていた。ちぎれた羽を用心深くポケットから引き出そうとすると、羽はばらばらになっていて、繕《つくろ》うことなんか、もう思いもよらなかった。

盗みをしたという気持ちより、自分が潰してしまった美しい珍しいチョウを見ているほうが、僕の心を苦しめた。微妙なとび色がかっ

知識の泉 A 申しあげる。「言う」の尊敬語は「おっしゃる」,「言われる」。

た羽の粉が、自分の指にくっついているのを、僕は見た。また、ばらばらになった羽がそこに転がっているのを見た。それをすっかりもとどおりにすることができたら、僕はどんな持ち物でも楽しみでも、喜んで投げ出したろう。

〈ヘルマン＝ヘッセ／高橋《たかはし》健二《けんじ》訳「少年の日の思い出」による〉

1 記述 ①紙きれを取りのけたい誘惑 とありますが、このときの「僕」は紙きれを取りのけてどうしたかったのですか。（15点）

（　　　　）

2 ②四つの大きな不思議な斑点が、挿絵のよりはずっと美しく、ずっとすばらしく、僕を見つめた とありますが、このときの「僕」の様子を次から一つ選び、記号で答えなさい。（10点）

ア 挿絵と本物のチョウの斑点の違いを見つけようとしている。
イ 人間の目のような斑点がにらんだように感じ、おびえている。
ウ チョウの斑点に強くひきつけられ、目が離《はな》せなくなっている。
エ チョウの斑点がどのような色や形かを、冷静に観察している。

（　　）

3 よく出る ③満足感 とありますが、「僕」は、どんなことが満足だったのですか。次から一つ選び、記号で答えなさい。（10点）

ア エーミールを困らせることができたこと。
イ 高価なチョウを入手できたこと。
ウ チョウを盗む作戦が成功したこと。
エ 美しいチョウを自分のものにしたこと。

（　　）

攻略！ チョウを盗むまでの「僕」の気持ちの動きを読み取ろう。

4 ④下の方から誰か僕の方に上がってくるのが聞こえた。 とありますが、このときに「僕」が思ったことを二つ書きなさい。10点×2（20点）

（　　　　）
（　　　　）

5 ⑤獲物 とは、ここではヤママユガのことですが、ほかにヤママユガを表す言葉を文章中から一字で抜き出しなさい。（10点）

□

6 ⑥一分の後には……立っていた とありますが、「僕」がエーミールの部屋に戻《もど》ったのはなぜですか。（15点）

（　　　　）

7 ⑦不幸 について答えなさい。

(1) よく出る どのようなことを「不幸」と表現していますか。文章中の言葉を使って簡潔に書きなさい。（10点）

（　　　　）

(2) この「不幸」によって、「僕」が最もつらく思っていることは、どんなことですか。次から一つ選び、記号で答えなさい。（10点）

ア 自分が盗みをしてしまったこと。
イ 自分が美しいチョウを潰したこと。
ウ 自分がエーミールに嫌《きら》われること。
エ 自分が母に叱られること。

（　　）

攻略！「盗みをしたという気持ちより」で始まる一文に注目しよう。

知識の泉 Q ——線を漢字で書くと？ 果物のイタみが早い。

実力判定テストB ステージ3

少年の日の思い出

30分

自分の得点まで色をぬろう!
100点 合格! 80 もう一歩 60 がんばろう! 0
/100

解答 29ページ

★ 次の文章を読んで、問題に答えなさい。 教p.252・①〜254・⑧

「おまえは、エーミールのところに行かねばなりません。」と母はきっぱりと言った。「そして、自分でそう言わなくてはなりません。それよりほかに、どうしようもありません。おまえの持っている物のうちから、どれかを埋《う》め合わせにより抜いてもらうように、申し出るのです。そして許してもらうように頼まねばなりません。」

　あの模範少年でなくて、他の友達だったら、すぐにそうする気になれただろう。彼が僕の言うことをわかってくれないし、おそらく全然信じようともしないだろうということを、僕は前もって、はっきり感じていた。かれこれ夜になってしまったが、①僕は出かける気になれなかった。母は僕が中庭にいるのを見つけて、「今日のうちでなければなりません。さあ、行きなさい!」と小声で言った。それで僕は出かけていき、エーミールは、と尋《たず》ねた。彼は出てきて、すぐに、誰かがヤママユガをだいなしにしてしまった。悪いやつがやったのか、あるいはネコがやったのかわからない、と語った。僕はそのチョウを見せてくれと頼んだ。二人は上に上がっていった。彼はろうそくをつけた。僕はだいなしになったチョウが展翅板《てんしばん》の上に載っているのを見た。エーミールがそれを繕《つくろ》うために努力した跡《あと》が認められた。壊れた羽は丹念に広げられ、ぬれた吸い取り紙の上に置かれてあった。しかしそれは直すよしもなかった。触角もやはりなくなっていた。そこで、それは僕がやったのだと言い、詳しく話し、説明しようと試みた。

　すると、エーミールは激したり、僕をどなりつけたりなどはしないで、低く、ちぇっと舌を鳴らし、しばらくじっと僕を見つめていたが、それから「そうか、そうか、つまり君はそんなやつなんだな。」と言った。

　僕は彼に、僕のおもちゃをみんなやると言った。それでも彼は冷淡《れいたん》にかまえ、依然僕をただ軽蔑的に見つめていたので、僕は自分のチョウの収集を全部やると言った。しかし彼は、「けっこうだよ。僕は君の集めたやつはもう知っている。そのうえ、今日また、君がチョウをどんなに取り扱っているか、ということを見ることができたさ。」と言った。

　その瞬間、②僕はすんでのところであいつの喉笛に飛びかかるところだった。もうどうにもしようがなかった。僕は悪漢だということに決まってしまい、エーミールはまるで世界のおきてを代表でもするかのように、冷然と、正義をたてに、侮《あなど》るように、僕の前に立っていた。彼は罵りさえしなかった。ただ僕を眺めて、軽蔑していた。

　その時初めて僕は、一度起きたことは、もう償いのできないものだということを悟った。僕は立ち去った。母が根ほり葉ほりきこうとしないで、僕にキスだけして、かまわずにおいてくれたことを③うれしく思った。僕は、床にお入り、と言われた。僕にとってはもう遅い時刻だった。だが、その前に僕は、そっと食堂に行っ

知識の泉 A 傷。 食べ物が悪くなること。「痛み」は体の苦しさを指すことが多い。

て、大きなとび色の厚紙の箱を取ってき、それを寝台の上に載せ、闇の中で開いた。そしてチョウチョを一つ一つ取り出し、指でこなごなに押し潰《つぶ》してしまった。

〈ヘルマン＝ヘッセ／高橋《たかはし》 健二《けんじ》訳「少年の日の思い出」による〉

1 ①僕は出かける気になれなかった　とありますが、なぜですか。理由が書かれている一文を文章中から抜き出し、初めの五字を書きなさい。（10点）

2 「僕」が、エーミールに罪を告白したときと、許しを求めたときに言った内容を、順に三つ書きなさい。5点×3（15点）

3 よく出る　「僕」の告白を聞いたエーミールの態度として適切なものを次から一つ選び、記号で答えなさい。（10点）

ア　「僕」をどなりつけ、激しく罵った。

イ　初めは冷静だったが、しだいに興奮してきた。

ウ　「僕」に同情しながらも、罪は許さなかった。

エ　激することなく、「僕」をただ軽蔑していた。

4 ②僕はすんでのところであいつの喉笛に飛びかかるところだった　とありますが、このときの「僕」の気持ちを説明したものを次から一つ選び、記号で答えなさい。（10点）

ア　正直に話したのに信じてもらえず、絶望している。

イ　チョウへの思いを否定されて、強い怒《いか》りを感じている。

ウ　強引に自分の言い分を認めさせたいと思っている。

エ　どうしても許してもらえず、なげやりになっている。

5 レベルUP　罪を告白した「僕」と、それを聞いたエーミールの立場を、対照的に描いている一文を文章中から抜き出し、初めの五字を書きなさい。（15点）

6 「僕」が、エーミールとのやり取りによって知ったことは何ですか。文章中から二十六字で抜き出し、初めと終わりの五字を書きなさい。完答（10点）

7 記述　③うれしく思った　とありますが、どんなことがうれしかったのですか。文章中の言葉を使って書きなさい。（15点）

8 よく出る　謝罪を受け入れてもらえなかった「僕」が、自己を罰している行動を描いている一文を文章中から抜き出し、初めの五字を書きなさい。（15点）

知識の泉　Q「国民のソウイを反映する。」正しいのはどれ？　ア＝相違　イ＝創意　ウ＝総意

確認のワーク ステージ1　銀のしずく降る降る

学習のねらい
● 時代背景や、できごとに注目しながら、ユーカラの研究に取り組んだ幸恵《ゆきえ》の生き方を読み取ろう。

解答 30ページ

基本問題

★ 次の文章を読んで、問題に答えなさい。　教 p.291・下⑬〜293・上⑯

その頃《ころ》、金田一《きんだいち》はアイヌ語研究を始めてから二十年、ようやくその業績が世に認められてきた少壮《しょうそう》の言語学者だった。調査のため、たびたび北海道を訪《おとず》れていた彼《かれ》は、①一九一八（大正七）年の夏、バチェラーに紹介《しょうかい》されて金成《かんなり》マツを訪ねて旭川《あさひかわ》に来た。マツの母モナシノウクからユーカラを聞くためである。モナシノウクは、後に、金田一が「アイヌの最後の最大の叙事《じょじ》詩人」と絶賛した、非凡《ひぼん》な暗唱力をもつ女性だった。

ちょうど金田一が玄関《げんかん》に立った時、「ただいま。」と、学校から帰ってきた少女がいた。幸恵《ゆきえ》である。

初めての訪問だったが話がはずみ、彼はその夜、マツの家に泊《と》まった。ところで、第一次世界大戦がようやく終わりに近づいたこの年、日本ではシベリア出兵などの影響《えいきょう》で、各地に米騒動《そうどう》が起きるほど米の値段が高くなっていた。伝道師のマツの収入では、「泊まっていらっしゃい。」とは言ったものの、遠来の客をもてなす米を買う余裕《よゆう》はなかった。この時の様子は金田一の随筆《ずいひつ》『近文の一夜』に、次のように描《えが》かれている。

……アイヌ語で口々に、「明日何さしあげる？」「あげるようなものがあって？」「お口に合うようなものが何もないんだものなあ。」と、嘆《なげ》くのが、私にそれとわかった。私は、その気づかいが気の毒に身にこたえて、「いや、そのことなら、なにもご心配はいりません。ジャガイモをゆでてください。北海道のジャガイモはおいしいんですものね。私は日高《ひだか》や北見《きたみ》ではよくそうしてもらうんです──」

と言うと、わかられまいと思った②アイヌ語の内輪話の、わかられた驚きをつきまぜて、笑いこけながら、

「だってそれではあんまり……」

「お気の毒で……」

「お気の毒だなあ。」と、顔を見合わせる。

一夜明けると、マツは、幸恵の女学校での作品を金田一に見せるほど心が打ち解けていた。それを見た金田一は、その中でも日本語で書かれた作文の文章の美しさに驚《おどろ》いた。そのうえ幸恵が、アイヌ語の難しい古語でうたわれている長編叙事詩も暗唱していることを知り、③重ねて目をみはった。幸恵には、日本語とアイヌ語の二つの言語生活があったのだ。

一方、幸恵は、日本人の学者が遠くからわざわざユーカラを聞きに来たのを不思議に思った。こんな質問をされたことを、金田一京助《きょうすけ》は別の思い出の中に書いている。

知識の泉　**A** ウ。　総意＝全員の意見。相違《そうい》＝二者間の違《ちが》い。創意＝新しい思いつき。

「私たちの④ユーカラのどこに、そんな値うちがあるのですか。」
（『私の歩いて来た道』）

幸恵の率直《そっちょく》な質問に、金田一は熱っぽく答えた。

「ユーカラは、あなたがたの祖先が、長い間、口伝えに伝えてきた叙事詩だ。ヨーロッパでも、あの『イリアス』『オデュッセイア』も、その最後の伝承者ホメロスの時、文字が入って初めて書かれたものだよ。これらの叙事詩は、民族の歴史であると同時に、大事な文学なんだ。今の世に、文字以前の叙事詩の姿をそのまま伝えている例は、世界にユーカラのほかにない――。」

聞いた幸恵は、金田一の言葉でユーカラのすばらしさを改めて感じ、目に涙《なみだ》を浮《う》かべながら、「これからは、私も生涯《しょうがい》を、祖先が残してくれたユーカラの研究にささげます。」と約束した。

金田一も、十五歳《さい》の⑤この少女の決意を聞いて、深く心を打たれた。そして、なんとか彼女《かのじょ》を東京に連れていって勉強させたい、と思うのだった。

〈藤本《ふじもと》 英夫《ひでお》「銀のしずく降る降る」による〉

1 ①一九一八（大正七）年の夏、バチェラーに紹介されて金成マツを訪ねて旭川に来た について答えなさい。

(1) 誰《だれ》が、なんのために来たのですか。何に取り組んでいる人物かもわかるように書きなさい。

（　　　　　　　　）

(2) この年の日本の状況《じょうきょう》が書かれた一文を文章中から抜《ぬ》き出し、初めの五字を書きなさい。

□□□□□

2 ②アイヌ語の内輪話 とありますが、どんな話ですか。次から一つ選び、記号で答えなさい。

ア 金田一をもてなしたいが、食べ物がなくて嘆いている。
イ 金田一を泊めたら自分たちの食べ物がなくなると怒《おこ》っている。
ウ 金田一の好みがわからず、どんな食べ物を出すか悩《なや》んでいる。
エ 金田一をどこのジャガイモでもてなそうかと相談している。

（　　）

攻略！「アイヌ語で口々に」に続く部分の会話のやりとりに注目しよう。

3 よく出る ③重ねて目をみはった とありますが、金田一は、どんなことに驚いたのですか。文章中の言葉を使って二つ書きなさい。

（　　　　　　　　）
（　　　　　　　　）

4 ④ユーカラのどこに、そんな値うちがあるのですか とありますが、金田一は、ユーカラの値うちをどのように述べていますか。□にあてはまる言葉を文章中から抜き出しなさい。

ⓐ□□□□□ であり、ⓑ□□□□□ でもある叙事詩を ⓒ□□ 以前の姿で伝えている点。

5 記述 ⑤この少女の決意 とは、どんな決意ですか。

（　　　　　　　　）

知識の泉 Q 慣用句「口をすっぱくする」の意味は？

確認のワーク　ステージ1

蓬萊《ほうらい》の玉の枝と偽《いつわ》りの苦心談 ——竹取《たけとり》物語——

学習のねらい
- 場面や人物の様子に注目して、偽りの苦心談の内容を読み取ろう。
- 歴史的仮名遣《かなづか》いや古文特有の表現に親しもう。

解答 30ページ

基本問題

★ 次の文章を読んで、問題に答えなさい。 教 p.296〜297

「船の行《ゆ》くにまかせて、海に漂《ただよ》ひて、五百日といふ辰《たつ》の時ばかりに、海の中に、はつかに山見ゆ。船のⓐかぢをなむ迫《せ》めて見る。海の上に漂へる山、①いと大《おほ》きにてあり。その山のさま、高くⓑうるはし。『これやわが求むる山ならむ。』と思ひて、さすがに恐《おそ》ろしくおぼえて、山のめぐりをさしめぐらして、二、三日ばかり、見歩《あり》くに、天人のⓒよそほひしたる女、山の中よりいで来て、銀《しろかね》の金鋺《かなまる》を持ちて、②水をくみ歩く。

　これを見て、船より下りて、『この山の名を何とか申す。』と問ふ。女、ⓓ答へていはく、『これは、蓬萊《ほうらい》の山なり。』と答ふ。これを聞くに、③うれしきことかぎりなし。

　その山、④見るに、ⓔさらに登るべきやうなし。⑤その山のそばひらをめぐれば、世の中になき花の木ども立てり。金《こがね》、銀、瑠璃《るり》色の水、山より流れいでたり。それには、色々《いろいろ》の玉の橋渡《わた》せり。その辺りに照り輝《かかや》く木ども立てり。その中に、⑥この取りて持ちてまうで来たりしは、いとわろかりしかども、⑦『のたまひしに違《たが》はましかば。』と、⑧この花を折りてⓕまうで来たるなり。」

〔現代語訳〕

「船の行くのにまかせて、海に漂って、五百日めという日の午前八時頃《ごろ》に、海上に、かすかに山が見えます。船のかじを操作して、島に近づいて見ました。海の上に漂っている山は、□大きいものでした。その山の様子は、高くてうるわしいものでした。『これこそ私が求めている山だろう。』と思って、やはり恐ろしく思われて、山の周囲を漕《こ》ぎめぐらせて、二、三日ばかり、見て回っていますと、天人の衣装《いしょう》を着た女の人が、山の中から出てきて、銀のおわんを持って、水をくんで歩いています。

　これを見て、（私は）船から下りて、『この山の名を何と申しますか。』と尋《たず》ねました。その女の人は、答えて、『これは、蓬萊の山です。』と言いました。これを聞いて、うれしくてたまりませんでした。

　その山は、見ると、（険しくて）全く登れそうもありません。その山の斜面《しゃめん》の裾《すそ》を回ってみると、見たこともない花の木々が立っています。金色、銀色、瑠璃色の水が、山から流れ出ています。その流れには、さまざまな色の玉でできた橋が渡してあります。その辺りに光り輝《かがや》く木々が立っています。その中で、ここに取ってまいりましたのは、たいそう見劣《みおと》りするものでしたが、『（かぐや姫《ひめ》が）おっしゃったのと違《ちが》っていたら（困る）。』と思って、この花を折ってまいったのです。」

〈「蓬萊《ほうらい》の玉の枝と偽《いつわ》りの苦心談——竹取《たけとり》物語——」による〉

知識の泉　A　何度も繰《く》り返し言う。　<例>早く帰るようにと，弟たちに口をすっぱくして注意した。

1　線ⓐ～ⓕの言葉を現代仮名遣《かなづか》いに直し、全て平仮名で書きなさい。

ⓐ（　　　）　ⓑ（　　　）
ⓒ（　　　）　ⓓ（　　　）
ⓔ（　　　）　ⓕ（　　　）

2　①いと　の意味を次から一つ選び、記号で答えなさい。

ア　少し　イ　大変
ウ　やはり　エ　意外に
（　　　）

3　よく出る　②水をくみ歩く　とありますが、この動作をしているのは、誰《だれ》ですか。古文中から十一字で抜《ぬ》き出しなさい。

4　③うれしきことかぎりなし　とありますが、なぜうれしかったのですか。□にあてはまる言葉を現代語訳から抜き出しなさい。

この山が、自分が□だとわかったから。

5　山が険しいことをどのように表現していますか。古文中から十一字で抜き出しなさい。

6　④見る　⑦のたまひし　⑧折りて　の中で、主語が違うものを一つ選び、番号で答えなさい。（　　　）

7　攻略！　古文では主語の省略が多いことに注意しよう。

⑤山のそばひら　とありますが、そこを歩いていると、何が見えましたか。古文中から四つ抜き出しなさい。

（　　　）（　　　）（　　　）（　　　）

8　⑥この取りて持ちてまうで来たりしは、いとわろかりしかどもについて答えなさい。

(1)　よく出る　取ってきたのは、どんな花でしたか。次から一つ選び、記号で答えなさい。

ア　注文どおりだが、ほかの花より見劣りするもの。
イ　注文されていた花の中では見劣りするもの。
ウ　注文されていた花とは違って、見劣りするもの。
エ　人間の世界にある花の中でも見劣りするもの。
（　　　）

(2)　記述　何のためにこのように言ったと考えられますか。

（　　　）

知識の泉　Q　「□透明《とうめい》」「□履行《りこう》」「□景気」　□に共通する打ち消しの漢字は？

確認のワーク　ステージ1

花の詩画集

学習のねらい
●詩の表現に注目して、作者の思いを捉《とら》えよう。
●作者の自然に対する思いや、生き方を読み取ろう。

解答 31ページ

基本問題

1 次の詩を読んで、問題に答えなさい。 教p.298

麦の穂《ほ》
となりも
麦の穂
ぶつからず
離《はな》れすぎず
特に高いものもなく
特に低いものもなく
にてるけれど
みんな　ちがう
麦の穂
太陽の弓矢

＊1〜11は行の番号です。
〈星野《ほしの》 富弘《とみひろ》「花の詩画集」による〉

1 この詩に使われている表現技法を次から三つ選び、記号で答えなさい。

ア 倒置《とうち》法　イ 隠喩《いんゆ》　ウ 体言止め
エ 対句《ついく》法　オ 直喩

（　）（　）（　）

2 一〜七行めでは、麦の穂のどんな様子が描《えが》かれていますか。あてはまらないものを次から一つ選び、記号で答えなさい。

ア 麦の穂がたくさん並んで生えている様子。
イ 麦の穂が同じような間隔《かんかく》をあけて生えている様子。
ウ 麦の穂が隣《となり》同士寄り添《そ》うように生えている様子。
エ 麦の穂が同じような高さで生えている様子。

（　）

攻略！「となりも」とあることに注目しよう。

3 よく出る 一〜七行めの麦の穂の様子について、作者はどのように捉《とら》えていますか。詩の中から二行で抜《ぬ》き出しなさい。

（　）

4 作者は麦の穂の姿を何にたとえていますか。詩の中から抜き出しなさい。

（　）

5 この詩から作者のどんな思いが伝わってきますか。次から一つ選び、記号で答えなさい。

ア 弱く小さい植物への優《やさ》しさやいたわり。
イ 植物と共に生きていくという決意。
ウ 植物の生き方や生命力に対する敬意。
エ 植物の不思議な生態への驚《おどろ》きや興味。

（　）

知識の泉　A 不。「不履行」は約束を実行しないこと。

2 次の詩を読んで、問題に答えなさい。

教 p.299

筆を噛《か》み砕《くだ》きたい
時がある
槍《やり》のように
突《つ》きたてたい
時もある
①さまざまな思いが
風のように過ぎて
②花を見ている

＊1〜8は行の番号です。
〈星野《ほしの》 富弘《とみひろ》「花の詩画集」による〉

1 三行めと七行めに共通して使われている表現技法を次から一つ選び、記号で答えなさい。

ア 倒置法《とうち》　イ 直喩《ちょくゆ》　ウ 体言止め　エ 擬人法《ぎじん》　（　　）

攻略！「ように」という表現に注目しよう。

2 この詩を内容から大きく二つに分けたとき、後半は何行めからですか。漢数字で答えなさい。

□行めから

3 作者は筆をどうしたい時があると表現していますか。詩の中から六字で二つ抜《ぬ》き出しなさい。

□□□□□□
□□□□□□

4 よく出る ①さまざまな思い とは、どのような思いですか。次から一つ選び、記号で答えなさい。

ア いらだちやあせり　イ 驚《おどろ》きやとまどい
ウ 希望や期待　エ 不安や緊張《きんちょう》　（　　）

5 ②花を見ている ときの作者の思いを次から一つ選び、記号で答えなさい。

ア 悲しみ　イ あきらめ　ウ 無心　エ 反省　（　　）

6 この詩から作者のどんな姿が伝わってきますか。次から一つ選び、記号で答えなさい。

ア 花の美しく咲《さ》く姿にあこがれを抱《いだ》き、自分もそうありたいと願う姿。
イ 困難な状況《じょうきょう》の中で花を眺《なが》め、そのひと時だけでも人に優《やさ》しくしようとする姿。
ウ 苦しみにもがく日々がありながらも、静かに咲いている花を落ち着いて見る姿。
エ 悩《なや》み苦しむ自分の抱《かか》える課題を花が解決してくれたと感じ、花に感謝する姿。　（　　）

知識の泉 Q「タイカ」と読むのはどっち？　ア＝書道の大家。　イ＝集合住宅の大家。

確認のワーク　ステージ1

デューク

学習のねらい
- 「私」と愛犬デュークとの心のふれあいを読み取ろう。
- 場面の展開に沿って「私」の気持ちの変化を捉《とら》えよう。

解答 32ページ

基本問題

★ 次の文章を読んで、問題に答えなさい。　教 p.300・上①〜301・上⑱

　歩きながら、私は涙《なみだ》が止まらなかった。二十一にもなった女が、びょおびょお泣きながら歩いているのだから、他の人たちがいぶかしげに私を見たのも、無理のないことだった。それでも、私は泣きやむことができなかった。

　デュークが死んだ。

　①私のデュークが死んでしまった。

　②私は悲しみでいっぱいだった。

　デュークは、グレーの目をしたクリーム色のムク毛の犬で、プーリー種という牧羊犬だった。わが家にやってきた時には、まだ生まれたばかりの赤ん坊《ぼう》で、廊下《ろうか》を走ると手足が滑《すべ》ってぺたんと開き、すーっとおなかで滑ってしまった。それがかわいくて、名前を呼んでは何度も廊下を走らせた。（そのかっこうがモップに似ていると言って、みんなで笑った。）卵料理と、アイスクリームと、梨《なし》が大好物だった。五月生まれのせいか、デュークは初夏がよく似合った。新緑の頃《ころ》に散歩に連れていくと、匂《にお》やかな風に、毛をそよがせて目を細める。すぐにすねるたちで、すねた横顔はジェームス＝ディーンに似ていた。音楽が好きで、私がピアノを弾《ひ》くと、いつもうずくまって聴《き》いていた。そうして、デュークはとても、キスがうまかった。

　死因は老衰《ろうすい》で、私がアルバイトから帰ると、まだかすかに温かかった。膝《ひざ》に頭を載《の》せてなでているうちに、いつのまにか固くなって、冷たくなってしまった。デュークが死んだ。

　次の日も、私はアルバイトに行かなければならなかった。玄関《げんかん》で、③妙《みょう》に明るい声で〝行ってきます。〟を言い、表に出てドアを閉めたとたんに涙があふれたのだった。泣けて、泣けて、泣きながら駅まで歩き、泣きながら改札口で定期を見せて、泣きながらホームに立って、泣きながら電車に乗った。電車はいつものとおり混んでいて、かばんを抱《かか》えた女学生や、似たようなコートを着たお勤め人たちが、ひっきりなしにしゃくりあげている私を遠慮《えんりょ》会釈《えしゃく》なくじろじろ見つめた。

「どうぞ。」

　無愛想にぼそっと言って、男の子が席を譲《ゆず》ってくれた。十九歳《さい》くらいだろうか、白いポロシャツに紺《こん》のセーターを着た、ハンサムな少年だった。

「ありがとう。」

　蚊《か》の鳴くような涙声でようやくひと言お礼を言って、私は座席に腰《こし》かけた。少年は私の前に立ち、④私の泣き顔をじっと見ている。深い目の色だった。私は少年の視線に射すくめられて、なんだか動けないような気がした。そして、いつのまにか泣きやんでいた。

　私の降りた駅で少年も降り、私の乗り換《か》えた電車に少年も乗り、

知識の泉　**A** ア。　「タイカ」＝ある分野で特に優《すぐ》れた人。「おおや」＝貸し家の持ち主。

終点の渋谷《しぶや》までずっと一緒《いっしょ》だった。どうしたの、とも、だいじょうぶ、ともきかなかったけれど、少年はずっと私のそばにいて、満員電車の雑踏《ざっとう》から、さりげなく私をかばってくれていた。⑤少しずつ、私は気持ちが落ち着いてきた。〈江國《えくに》香織《かおり》「デューク」による〉

1 ①私のデュークが死んでしまった。について答えなさい。

(1) デュークが死んでしまった時の様子がわかる段落の初めの五字を書きなさい。

□□□□□

(2) 「私のデューク」とはどういう意味ですか。次から一つ選び、記号で答えなさい。

ア 「私」が人からもらった犬のデュークという意味。
イ 「私」の家で飼っている犬のデュークという意味。
ウ 「私」の愛する大切な存在のデュークという意味。
エ 「私」がデュークという名前をつけたという意味。（　）

2 ②私は悲しみでいっぱいだった。とありますが、悲しんでいる「私」は、どんな様子でしたか。□にあてはまる言葉を文章中から抜き出しなさい。

□□□□□□と泣き、他の人に□□□□□に見られても、泣きやむことができない様子。

攻略！ 前の部分から、「私」がどのように泣いているかを読み取ろう。

3 生前のデュークが紹介《しょうかい》されている段落の初めの七字を書きなさい。

□□□□□□□

4 よく出る ③妙に明るい声で〝行ってきます。〟を言い とありますが、それはなぜだと考えられますか。次から二つ選び、記号で答えなさい。

ア 出かければ元気になるはずだと思ったから。
イ 沈《しず》んだ気持ちを奮い立たせたかったから。
ウ アルバイトに行くのが楽しみだったから。
エ 少しずつ明るい気持ちに変わってきたから。
オ 家族に心配をかけたくなかったから。（　）（　）

5 ④私の泣き顔をじっと見ている とありますが、「私」は少年にじっと見られて、どうなりましたか。文章中から十三字で抜き出しなさい。

□□□□□□□□□□□□□

6 記述 ⑤少しずつ、私は気持ちが落ち着いてきた。とありますが、「私」の気持ちが落ち着いてきたのはなぜですか。

（　　　　）

知識の泉 Q 漢字「洗」の音を表す部分は？

実力判定テストA ステージ2

デューク

30分

自分の得点まで色をぬろう!
100点 合格! 80 もう一歩 60 がんばろう! 0
/100

解答 32ページ

次の文章を読んで、問題に答えなさい。

教p.303・上⑫〜304・下⑦

美術館を出て、私たちは落語を聴《き》きに行った。たまたま演芸場の前を通って、少年が落語を好きだと言ったからなのだが、いざ中に入ると、①私はだんだん憂鬱《ゆううつ》になってしまった。

デュークも、落語が好きだったのだ。夜中に目が覚めて下におりた時、消したはずのテレビがついていて、デュークがちょこんと座《すわ》って落語を見ていた。父も、母も、妹も信じなかったけれど、本当に見ていたのだ。

デュークが死んで、悲しくて、悲しくて、息もできないほどだったのに、知らない男の子とお茶を飲んで、プールに行って、散歩をして、美術館を見て、落語を聴いて、②私はいったい何をしているのだろう。

だしものは、〝大工しらべ〟だった。少年はときどき、おもしろそうにくすくす笑ったけれど、私は結局一度も笑えなかった。それどころか、だんだん心が重くなり、落語が終わって、大通りまで歩いた頃《ころ》には、もうすっかり、③悲しみが戻《もど》ってきていた。

デュークはもういない。

④デュークがいなくなってしまった。

大通りにはクリスマスソングが流れ、薄《うす》青い夕暮れに、ネオンがぽつぽつつき始めていた。

「今年ももう終わるなぁ。」

少年が言った。

「そうね。」

「来年はまた新しい年だね。」

「そうね。」

「今までずっと、僕《ぼく》は楽しかったよ。」

「そう。私もよ。」

下を向いたまま私が言うと、少年は私の顎《あご》をそっと持ち上げた。

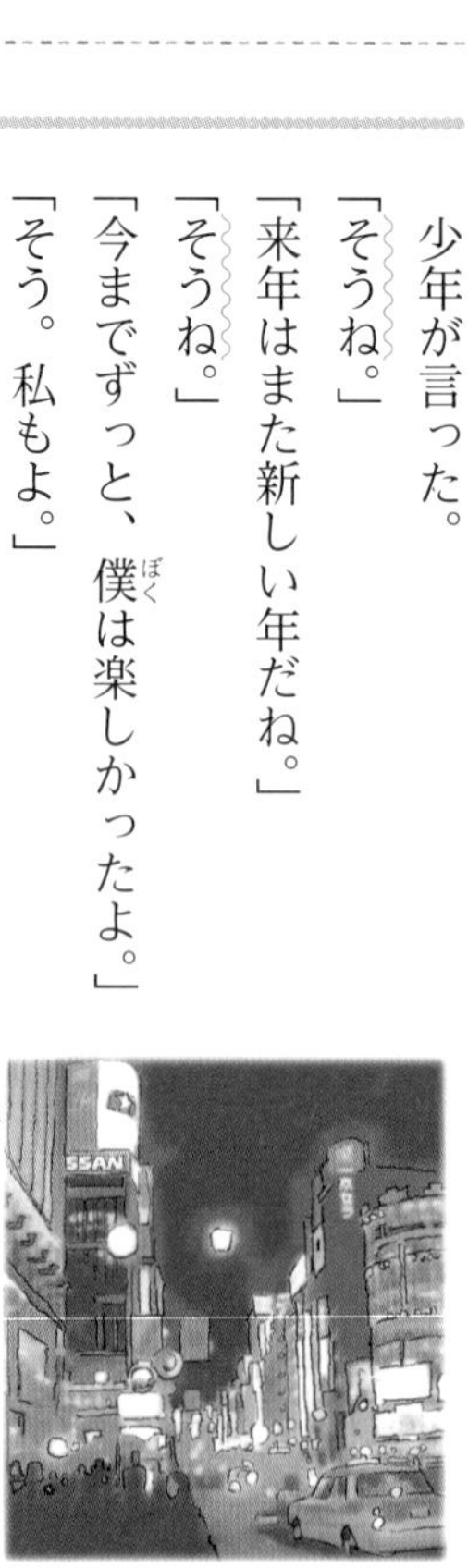

⑤「今までずっと、だよ。」

懐《なつ》かしい、深い目が私を見つめた。そして、少年は私にキスをした。

私があんなに驚《おどろ》いたのは、彼《かれ》がキスをしたからではなく、彼のキスがあまりにもデュークのキスに似ていたからだった。茫然《ぼうぜん》として声も出せずにいる私に、少年が言った。

⑥「僕もとても、愛していたよ。」

寂《さび》しそうに笑った顔が、ジェームス=ディーンによく似ていた。

「それだけ言いに来たんだ。じゃあね。元気で。」

そう言うと、青信号の点滅《てんめつ》している横断歩道にすばやく飛び出し、少年は駆《か》けていってしまった。

私はそこに立ちつくし、いつまでもクリスマスソングを聴いていた。銀座《ぎんざ》に、ゆっくりと夜が始まっていた。

〈江國《えくに》香織《かおり》「デューク」による〉

1 ①私はだんだん憂鬱になってしまった　とありますが、それはなぜですか。（15点）

（　　　　）

2 よく出る ②私はいったい何をしているのだろう　という言葉から、「私」のどんな気持ちがわかりますか。次から一つ選び、記号で答えなさい。（10点）

ア　意外と楽しく過ごしている自分を、不思議に思う気持ち。
イ　デュークがいなくても大丈夫だと、ほっとする気持ち。
ウ　一時悲しみを忘れていたことを、やましく思う気持ち。
エ　悲しみを忘れて楽しませてくれた少年に感謝する気持ち。

（　　）

3 ③悲しみが戻ってきていた　とありますが、悲しみの深さが具体的に説明されている部分を文章中から二十一字で抜《ぬ》き出し、初めと終わりの五字を書きなさい。完答（10点）

□□□□□ ～ □□□□□

4 ④デュークがいなくなってしまった。とありますが、ここからわかる「私」の気持ちを次から一つ選び、記号で答えなさい。（10点）

ア　デュークはいったいどこへ行ってしまったんだろう。
イ　デュークがいないなんていやだ、耐《た》えられない。
ウ　本当にデュークはいなくなってしまったんだろうか。
エ　少年にも、デュークのことをわかってもらいたい。

（　　）

5 「そうね。」とありますが、この言葉が二回繰《く》り返されていることから、「私」のどんな様子がわかりますか。次から一つ選び、記号で答えなさい。（15点）

ア　今までのことを、しみじみと振《ふ》り返っている様子。
イ　もう少年と話をするのが、いやになっている様子。
ウ　心がほかのことにとらわれ、上の空である様子。
エ　少年の言葉に、そのとおりだと共感している様子。

（　　）

6 よく出る ⑤「今までずっと、だよ。」という言葉からわかる少年の気持ちを次から一つ選び、記号で答えなさい。（15点）

ア　僕が言いたいのは、今年や今日のことじゃなくて、君と過ごしてきた長い年月のことなんだよ。
イ　君はなんだかぼうっとしているけれど、僕が「今までずっと」と言ったのを、ちゃんと聞いていたの?
ウ　君は「私もよ。」と言ったけれど全然楽しそうには見えない。本当に今までずっと楽しかったの?
エ　何でもない話だと思ったかもしれないけれど、僕はこれからも君とずっと一緒《いっしょ》にいたいと言ったんだよ。

（　　）

7 記述 ⑥僕も　という言葉から、少年のどんな気持ちがわかりますか。（15点）

（　　　　）

8 少年は本当は誰《だれ》だったと考えられますか。文章中の四字の言葉を抜き出しなさい。（10点）

□□□□

聞き取り問題① スピーチ

ヤゴ救出大作戦

放送を聞いて、問題に答えなさい。

放送の間は、問題に答えずメモを取りましょう。

メモ欄

順序を表す言葉に気をつけてメモを取り、話題を捉えよう。

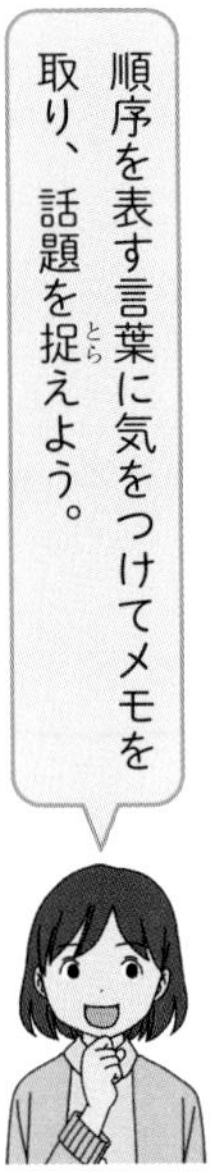

放送文は、上のQRコードから聞くことができます。

解答 33ページ

/100

↓ここより下は問題になります。放送の指示にしたがって答えましょう。

(1) （問題は放送されます。）

（20点）

(2) （問題は放送されます。）

大勢の人が一度にプールに入ると、

。

（20点）

(3) （問題は放送されます。）

（20点）

(4) （問題は放送されます。）

10点×2

（20点）

(5) レベルUP （問題は放送されます。）

（20点）

▶文理ホームページからも放送文を聞くことができます。
https://www.kyokashowork.jp/ja11.html　アクセスコードを入力→ A063678

プラスワーク

聞き取り問題② 会話

「まちの駅」ってどんなところ

★ 放送を聞いて、問題に答えなさい。

メモ欄《らん》　放送の間は、問題に答えずメモを取りましょう。

放送文は、上のQRコードから聞くことができます。

/100

解答 34ページ

会話文を聞き取るときは、誰《だれ》がどういう内容を話しているかに注意してメモを取ろう。

⬇ここより下は問題になります。放送の指示にしたがって答えましょう。

(1)（問題は放送されます。）

＿＿＿＿ 方法がある。（20点）

(2)（問題は放送されます。）（20点）

(3)（問題は放送されます。）（20点）

(4)（問題は放送されます。）

総合学習の授業で ＿＿＿＿ を先生に提案してみる。（20点）

(5) レベルUP（問題は放送されます。）（20点）

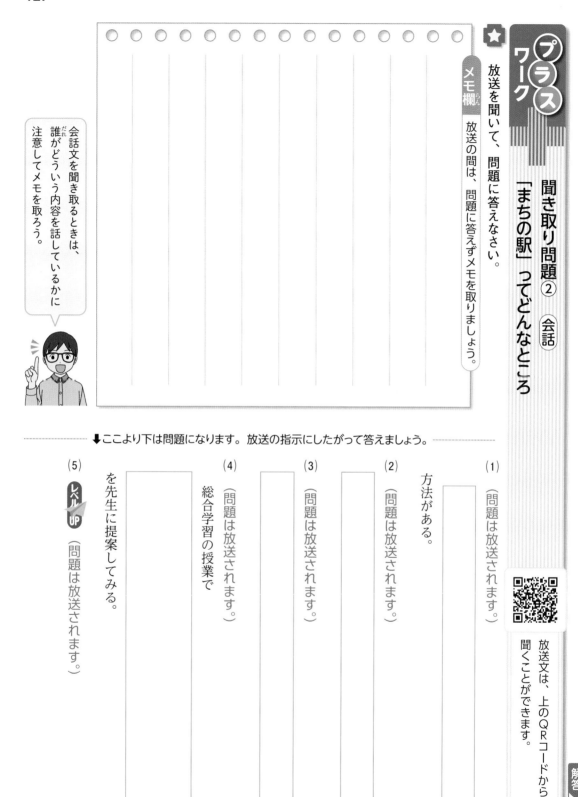

プラスワーク 日本文学史（奈良時代〜平安時代）

文学史の要点

奈良時代

【口承《こうしょう》文学から記載《きさい》文学へ】 文字がない時代には、物語は口で語り伝えられていたが、中国から漢字が伝来し、神話や歌謡《かよう》などが記録されるようになった。

歴史書

古事記《こじき》 現存最古の書物。太安万侶《おおのやすまろ》編。天皇の命で、稗田阿礼《ひえだのあれ》が暗誦《あんしょう》した神話、歴史、歌謡などを記録。「日本書紀」とあわせて「記紀《きき》」と呼ばれる。

日本書紀《にほんしょき》 舎人《とねり》親王ら編。国の歴史を、**年代順（編年体）**にまとめた歴史書。

歌集

万葉集《まんようしゅう》 現存する日本最古の和歌集。大伴家持《おおとものやかもち》ら編。幅《はば》広い階層の歌を収め、五七調、素朴で力強い歌が多い。代表的歌人は柿本人麻呂《かきのもとのひとまろ》、山上憶良《やまのうえのおくら》ら。

三代歌集
万葉集（奈良時代）・**古今《こきん》和歌集**（平安時代）・**新古今和歌集**（鎌倉《かまくら》時代）

平安時代

【貴族文化と女流文学】 仮名《かな》文字が考案され国風文化が広まり、優美で情緒的な貴族文化の繁栄《はんえい》と、仮名文字を使いこなした女流文学の台頭が見られた。

物語

竹取《たけとり》物語 現存最古の作り物語。「物語の出《い》で来《き》はじめの祖《おや》」と呼ばれる。

伊勢《いせ》物語 現存最古の歌物語。在原業平《ありわらのなりひら》と思われる男を主人公としている。

源氏《げんじ》物語 紫式部《むらさきしきぶ》。光源氏《ひかるげんじ》とその子薫《かおる》の君を主人公に貴族の世界を描《えが》いた長編物語。「もののあはれ」の文学といわれている。

歌集

古今和歌集 最初の勅撰《ちょくせん》和歌集。紀貫之《きのつらゆき》ら撰《せん》。七五調、繊細《せんさい》で優美な歌が多い。代表的歌人は、紀貫之、在原業平、小野小町《おののこまち》、僧正遍昭《そうじょうへんじょう》など。

日記

土佐《とさ》日記 最初の仮名日記。紀貫之。当時仮名文字は女性が使うものだったため、貫之は女性をよそおい土佐《とさ》から京都《きょうと》までの旅を仮名文字でつづった。

随筆《ずいひつ》

枕草子《まくらのそうし》 清少納言《せいしょうなごん》。宮廷《きゅうてい》生活や自然・人間を鋭《するど》い観察と独特の感性で捉え、簡潔な文体で表現している。「をかし」の文学といわれている。

基本問題

(1) 現存する日本最古の書物を答えなさい。（　　　）

(2) 日本で最初の勅撰和歌集を答えなさい。（　　　）

(3) 日本最古の作り物語を答えなさい。（　　　）

(4) 「源氏物語」の作者を次から選びなさい。（　　　）

ア 紫式部　イ 清少納言
ウ 小野小町　エ 紀貫之

(5) 「をかし」の文学といわれる、日本を代表する随筆の作品名を答えなさい。（　　　）

解答

(1) 古事記　(2) 古今和歌集
(3) 竹取物語　(4) ア
(5) 枕草子

覚えておきたい 故事成語

蛇足《だそく》

意味 よけいなもの。無駄《むだ》な行い。

由来 楚《そ》の国の話。酒をふるまわれた従者たちは、蛇《へび》の絵を最初に描《か》き終えた者が酒を飲むことに決めた。ある者が先に描き終えたが、調子に乗って蛇の足を描き足してしまい、結局酒を飲み損《そこ》ねた。

用例 蛇足になりますが、最後に一言申し上げます。

五十歩百歩《ごじっぽひゃっぽ》

意味 本質的には大きな差のないこと。

由来 梁《りょう》の恵王《けいおう》は、孟子《もうし》に「よい政治をしているのに、私の国に人が集まらないのはなぜか」と尋《たず》ねた。孟子は、「戦争が始まったとたん逃《に》げた兵士がいました。五十歩逃げた者が百歩逃げた者を笑ったとしたらどうでしょうか」と答え、隣国《りんごく》の政治と大差がないことを諭《さと》した。

用例 五分遅《おく》れるのも三十分遅れるのも五十歩百歩だ。

背水《はいすい》の陣《じん》

意味 決死の覚悟《かくご》で事に当たること。

由来 漢《かん》の名将韓信《かんしん》は、戦争の時にわざと川を背にして陣を敷《し》いた。そうして、兵たちにもう退却《たいきゃく》できないという覚悟をさせ、必死に戦わせて敵軍を打ち破った。

用例 もう負けられないと背水の陣で試合に臨《のぞ》む。

漁夫《ぎょふ》の利《り》

意味 両者が争っている間に、第三者が利益を手に入れること。

由来 しぎが貝の肉を食べようとすると、貝は殻《から》を閉じてしぎのくちばしをはさんだ。両者が互《たが》いに相手を離《はな》そうとせずにいるところに、漁師がやってきて、両方とも捕《と》らえてしまった。

用例 姉と妹が一枚のクッキーを巡《めぐ》り争っている間に、弟が漁夫の利を占《し》めてそのクッキーを食べてしまった。

杞憂《きゆう》

意味 無用な心配をすること。取り越《こ》し苦労。

由来 杞の国に、天が崩《くず》れ落ちてこないかと心配して、食べ物も喉《のど》に通らない人がいた。

用例 何十年も先まで心配するのは杞憂というものだ。

虎《とら》の威《い》を借《か》る狐《きつね》

意味 権力のある人の力に頼《たよ》っていばる人のこと。

由来 虎に捕《と》らえられた狐は、虎を後ろに連れて歩き、他の動物が虎を恐《おそ》れて逃《に》げるのを自分のせいだと思わせて、虎をだまし、助かった。

用例 父親が有名人だからといっていつもいばっているあの人は、虎の威を借る狐だ。

推敲《すいこう》

意味 詩や文章の言葉を何度も練り直すこと。

由来 唐《とう》の詩人賈島《かとう》は、詩作をしていて、「僧《そう》は推《お》す月下の門」という句の「推す」を「敲《たた》く」にしようかと夢中で考えているうちに、うっかり都の長官の韓愈《かんゆ》の行列にぶつかってしまった。いきさつを韓愈に話すと、韓愈は「敲く」がよいだろうと言った。

用例 推敲に推敲を重ねて清書し、提出する作文を仕上げた。

助長《じょちょう》

意味 よけいな手助けをして、かえって害を与《あた》えること。（力添《ぞ》えをして成長させる意味にも用いる。）

由来 宋《そう》の国の話。苗《なえ》の生育が遅《おそ》いので、伸《の》ばしてやろうとして、全ての苗を引っ張った人がいた。あとで見に行くと、苗は全部枯《か》れていた。

用例 掃除《そうじ》当番をさぼるのを一人でも許すと、他の人がさぼるのを助長することになる。

四面楚歌《しめんそか》

意味 周りを敵に囲まれて、孤立《こりつ》すること。

由来 楚の項羽《こうう》は、漢《かん》の劉邦《りゅうほう》の軍に四方を囲まれた。漢軍が楚の国の歌を歌うのを聞いて、項羽は、楚の国はすでに漢軍によって占領《せんりょう》されたと思い、嘆《なげ》いた。

用例 首相は、国民やマスコミから非難されて、四面楚歌の状態になった。

覚えておきたい 部首

◆へん（偏）＝字の左側にあるもの

部首	画数	よび名	意味	例
亻	2	にんべん	人。	伸 倒
冫	2	にすい	凍《こお》る。寒い。	冷 凍
彳	3	ぎょうにんべん	行く。道路。	復 彼
阝	3	こざとへん	丘《おか》。盛り土。	陸 降
忄	3	りっしんべん	心。精神作用。	快 悟
扌	3	てへん	手。手の動作。	振 押
犭	3	けものへん	犬。犬に似た動物。	独 犯
氵	3	さんずい	水。液体。	渡 濃
日	4	ひへん	太陽。日時。	暖 暇
月	4	つきへん	月。舟《ふね》。	服 朕
木	4	きへん	木。木材。	桃 栓
歹	4	かばねへん／いちたへん	死。骨。	死 残
火	4	ひへん	火。	灯 燃
礻	4	しめすへん	神。祭り。	礼 祝
月	4	にくづき	肉。人体の部分。	胸 腰
禾	5	のぎへん	穀物。	種 税
衤	5	ころもへん	衣服。	複 補
糸	6	いとへん	糸。織物。	縦 縮
言	7	ごんべん	言葉。	詞 詳
貝	7	かいへん	財宝。金銭。	貯 財
⻊	7	あしへん	足。足の動作。	路 踏
金	8	かねへん	金属。	鋼 針
飠	8	しょくへん	食べること。食べ物。	飯 飼

◆つくり（旁）＝字の右側にあるもの

部首	画数	よび名	意味	例
刂	2	りっとう	刀。刃物《はもの》で切る。	刻 削
力	2	ちから	力。	効 勤
卩	2	ふしづくり	ひざまずく形。	印 却
彡	3	さんづくり	飾《かざ》り。輝《かがや》き。	影 彫
阝	3	おおざと	国。地域。	郡 郷
寸	3	すん	手。	射 将
攵	4	のぶん／ぼくにょう	うつ。強制する。	救 攻
斗	4	とます	ひしゃく。はかる。	料 斜
斤	4	おのづくり	おの。おので切る。	新 断
欠	4	あくび	口を開ける動作。	歌 欲
殳	4	るまた	殴《なぐ》る。打つ。	段 殴
見	7	みる	見る。	観 視
隹	8	ふるとり	鳥。	雑 難
頁	9	おおがい	頭。	額 頂

◆かんむり（冠）＝字の上部にあるもの

部首	画数	よび名	意味	例
亠	2	なべぶた	―	京 交
人	2	ひとやね	人。	会 介
冖	2	わかんむり	覆《おお》う。	写 冠
宀	3	うかんむり	家。屋根。	宅 宝
艹	3	くさかんむり	草。	芽 荒
耂	4	おいかんむり	年寄り。	考 老
癶	5	はつがしら	両足を開く。	登 発
穴	5	あなかんむり	穴。	究 窓
罒	5	あみがしら／よこめ	網《あみ》。	置 罪
⺮	6	たけかんむり	竹。	節 簡
⻗	8	あめかんむり	雨。気象。	雲 雪

◆あし（脚）＝字の下部にあるもの

部首	画数	よび名	意味	例
儿	2	ひとあし／にんにょう	人。人の体。	元 光
廾	3	にじゅうあし	両手。	弁 弊
心	4	こころ	心。精神作用。	懸 恐
⺗	4	したごころ	心。精神作用。	恭 慕
灬	4	れんが／れっか	火。	照 烈
皿	5	さら	皿。	盛 盟

◆たれ（垂）＝字の上部から左にたれたもの

部首	画数	よび名	意味	例
厂	2	がんだれ	がけ。石。	原 厚
尸	3	しかばね／かばね	人体。人の尻《しり》。	居 展
广	3	まだれ	家。屋根。	座 床
疒	5	やまいだれ	病気。	痛 癖

◆にょう（繞）＝字の左から下部に続くもの

部首	画数	よび名	意味	例
廴	3	えんにょう	ひきのばす。進む。	建 延
辶	3	しんにょう／しんにゅう	行く。進む。道。	違 途
走	7	そうにょう	走る。	起 越

◆かまえ（構）＝字の外側を囲むもの

部首	画数	よび名	意味	例
冂	2	どうがまえ／けいがまえ	―	再 冊
凵	2	うけばこ	上方に開けた形。	出 凶
勹	2	つつみがまえ	抱《かか》え込《こ》む。	包
囗	3	くにがまえ	囲む。	囲 困
弋	3	しきがまえ	棒。道具。	式 弐
行	6	ぎょうがまえ／ゆきがまえ	道路。行く。	街 術
門	8	もんがまえ	門。	関 閉

＊部首は辞書によって異なることがあります。

定期テスト対策

得点アップ！予想問題

1
この「**予想問題**」で
実力を確かめよう！

2
「**解答と解説**」で
答え合わせをしよう！

3
わからなかった問題は
戻って復習しよう！

この本での
学習ページ

スキマ時間で漢字と知識事項を確認！
別冊「**スピードチェック**」も使おう

●予想問題の構成

回数	教科書ページ	教科書の内容	この本での学習ページ
第1回	20〜23	桜蝶	4〜7
第2回	34〜40	自分の脳を知っていますか	12〜15
第3回	52〜61	ベンチ	20〜25
第4回	62〜63	全ては編集されている	26〜29
第5回	80〜85	「エシカル」に生きよう	32〜37
第6回	88〜97	森には魔法つかいがいる	38〜43
第7回	114〜121	物語の始まり —— 竹取物語 ——	52〜57
第8回	122〜126	故事成語 —— 中国の名言 —— (1)	58〜63
第9回	122〜126	故事成語 —— 中国の名言 —— (2)	58〜63
第10回	128〜137	蜘蛛の糸	64〜69
第11回	148〜164	オツベルと象	74〜79
第12回	172〜177	子どもの権利	82〜85
第13回	202〜211	言葉がつなぐ世界遺産	90〜95
第14回	212〜218	地域から世界へ —— ものづくりで未来を変える ——	96〜101
第15回	242〜256	少年の日の思い出	110〜115

第1回 予想問題

桜蝶《さくらちょう》

次の文章を読んで、問題に答えなさい。

解答 36ページ　15分　5問中　問

A

その時、倉橋《くらはし》君が「あっ。」と叫《さけ》んだ。それと同時に信じられないことが起こった。①目の前の桜の木から一斉《いっせい》に花びらが散ったかと思うと、地面に落ちることもなく、そのまま宙を飛び始めたのだ。よく見ると、それは花びらのような羽を持った淡《あわ》いピンクの蝶《ちょう》だった。蝶は渦《うず》を巻きながら天高く昇《のぼ》っていく。夕空を、ピンクの靄《もや》が北に向かって移動していく。

その美しい光景に見惚《みほ》れながらも、②白石《しらいし》さんはこう呟《つぶや》いた。

「春とはもう、お別れなんだね……。」

なんだか寂《さび》しい思いにとらわれていると、倉橋君が口にした。

「そうだね。でも、ほら、見てみなよ。」

その指さす方――南の空に目をやって、白石さんは声をあげた。

緑の靄が飛んできているのが見えたのだ。

B

桜蝶が一斉に宙へと飛び上がったのは、次の瞬間《しゅんかん》のことだった。蝶はこれから旅立つのだ。さらに北の方へ向かって。

その時、飛んでいくピンクの靄を見つめながら、白石さんがポツリと言った。

「春とはもう、お別れなんだね……。」

それを聞いて、ハッとなった。僕《ぼく》の頭に別れぎわの③親友の言葉がよみがえってきたからだ。

――別れは終わりなんかじゃない。始まりなんだよ――。

僕は白石さんにこう言った。

「そうだね。でも、ほら、見てみなよ。」

視線の先、南の空には緑の靄が浮《う》かんでいる。

〈田丸《たまる》 雅智《まさとも》「桜蝶《さくらちょう》」による〉

1 ①目の前の……飛び始めた と同じ光景を描《えが》いた部分をBの文章中から十五字で抜き出し、初めの五字を書きなさい。

2 ②白石さんはこう呟いた とありますが、このときの白石さんの気持ちをAの文章中から五字で抜き出しなさい。

3 ③親友の言葉 を思い出したことで、「僕」はどんな気持ちになりましたか。次から一つ選び、記号で答えなさい。

ア 親友を忘れる覚悟を決め、新しい季節や縁を待つ気持ち。
イ 新しい季節がこれから始まるのだという、前向きな気持ち。
ウ 別れた親友との交流を、また始めたいという気持ち。
エ 春との別れを実感している白石さんを、いたわる気持ち。

4 次の①・②の文は、AとBのどちらの文章についての説明ですか。A、またはBを書きなさい。

① 気持ちの変化の原因となった過去のできごとが描かれている。
② 場面の情景がイメージしやすいように、丁寧《ていねい》に描かれている。

1	2	3	4 ①	4 ②

第2回 予想問題 自分の脳を知っていますか

次の文章を読んで、問題に答えなさい。

解答 36ページ
15分 ●3問中 問

一見理不尽《りふじん》な判断にも思えますが、これは脳がもともともっている癖です。なぜなら、同じ実験をヒトに近いチンパンジーに対して行っても、ヒトと似た結果が得られるからです。判断をすばやく行うために、必要な要素を直感的に選び抜くのです。

脳は、必ずしも合理的に物事を判断しているのではありません。同じ選択《せんたく》でも、状況《じょうきょう》によって判断が変わります。本人は論理的に考えているつもりかもしれませんが、知らず知らずのうちに判断の方法が変わり、非合理的な決断に陥ってしまうことがあるのです。

どうしてこのような①奇妙《きみょう》な癖があるのでしょうか。

野生の動物を想像してください。例えば、天敵のライオンに狙《ねら》われているシマウマが、どの方角に逃《に》げるべきかをじっくりと考えていたら、その間に命を落としてしまうかもしれません。すばやく要素をしぼり、限られた要素からすばやく正確な判断ができる動物こそが、無事に生き残ることができます。

このことからも、判断をすばやく行うための効率化を進めた結果、脳に奇妙な癖ができたと考えられます。

②すばやい判断のための直感は、長年の経験に基づいています。幼児は要素をうまくしぼることができないために、判断に時間がかかったり、判断をまちがえたりしがちですが、成長の過程で多くの経験を通じて、不要な要素をすばやく取り除くことができるようになります。よけいなことに気を配る手間が省かれ、効率よく生きられるようになります。これが直感のもたらす最大の恩恵《おんけい》です。

しかし、直感はいつでも正しいとは限りません。特殊《とくしゅ》な条件がそろうと、誤った判断に陥ってしまうこともあります。クッキーの実験の例では、本来はクッキーの面積を比較するべきです。しかし、面積の計算には時間がかかるので、つい、幅《はば》と高さという簡単な要素にしぼって比較してしまいます。これが落とし穴になるのです。

〈池谷《いけがや》 裕二《ゆうじ》「自分の脳を知っていますか」による〉

1 ①奇妙な癖 とありますが、脳にこの癖ができた原因を、「……こと。」に続くように文章中から十九字で抜き出し、初めと終わりの五字を書きなさい。

2 ②すばやい判断のための直感 とありますが、これがもたらす恩恵と問題点を次から一つずつ選び、記号で答えなさい。

ア 要素を正しくしぼることができず、損をすることがある。
イ 特殊な条件がそろうと、誤った判断に陥ることがある。
ウ 状況によっては、よけいなことに気を配る手間がかかる。
エ 簡単な要素にしぼり、的確な選択ができるようになる。
オ すばやく要素をしぼり、効率よく生きられるようになる。

1	2
〜 こと。	恩恵
	問題点

第3回 予想問題

ベンチ

次の文章を読んで、問題に答えなさい。

解答 36ページ　15分　5問中　問

ところが、家に送ってゆく間中《じゅう》、ヘルガは、ユダヤ人と一緒《いっしょ》に遊びに出かけたことなどなんでもないというふうにふるまってくれるんだよ。①自分の家のことや、幼稚園の子どものことや、休暇のことなんか話してね。僕の手を取って、しっかり握《にぎ》りしめて、だよ。

家の前まで来ると、ヘルガは立ち止まった。そして、長いこと、じっと僕を見つめた。それから、こう言ったんだ。『来週の日曜日も一緒にどこかへ行きましょう。町の公園じゃなくて、郊外の森に行きましょうよ。そうすれば、黄色いベンチなんてないわよ！』って。

僕は、彼女に思いとどまらせようとしたんだけど、半分も聞かないで、さっと家の中に入ってしまったんだ。

そのあと、夕方から夜中まで、僕は②町中をさまよい歩いた。家に帰った時は、外出禁止時間をだいぶ過ぎていた。誰《だれ》にも見つからなくて、引っぱっていかれなくてよかったよ。だけど、③お父さんには、ひどく叱られた。

それから一週間、僕は行こうか行くまいか、ずいぶん迷った。でも、④日曜日、やっぱり行かなかった。行けないじゃないか！　僕と一緒にいるところを見つかったら、彼女は収容所行きなんだもの！」

〈ハンス＝ペーター＝リヒター／上田《うえだ》 真而子《まにこ》訳「ベンチ」による〉

---

1 ①自分の家のことや、幼稚園の子どものことや、休暇のことなんか話してね。とありますが、このときのヘルガの様子は、「僕」にはどのように見えましたか。文章中の言葉を使って書きなさい。

2 ②町中をさまよい歩いた　とありますが、このときの「僕」の気持ちを次から一つ選び、記号で答えなさい。

ア 喜び　イ 恐怖《きょうふ》
ウ 苦悩《くのう》　エ 怒《いか》り

3 ③お父さんには、ひどく叱られた　とありますが、お父さんが「僕」を叱ったのはなぜですか。□Ⅰ・Ⅱにあてはまる言葉を文章中から抜き出しなさい。

ユダヤ人の「僕」が、［Ⅰ］を過ぎても外にいるところを見つかれば、［Ⅱ］いかれるおそれがあるから。

4 ④日曜日、やっぱり行かなかった　とありますが、それはどんな気持ちからですか。考えて書きなさい。

1	2	3	4
		Ⅰ	
		Ⅱ	

第4回 予想問題 全ては編集されている

次の文章を読んで、問題に答えなさい。

解答 36ページ

15分 ●4問中　問

編集の技法は、とりわけドキュメンタリーの場合に威力《いりょく》を発揮します。

例えば、ある結婚《けっこん》式のシーンだとします。結婚式の映像のあとに、美しい花の映像をつなぐと（これをイメージショットといいます）、幸せな結婚のイメージが伝わります。

ところが、結婚式の映像に、嵐《あらし》が近づく空の映像をつなぐと、波乱の結婚生活を予感させます。コメントをつけなくとも、視聴《しちょう》者が、そんなイメージをもってくれるのです。映像をして語らしめる、とは、こういうことなのですね。

しかし、この手法を悪用すれば、作り手として嘘《うそ》はつかずに視聴者にまちがったイメージを与《あた》えることも可能です。編集というものの、可能性と危険性がおわかりいただけたでしょうか。メディアにふれるときは、「全ては編集されている」という自覚をもつようにしましょう。

〈池上《いけがみ》彰《あきら》「全ては編集されている」による〉

1 編集の技法は、とりわけドキュメンタリーの場合に威力を発揮します。について答えなさい。

(1) ドキュメンタリーで威力を発揮する「編集の技法」とは、どんな技法ですか。次から一つ選び、記号で答えなさい。

ア 言葉だけではわかりにくい点を、映像を用いることで視聴者にわかりやすく伝える技法。

イ 映像を用いることで、視聴者にできごとの様子を生き生きと伝えようとする技法。

ウ 言葉にたよらず、映像によって視聴者にあるイメージを与えようとする技法。

エ 映像の映し方を様々に工夫《くふう》することで、視聴者に伝えることの中心を変える技法。

(2) ある映像のあとにつなぐ別の映像のことをなんといいますか。文章中から抜き出しなさい。

(3) この技法には、どんな危険性があると筆者は述べていますか。文章中の言葉を使って書きなさい。

2 筆者の主張が述べられている一文を文章中から抜き出し、初めの五字を書きなさい。

1			2
(1)	(2)	(3)	

第5回 予想問題 「エシカル」に生きよう

次の文章を読んで、問題に答えなさい。

解答 37ページ　15分　●4問中　問

今、世界の緊急《きんきゅう》課題である、貧困《ひんこん》・人権・気候変動の三つの課題を同時に解決していくために、この①「エシカル」という概念《がいねん》が有効だといわれています。

例えば、②Tシャツを③エシカルな観点から購入するとは、どういうことでしょうか。働く農家にも、土壌《どじょう》にも優《やさ》しい有機栽培《さいばい》された綿を使って作られるオーガニックコットンのTシャツや、途上《とじょう》国の生産者に適正な価格を支払《しはら》い、彼らの生活改善と自立を目ざすフェアトレードのTシャツ、丈夫《じょうぶ》で長持ちする品質のよいTシャツ、リサイクルが可能な素材を使用したTシャツ、古着としても人気が出そうな飽《あ》きのこないデザインのTシャツなど、実に多様な選択肢《せんたくし》があります。

このように、エシカル消費とは、製品の過去、現在、未来を考えて消費をすることです。過去とは、製品が作られる工程が透明《とうめい》性をもってわかること。現在とは、手にしている製品を長く大切に使い続けること。未来とは、製品を手放すときに、地球環境《かんきょう》に配慮した方法かどうかまでを考えること。私たちは製品を購入する際、④その未来のことも考えて一生付き合っていく必要があります。

〈末吉《すえよし》 里花《りか》「『エシカル』に生きよう」による〉

1 ①「エシカル」という概念が有効だ　とありますが、どんなことに対して有効なのですか。書きなさい。

2 ②Tシャツ　とありますが、二段落めで挙げられているTシャツは、どのような製品の例と言えますか。次から一つ選び、記号で答えなさい。

ア 消費者にとって使いやすく、また値段も安い製品。
イ 今の流行に合ったデザインで、消費者に人気の製品。
ウ 生産者の生活や健康、地球環境に配慮して作られる製品。
エ 生産者にとって作りやすく、また大きな利益を生む製品。

3 ③エシカルな観点から購入する　とはどういうことですか。文章中から二十二字で抜き出し、初めと終わりの五字を書きなさい。

4 ④その未来のことも考えて　とありますが、具体的にはどんなときのことまで考えるのですか。「……ときのことまで考えること。」につながるように書きなさい。

1	2	3	4
		〜	ときのことまで考えること。

第6回 予想問題　森には魔法つかいがいる

次の文章を読んで、問題に答えなさい。

解答 37ページ　15分　●4問中　問

では、植物と鉄とは、どのような関係にあるのでしょう。

皆《みな》さんは、植物が光合成をしているのは知っていますね。植物の緑色のもとである葉緑素が光合成を行っています。その葉緑素を作るのには、鉄が必要なのだそうです。

それから、植物が育つためには、肥料の中の窒素やリン酸などを取り込《こ》まなければなりません。そのときにも、鉄の助けが不可欠です。

鉄は、岩石や土の中に含《ふく》まれています。実は、地球の目方の三分の一は鉄なのだそうです。地球は鉄の惑星《わくせい》なのです。

ところが、水に溶《と》けだした鉄は、酸素と出会うと粒子《りゅうし》（粒々《つぶつぶ》の塊《かたまり》）となって沈《しず》んでしまいます。ですから、海にはもともと鉄が少なく、そのために①植物プランクトンが少ないのです。

「けれど、沈まない鉄があることがわかったのですよ！」と、松永《まつなが》先生は言いました。

カキの餌《えさ》となる植物プランクトンも植物です。カキの養殖場《ようしょくじょう》である河口では、周りの海に比べ、植物プランクトンがたくさん発生しています。ということは、そう！　川の水が、沈まない鉄を運んでいるということではないでしょうか。

「森林の腐葉土《ふようど》では、『フルボ酸』という物質が生まれます。フルボ酸が鉄に結びつくと、重い粒子にはならずに『フルボ酸鉄』となって、川の水に流されてきて、海中に浮遊《ふゆう》するのです。」

〝森には魔法つかいがいる〟――②魔法つかいの正体は、「フルボ酸鉄」だったのです。

〈畠山《はたけやま》　重篤《しげあつ》「森には魔法つかいがいる」による〉

---

1 ①植物プランクトンが少ないとありますが、海に植物プランクトンが少ないのはなぜですか。次の文の［　］Ⅰ・Ⅱにあてはまる言葉を文章中から抜き出しなさい。

植物プランクトンが育つために必要な［Ⅰ］が、水の中では［Ⅱ］しまうから。

2 ②魔法つかいの正体は、「フルボ酸鉄」だったについて答えなさい。

(1) 「フルボ酸鉄」を「魔法つかい」以外の言葉で、特徴《とくちょう》を捉《とら》えて言いかえている言葉を、文章中から五字で抜き出しなさい。

(2) 「フルボ酸鉄」のどんな点を踏《ふ》まえて、魔法つかいと呼んでいるのですか。次から一つ選び、記号で答えなさい。

ア　もともと森に存在していた「フルボ酸鉄」が、河口にあるカキの養殖場まで流された点。
イ　森で生まれた「フルボ酸鉄」が、河口でカキの餌となる植物プランクトンを増やしている点。
ウ　森の腐葉土の中にあった「フルボ酸鉄」が、川の水に流されて海中を浮遊している点。
エ　森で鉄と結びついてできた「フルボ酸鉄」が、カキのすむ海をきれいに保つはたらきをしている点。

1	2
Ⅰ	(1)
Ⅱ	(2)

第7回 予想問題 物語の始まり——竹取《たけとり》物語——

次の文章を読んで、問題に答えなさい。

解答 37ページ　15分　9問中　問

今は昔、竹取《たけとり》の翁《おきな》といふⓐ者ありけり。野山にまじりて竹を取りつつ、ⓑよろづのことに①使ひけり。名をば、さぬきの造《みやつこ》となむいひける。

その竹の中に、もと光る竹なむ一筋ありける。②あやしがりて、寄りて見るに、筒《つつ》の中光りたり。③それを見れば、④三寸ばかりなる人、いとうつくしうてゐたり。

このちご、養ふ《(ウ)》ほどに、すくすくと⑤大きになりまさる。⑥三月《みつき》ばかりになるほどに、よきほどなる人になりぬれば、髪《かみ》上げなどとかくして髪上げさせ、裳着《もき》す。

〈「物語の始まり——竹取《たけとり》物語——」による〉

1　〰〰線ⓐ・ⓑの言葉を、現代仮名遣《づか》いに直しなさい。

2　①使ひけり　という動作を行ったのは誰ですか。正式な名前を古文から抜き出しなさい。

3　②あやしがりて、寄りて見るに　について答えなさい。

(1)　「あやしがりて」の意味を書きなさい。

(2)　なぜ「あやしがりて、寄りて見」たのですか。現代語で書きなさい。

4　③それ　は、何を指していますか。現代語で書きなさい。

5　④三寸ばかりなる人　は、どんな様子でしたか。現代語で書きなさい。

6　⑤大きになりまさる　は誰の動作ですか。古文中から五字以内で抜き出しなさい。

7　⑥三月ばかりになるほどに　とありますが、その頃、幼い子は、どうなりましたか。次から一つ選び、記号で答えなさい。

ア　優《やさ》しくかしこい人になった。

イ　その頃にふさわしい身長になった。

ウ　一人前の大きさの人になった。

エ　善いことを行う人になった。

1		2	3		4	5	6
ⓐ	ⓑ		(1)	(2)			
							7

第8回 予想問題 故事成語——中国の名言——(1)

次の文章を読んで、問題に答えなさい。

解答 38ページ　15分　●12問中　問

楚《そ》人《ひと》に、盾と矛とを ひさぐ 者 あり。これを ①ほめて ⓐいはく、「わが 盾の 堅《かた》き こと、②よく とほす もの なし。」と。また、その 矛を ③ほめて いはく、「わが 矛の 利《と》き こと、④物に おいて とほさざる なし。」と。⑤ある 人 いはく、「子《し》の 矛を ⓑもつて、子の 盾を ⓒとほさば いかん。」と。⑥その 人 応ふる こと あたはざるなり。

〈「故事成語——中国の名言——」による〉

1 〰線ⓐ〜ⓒの言葉を、現代仮名遣《づか》いに直しなさい。

2 ①ほめて、③ほめて とありますが、それぞれ何のどんなところをほめていますか。次の□Ⅰ〜Ⅳにあてはまる言葉を、ⅠとⅢは一字、ⅡとⅣは三字以内の現代語で書きなさい。

①…Ⅰが Ⅱところ。

③…Ⅲが Ⅳところ。

3 ②よく とほす もの なし と、④物に おいて とほさざるなし は、それぞれどんなことを表していますか。次から一つずつ選び、記号で答えなさい。

ア どんな物でも貫《つらぬ》くことができるということ。

イ 貫くことができる物も中にはあるということ。

ウ どんな物でも貫くことはできないということ。

エ 貫くことができない物が多くあるということ。

4 ⑤ある 人 は、どんな質問をしましたか。現代語で書きなさい。

5 ⑥その 人 について答えなさい。

(1) 誰のことですか。文章中から九字で抜き出しなさい。

(2) 「その人」が答えられなかった理由を現代語で書きなさい。

1			2				3		4	5	
ⓐ	ⓑ	ⓒ	Ⅰ	Ⅱ	Ⅲ	Ⅳ	②	④		(1)	(2)

第9回 予想問題

故事成語――中国の名言――(2)

次の文章を読んで、問題に答えなさい。

解答 38ページ

15分 ●9問中　問

宋人《そうひと》に その 苗《なへ》の 長《ちやう》ぜざるを ⓐうれへ、これを ぬく 者 あり。芒芒然《ばうばうぜん》として、帰《かへ》り、その 人に ⓑいひて いはく、「今日《こんにち》 病《つか》れたり。予《われ》 苗を 助けて 長ぜしむ。」と。

その 子 はしりて 往《ゆ》きて これを 視《み》れば、苗 則《すなは》ち かれたり。

〔現代語訳〕

宋の国の人で自分の畑の苗が伸《の》びないことを心配して、苗を引っぱり上げる者がいた。すっかり疲れはてて家に帰って、家族に、「今日は疲れたよ。わしは苗を助けて伸ばしてやったのだ。」と言った。

その息子が走って畑に行って見てみると、苗はもう枯れていた。

〈「故事成語――中国の名言――」による〉

1 ⓐ・ⓑの言葉を、現代仮名遣《づか》いに直しなさい。

2 予 苗を 助けて 長ぜしむ。について答えなさい。

(1) 「予」とは、誰のことですか。書き下《くだ》し文の中から二字で抜き出しなさい。

(2) 「予」は、どんな思いで、どうしたのですか。現代語で書きなさい。

(3) 「予」がこのようにしたことで、苗はどうなりましたか。現代語で書きなさい。

3 次の故事成語の意味をあとから一つずつ選び、記号で答えなさい。

① 虎《とら》の威《い》を借《か》る狐《きつね》

② 圧巻《あっかん》

③ 千里眼《せんりがん》

④ 馬耳東風《ばじとうふう》

ア 書物や劇、楽曲などの中で、最も優《すぐ》れている部分。

イ 人の意見や批判を心に留めないで、聞き流すこと。

ウ 弱い者が有力者の権威をかさに着ていばること。

エ 遠くの地のできごとなどを直感的に見通せる能力。

1	2			3
ⓐ	(1)	(2)	(3)	①
ⓑ				②
				③
				④

第10回 予想問題 蜘蛛《くも》の糸

次の文章を読んで、問題に答えなさい。

解答 38ページ　15分　●5問中　問

そこで犍陀《かんだ》多《た》は大きな声を出して、「こら、罪人ども。この蜘蛛《くも》の糸は俺《おれ》のものだぞ。おまえたちはいったい誰に聞いて、上ってきた。下りろ。下りろ。」とわめきました。

そのとたんでございます。今までなんともなかった蜘蛛の糸が、急に犍陀多のぶら下がっている所から、ぷつりと音を立てて切れました。ですから犍陀多もたまりません。あっというまもなく風を切って、こまのようにくるくる回りながら、みるみるうちに闇の底へ、真っ逆さまに落ちてしまいました。

あとにはただ極楽の蜘蛛の糸が、きらきらと細く光りながら、月も星もない空の中途に、短く垂れているばかりでございます。

三

お釈迦様《しゃかさま》は極楽の蓮池《はすいけ》の縁《ふち》に立って、この一部始終をじっと見ていらっしゃいましたが、やがて犍陀多が血の池の底へ石のように沈んでしまいますと、悲しそうなお顔をなさりながら、またぶらぶらお歩きになり始めました。自分ばかり地獄から抜け出そうとする、犍陀多の無慈悲《むじひ》な心が、そうしてその心相当なⓐバツを受けて、もとの地獄へ落ちてしまったのが、お釈迦様のお目から見ると、あさましくおぼしめされたのでございましょう。

しかし極楽の蓮池の蓮は、少しもそんなことにはⓑトンチャクいたしません。その玉のような白い花は、お釈迦様のおみ足のまわりに、ゆらゆらうてなを動かして、そのまん中にある金色のずいからは、なんともいえないよい匂いが、絶え間なく辺りへあふれております。極楽ももう昼に近くなったのでございましょう。

〈芥川《あくたがわ》龍之介《りゅうのすけ》「蜘蛛《くも》の糸」による〉

---

1 ══線ⓐ・ⓑを漢字に直して書きなさい。

2 蜘蛛の糸が切れた理由をまとめた次の文の□にあてはまる言葉を文章中から抜き出しなさい。

犍陀多が□としたから。

3 ―悲しそうなお顔 とありますが、お釈迦様はなぜ悲しそうな顔をしたのですか。次から一つ選び、記号で答えなさい。

ア 糸が簡単に切れたことをすまなく思ったから。
イ 地獄に落ちた犍陀多を哀《あわ》れに思ったから。
ウ 犍陀多の無慈悲な心をあさましく感じたから。
エ 自分の見る目がなかったことが悔《く》やまれたから。

4 この文章は、何を読み手に伝えていると思いますか。次からあてはまらないものを一つ選び、記号で答えなさい。

ア 自分の利益しか考えない自己中心的な人間の弱さや愚《おろ》かさ。
イ 人間の愚かさや弱さをも許す、お釈迦様の優《やさ》しく大きな心。
ウ 人間とお釈迦様の関わりをも包み込《こ》む大きな世界の存在。
エ 与《あた》えられた条件のなかでも必死に生きる人間のせつなさ。

1		2	3	4
ⓐ	ⓑ			

第11回 予想問題

オツベルと象

次の文章を読んで、問題に答えなさい。

解答 39ページ

20分　●5問中　問

「僕はずいぶんめに遭《あ》っている。みんなで出てきて助けてくれ。」

童子はすぐに手紙を持って、林の方へ歩いていった。

赤衣《しゃくえ》の童子が、そうして山に着いたのは、ちょうど昼飯頃だった。この時、山の象どもは、沙羅樹《さらじゅ》の下の暗がりで、ⓐゴなどをやっていたのだが、額を集めてこれを見た。

「僕はずいぶんめに遭っている。みんなで出てきて助けてくれ。」

象は一斉に立ち上がり、①真っ黒になってほえだした。

「オツベルをやっつけよう。」議長の象が高く叫ぶと、

「おう、出かけよう。グララアガア、グララアガア。」みんなが一度に呼応する。

さあ、もうみんな、ⓑアラシのように林の中を鳴き抜けて、グララアガア、グララアガア、野原の方へとんでいく。小さな木などは根こぎになり、やぶやなんかもめちゃめちゃだ。グワア　グワア　グワア　グワア、花火みたいに野原の中へとび出した。それから、なんの、走って、走って、とうとう向こうの青くかすんだ野原の果てに、オツベルの屋敷の黄色な屋根を見つけると、象は一度に噴火した。

グララアガア、グララアガア。その時はちょうど一時半、オツベルは皮の寝台の上で②昼寝の盛りで、からすの夢を見ていたもんだ。あまり大きな音なので、オツベルの家の百姓どもが、門から少し外へ出て、小手をかざして向こうを見た。林のような象だろう。汽車より速くやってくる。さあ、まるっきり、血の気もうせて駆《か》け込んで、

「だんなあ、象です。押し寄せやした。だんなあ、象です。」と、声を限りに叫んだもんだ。

〈宮沢《みやざわ》　賢治《けんじ》「オツベルと象」による〉

---

1 ――線ⓐ・ⓑを漢字に直して書きなさい。

2 ――線①「真っ黒になってほえだした」という表現から、象たちのどんな気持ちがわかりますか。

3 オツベルの屋敷に向かう象たちの様子として、適切なものを次から一つ選び、記号で答えなさい。

ア 大勢の象が、おもしろがって騒《さわ》ぎながらオツベルの屋敷に向かっている。

イ 大勢の象が、興奮して隊列を整えてオツベルの屋敷を目指している。

ウ 大勢の象が、怒ってすさまじい勢いでオツベルの屋敷に迫《せま》っている。

エ 大勢の象が、怒りを込めてゆっくりと力強くオツベルの屋敷に近づいている。

4 ――線②「昼寝の盛りで、からすの夢を見ていたもんだ」という言葉から、オツベルのどんな様子がわかりますか。次から一つ選び、記号で答えなさい。

ア 忙しく働いたあとの体をゆっくり休めている様子。

イ 豊かな生活をしている自分を、幸せだと喜んでいる様子。

ウ 自分の身に危険が迫っていることも知らない、のんきな様子。

エ 動物にひどいことをしていると、良心がとがめている様子。

1	2	3
ⓐ		
ⓑ		4

第12回 予想問題 子どもの権利

次の文章を読んで、問題に答えなさい。

解答 39ページ　15分　●7問中　問

子どもが生きて成長していくためには、大人から守られ助けられることが必要です。このため、子どもは心身ともに未熟だから、大人の言うとおりにするべきだというのが、長い間、世界中で支配的な考え方でした。

①この子どもに対する見方を大きく変えたのが、国連で一九八九年に作られた「②子どもの権利条約」です。子どもには大人とは異なる特別の保護が必要です。同時に、子どもは、一人の人間として、大人と同じように人権をもっています。子どもの権利条約は、子どもには、生きる権利や成長する権利、暴力から守られる権利、教育を受ける権利などがあること、そして、子どもの権利を守るのは、親の責任であるばかりでなく、国の責任であることを明確に定めました。現在、世界中の一九六か国が子どもの権利条約に入っています。

私たちが目にする日本のニュースの中にも、親にⓐギャクタイされて命を失う子どもや、いじめに遭《あ》って学校に行けなくなったり、命を絶つまでに追い込まれたりする子どもについての報道が後を絶ちません。世界に目を向ければ、武力紛争《ふんそう》やテロで多くの子どもが命をⓑウバわれています。子どもが、兵士として軍隊に参加させられたり、無理やり結婚させられたり、劣悪《れつあく》な環境《かんきょう》で働かされたりしています。

こうした現実に対して、子どもの権利条約が守られているかを監《かん》視《し》するために作られたのが、③国連の「子どもの権利委員会」です。

〈大谷《おおたに》 美紀子《みきこ》「子どもの権利」による〉

1 ══線ⓐ・ⓑを漢字に直して書きなさい。

2 ①この子どもに対する見方とは、どのような見方ですか。「……という見方。」につながるように、文章中から抜き出しなさい。

3 ②子どもの権利条約では、子どもの権利を守る責任は、誰(何)にあると定めていますか。文章中から二つ抜き出しなさい。

4 三段落めにあげた事実によって、筆者は、どんなことを伝えようとしていますか。最も適切なものを次から一つ選び、記号で答えなさい。

ア 世界では戦争によって多くの子どもが犠牲《ぎせい》になっていること。
イ 日本では学校でのいじめの問題が深刻化していること。
ウ 日本や世界で子どもの権利が守られていない現実があること。
エ 日本や世界には劣悪な環境で働いている子どもがいること。

5 ③国連の「子どもの権利委員会」の役割とは、どんなことですか。「……こと。」につながるように、文章中から抜き出しなさい。

1	2	3	4	5
ⓐ　ⓑ	という見方。			こと。

第13回 予想問題

言葉がつなぐ世界遺産

次の文章を読んで、問題に答えなさい。

解答39ページ

15分 ●5問中　問

現代では、日光ほどの装飾を社寺に施《ほどこ》すことはきわめて少ない。加えて、継承《けいしょう》者が減少し、昔ながらの材料も確保しにくいため、技術の伝承はいっそう難しくなっている。そうした中、日光では、日光社寺文化財保存会の技術者たちが、まさに口移しで彩色技術の詳細を伝えながら、修復を行っている。

手塚茂幸《てづかしげゆき》さんは、彩色を始めて六年めになるという。この道四十年近くになる澤田了司《さわだりょうじ》さんの指導を受けながら、彫刻の細部に丁寧《ていねい》に色をつけていた。

日光では、創建当時から彩色に岩絵の具や金箔《きんぱく》が使われてきた。多彩に見えるが、実際に使われている絵の具は、十種類にも満たない。微妙に混ぜ合わせ、また、立体的な置き上げ技法による陰影《いんえい》などを利用して、①複雑な色彩を生み出している。さらに、その日の湿度や温度によっても、絵の具の溶《と》き方をきめ細かく変え、微妙な色合いを確かめながら、彫刻の一つ一つの部分を丁寧に塗らなければならない。実に繊細な技術は、師匠《ししょう》から弟子《でし》に、丁寧に説明され受け継《つ》がれていく。この日も、師匠である澤田さんの言葉を、嚙《か》みしめながら聞いている手塚さんの姿があった。ここでもまた、技術を受け渡していくのは、言葉なのである。

「（教えられたことを）自分の肌でつかんで、初めてできるようになると思います。それまではまだまだ修行《しゅぎょう》です。」と、作業の手を止めることなく、手塚さんは語った。

言葉で教えられたことを自分の技術へと高めていく。②彼らが受け継がなければ失われる技術であるだけに、手塚さんの言葉はとても重みのあるものに感じられた。

〈橋本《はしもと》 典明《のりあき》「言葉がつなぐ世界遺産」による〉

1 ①複雑な色彩を生み出している　とありますが、どうすることで生み出しているのですか。二つ書きなさい。

2 ②彼らが受け継がなければ失われる技術　とありますが、なぜそのように言えるのですか。その理由として適切なものを次から二つ選び、記号で答えなさい。

ア 彩色技術を継承するための方法が確立されていないから。
イ 日光ほどの装飾を社寺に施すことがきわめて少ないから。
ウ 彩色技術の継承者が減少し、使う材料の確保も難しいから。
エ 日光の彩色技術は、他に伝えることが禁止されているから。
オ 彩色技術を教える技術者が減少し、費用もかかるから。

3 この文章では、言葉のどのようなはたらきが述べられていますか。「……はたらき。」につながるように、文章中から十字で抜き出しなさい。

1	2	3
		はたらき。

第14回 予想問題

地域から世界へ ——ものづくりで未来を変える——

次の文章を読んで、問題に答えなさい。

解答 40ページ　15分　7問中　問

山川《やまかわ》さんはその空き家に着目して、宿泊施設《しせつ》と、木彫体験ができる宿泊プランを作りました。宿泊者は、好きな体験コースを選び、職人の工房で直接、彫刻の手ほどきを受けながら、作品作りが楽しめます。

このプランは年間千人ほどの利用者があり、そのうちの約七割が外国人です。特にヨーロッパ系の映画監督《かんとく》やインテリアデザイナーなど、ものづくりに関わる人たちに人気があります。彼らがインターネットで感想を世界に発信し、①それが新たな宿泊《しゅくはく》客を呼んでいるのです。

さらに山川さんは、井波《いなみ》地域のみで使えるアプリを開発しました。宿では食事をⓐテイキョウせず、観光客はこのアプリで、レストランや工房、銭湯などの情報を得て、町の中を楽しむことができます。

職人たちが、海外からの観光客など新しい需要《じゅよう》を見いだして、自分たちで収入を得ていくことができる、②職人の技術をもとにした町づくりを、山川さんはⓑモサクしています。

「③井波彫刻は、新しいものをずっと作り続けてきた。決まった型がなく、職人どうしが競《きそ》って技術を高めて、なんでも彫れる。だからこそ、井波彫刻としての価値が残ってきた。」「建築家の役割として、地元の職人を生かし、空き家も生かし、地域全体の活性化を目ざしたい。」と、山川さんは言います。

〈関根《せきね》 由子《よしこ》「地域から世界へ——ものづくりで未来を変える——」〉

1 ══線ⓐ・ⓑを漢字に直して書きなさい。

2 ①それ とは、どんなことを指していますか。

3 ②職人の技術をもとにした町づくり とありますが、山川さんは、この町づくりのために、何を作りましたか。文章中から三つ抜き出しなさい。

4 ③井波彫刻 についての説明として適切でないものを次から一つ選び、記号で答えなさい。

ア 職人どうしが競い合って、技術を高めてきた。
イ 決まった型はなく、職人はなんでも彫れる。
ウ 新しいものをずっと作り続けてきた。
エ 海外の観光客向けに彫り方を工夫してきた。

1		2	3			4
ⓐ	ⓑ					

第15回 予想問題

少年の日の思い出

次の文章を読んで、問題に答えなさい。

解答 40ページ

15分 ● 4問中 問

　ある時、僕は、僕らのところでは珍しい青いコムラサキを捕《と》らえた。それを展翅《てんし》し、乾いた時に、得意のあまり、せめて隣《となり》の子どもにだけは見せよう、という気になった。それは、中庭の向こうに住んでいる先生の息子だった。この少年は、非のうちどころがないという悪徳をもっていた。それは①子どもとしては二倍も気味悪い性質だった。彼の収集は小さく貧弱だったが、こぎれいなのと、手入れの正確な点で一つの宝石のようなものになっていた。彼はそのうえ、傷《いた》んだり壊れたりしたチョウの羽を、にかわで継《つ》ぎ合わすという、非常に難しい珍しい技術を心得ていた。とにかく、あらゆる点で、模範少年だった。そのため、②僕は妬み、嘆賞《たんしょう》しながら彼を憎《にく》んでいた。

　この少年にコムラサキを見せた。彼は専門家らしくそれを鑑定し、その珍しいことを認め、二十ペニヒぐらいの現金の値打ちはある、と値踏みした。しかしそれから、彼は難癖をつけ始め、展翅の仕方が悪いとか、右の触角が曲がっているとか、左の触角が伸《の》びているとか言い、そのうえ、足が二本欠けているという、もっともな欠陥を発見した。僕はその欠点をたいしたものとは考えなかったが、③こっぴどい批評家のため、自分の獲物《えもの》に対する喜びはかなり傷つけられた。それで僕は④二度と彼に獲物を見せなかった。

〈ヘルマン＝ヘッセ／高橋《たかはし》 健二《けんじ》訳「少年の日の思い出」による〉

---

1 ①子どもとしては二倍も気味悪い性質だった　とありますが、「僕」がそう思う理由を次から一つ選び、記号で答えなさい。

ア　子どもなのに遊びより勉強が好きな点が、信じられないから。
イ　子どもなのに素直でない面があり、信用できないから。
ウ　子どもなのにいつもおとなしく、一緒にいて楽しくないから。
エ　子どもなのに欠点がない点が、不自然に感じられるから。

2 ②僕は妬み、嘆賞しながら彼を憎んでいた　とありますが、ここに表れた「僕」の気持ちを説明したものを次から一つ選び、記号で答えなさい。

ア　「彼」の優《すぐ》れた点を認めながらも好きになれないでいる。
イ　自分にできないことができる「彼」に怖《こわ》さを感じている。
ウ　「彼」の子どもらしくない性格に劣等感《れっとうかん》をもっている。
エ　「彼」の優れた能力が理解できずに、軽蔑している。

3 ③こっぴどい批評家　とありますが、「僕」の獲物に対する「こっぴどい」批評が具体的に書かれた一文を抜き出し、初めの五字を書きなさい。

4 ④二度と彼に獲物を見せなかった　のはなぜですか。

1	2	3	4

教科書ワーク国語 特別ふろく①

無料アプリ どこでもワーク

こちらにアクセスして，ご利用ください。
https://portal.bunri.jp/app.html

スキマ時間で国語の知識問題に取り組めるよ！

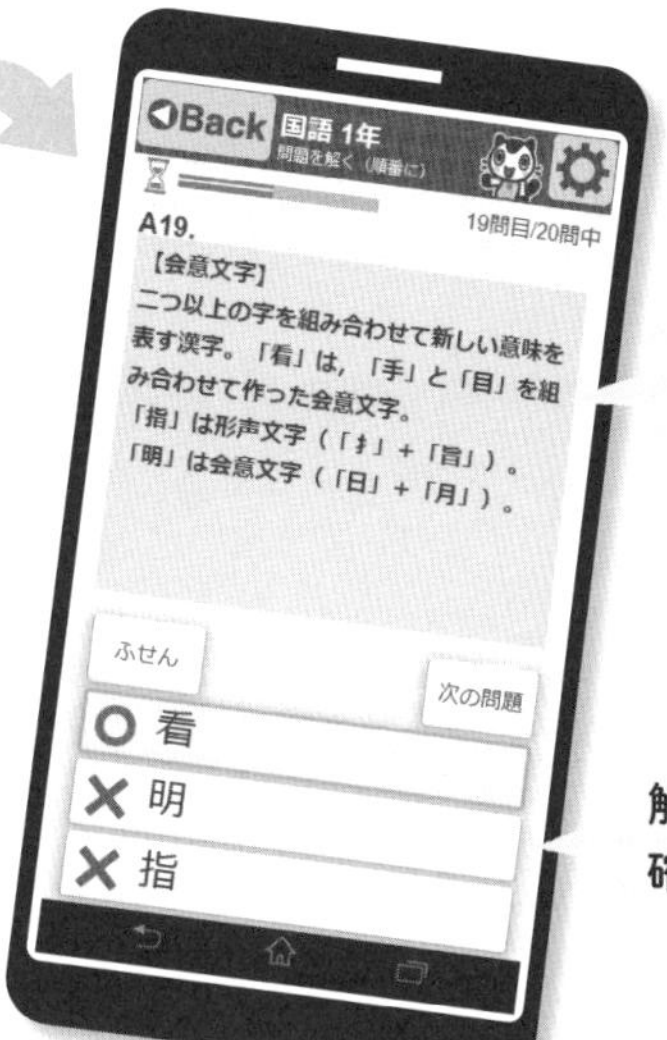

丁寧な解説つき！

解答がすぐに確認できる！

間違えた問題は何度もやり直せるよ！

無料ダウンロード ホームページテスト

無料でダウンロードできます。表紙カバーに掲載のアクセスコードを入力してご利用ください。
https://www.bunri.co.jp/infosrv/top.html

問題

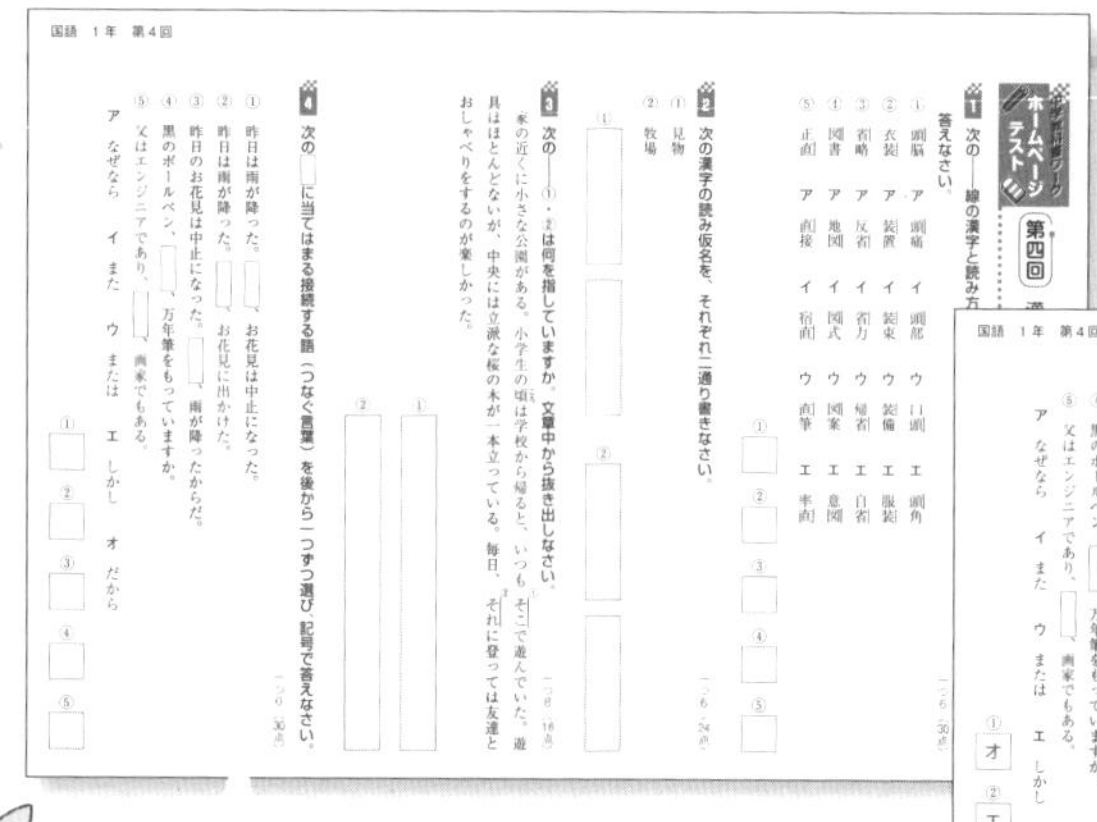

解答が同じ紙面にあるから採点しやすい

解答

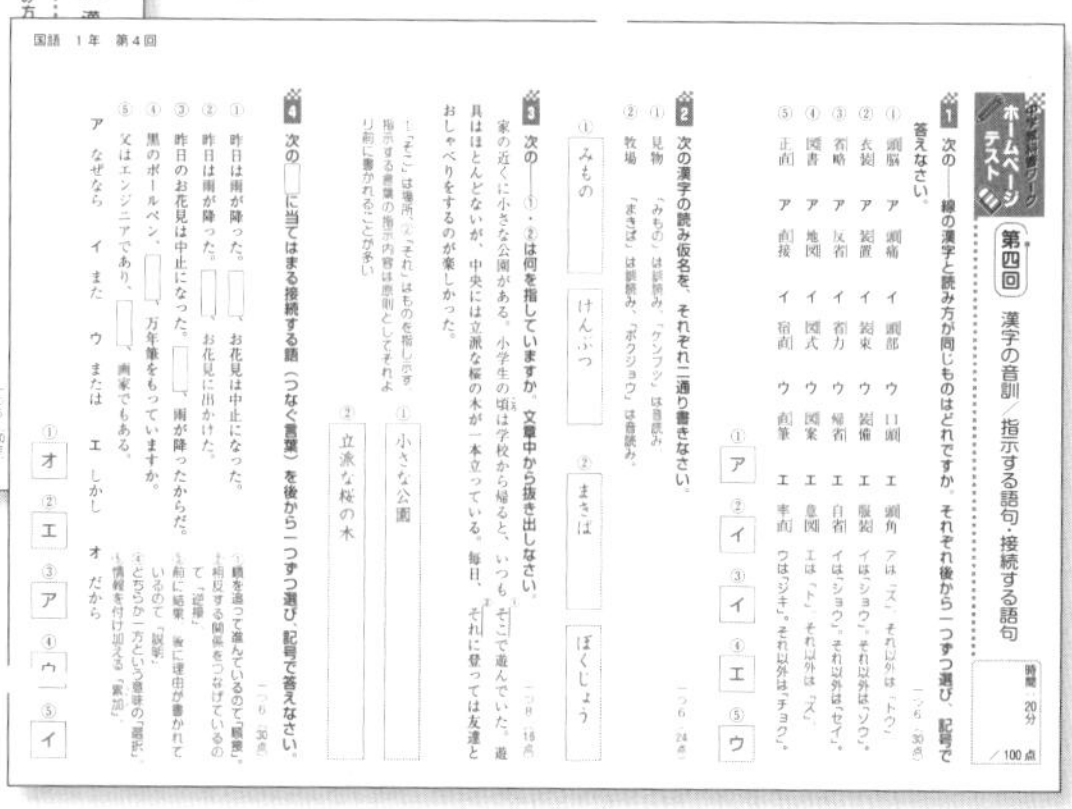

文法や古典など学習内容ごとにまとまっていて取り組みやすい！

解説も充実！

注意 ●アプリは無料ですが，別途各通信会社からの通信料がかかります。
● iPhone の方は Apple ID，Android の方は Google アカウントが必要です。対応 OS や対応機種については，各ストアでご確認ください。
●お客様のネット環境および携帯端末により，アプリをご利用いただけない場合，当社は責任を負いかねます。ご理解，ご了承いただきますよう，お願いいたします。

中学教科書ワーク 解答と解説

ふしぎ

2〜3ページ ステージ1

教科書の要点

❶ ①口語 ②四
❷ ①一 ②二 ③三 ④一
❸ ①黒い ②銀 ③青い ④白く ⑤たれも（別解 誰も） ⑥ひとりで ⑦ふしぎ ⑧あたりまえ

おさえよう 〔順に〕イ・ア

★ **基本問題**

1 ア
2 第一連…ウ 第二連…イ 第三連…エ 第四連…ア
3 例「わたし」がふしぎだと思うことを、だれもが（わらって、）「あたりまえだ」ということ。
4 ウ

★ **解説**

2 重要 それぞれの連で何に関する「ふしぎ」について書かれているか読み取る。

3 記述対策
・**考え方**…第四連は、詩全体をまとめる内容になっている。二・三行めが「ふしぎ」に思っている内容にあたる。
・**書き方**…「『わたし』がふしぎだと思うこと」を、「……こと。」の形でまとめる。

4 わかりやすい言葉で書かれていること、各連が、七音（八音）と五音の繰《く》り返しになっていて、声に出して読むと、心地《ここち》よいリズムが感じられることを捉《とら》える。また、作者はありふれた身近なできごとを、初めて見るようなみずみずしい目で見つめている。ウの「比喩《ひゆ》表現」（たとえの表現）は使われていない。

この「解答と解説」は、**取りはずして**使えます。

国語1年 教育出版版

桜蝶《さくらちょう》

4〜5ページ ステージ1

言葉 ❶ ❶ウ ❷ア ❸エ ❹イ

教科書の要点

❶ 〔右から順に〕2・5・3・1・6・4
❷ ①桜蝶 ②孤独 ③終わり ④始まり ⑤新しい季節
❸ ①旅立ち ②開花 ③僕 ④北 ⑤葉桜蝶 ⑥親友

おさえよう 〔順に〕ア・イ

6〜7ページ ステージ2

★

1 春
2 (1) 桜が一斉に咲き始める
(2) そろそろ次 〜 を見せてる
3 ウ
4 例寂しくつらい
5 例南の町から来た自分の境遇を桜蝶に重ねて、孤独を分け合うため。
6 ①A ②B ③B ④A

✪解説

1 倉橋《くらはし》君（＝「僕《ぼく》」）が見ている桜蝶《さくらちょう》は、桜の開花（＝春）を告げる蝶である。

2 (2) 倉橋君が桜蝶の「旅立ち」を見守っていることに着目して、倉橋君の言葉から、桜蝶が今どんな様子なのかを読み取る。

3 直後に何が起きたのかが説明されている。「桜の木から一斉に花びらが散ったかと思」った→その花びらは「地面に落ちることもなく、そのまま宙を飛び始めた」と起きたできごとが書かれているが、次に「よく見ると、それは花びらのような羽を持った淡《あわ》いピンクの蝶だった」とある。

4 桜蝶を見つけたときの「僕」の境遇《きょうぐう》と気持ちは直前に詳《くわ》しく書かれている。親の転勤のために故郷を離《はな》れ、友達とも別れた「僕」の気持ちを直接表現している「寂しくて」「つらかった」という気持ちを空欄《くうらん》にあてはまる形で書けていれば正解。

5 記述対策
・**考え方**…直後に書かれている「南の町から来た自分の境遇を桜蝶に重ねては、勝手に孤独《こどく》を分け合ってきた」の部分が、僕が毎日公園に通った目的であることを捉《とら》える。
・**書き方**…「自分の境遇を桜蝶に重ねて」いたこと、「（桜蝶と）孤独を分け合ってきたこと」が書けていればよい。目的を問われているので、「……ため。」などの文末にする。

6 重要 ①②Aの文章は、登場人物の呼び方が「白石《しらいし》さん」「倉橋君」となっており、どちらの立場でもない第三者の立場から書かれている。Bの文章は、登場人物の呼び方が「白石さん」「僕」となっており、「僕」の視点から書かれている。③④Aの文章は、倉橋君が白石さんに桜蝶について話す→桜蝶が旅立つという流れ。Bの文章は、「僕」が白石さんに桜蝶について話す→「僕」が桜蝶を見つけた頃《ころ》（過去）を振り返る→桜蝶が旅立つ、という流れになっていて、桜蝶を見つけた頃の「僕」の境遇や思いが、桜蝶を見守る「僕」の行動につながっていることが読み取れる。

文法の小窓1　言葉の単位　ほか

8〜9ページ　ステージ1

漢字

1 ❶ため　❷あやつ　❸すみ　❹いっせい　❺ふ・む　❻ことう　❼いっちょういっせき　❽ぼしゅん

教科書の要点

1 ①文章　②文　③文節　④単語

基本問題

1 ①文章　②段落　③文　④文節　⑤単語

2 四

3 ウ

4 ア

5 ①上を／向いて／歩く／。
②この／小説は／とても／おもしろい／。
③私は／毎日／勉強を／する／。
④近くの／公園で／遊んで／いる／。
⑤東の／空に／赤い／太陽が／見えて／きた／。

6 ①今年／の／夏／は／暑い／。
②校庭／に／一年生／が／集まる／。
③静かな／部屋／で／読書／を／楽しむ／。
④便せん／に／きれいな／字／で／書き直す／。

解説

4 「は」「で」「を」なども一つの単語であることに注意する。

5 文節でくぎるときは、④「遊んで／いる」、⑤「見えて／きた」とすることに注意する。

6 ①「暑い」、③「静かな」、④「きれいな」は、一単語である。また、④「書き直す」は、「書く」と「直す」が結びついて「書き直す」という言葉になった複合語で、一単語である。

10〜11ページ ステージ2

❶ ①ウ ②イ ③エ ④ア ⑤オ

❷ ①ア ②エ ③ウ ④オ ⑤イ

❸ ①五 ②四 ③三

❹ ①ア ②イ

❺ ①あの／山の／麓の／ほうに／小さな／村が／あるらしい／。
②鏡のような／湖面に／月が／映って／いる／。
③よい／知らせに／みんなで／飛び上がって／喜んだ／。
④今日は／晴れて／いるが／明日は／雨が／降りそうだ／。

❻ ①四 ②五 ③六 ④四

❼ ①イ ②ア

❽ ①この／映画／は／とても／おもしろかっ／た／。
②祖父／は／毎朝／新聞／を／読む／。
③妹／は／居間／の／テーブル／で／勉強する／。
④二匹／の／子犬／が／庭／を／走り回る／。

❾ ①七 ②六 ③六 ④五

解説

❷ ②を含《ふく》む文を文節で分けると、「今朝は／いつもより／早く／目が／覚めた／。」となる。

❸ ①「バン！」は一語のみの文。③「こんにちは。」は、続く「と」によって引用された一つの部分なので、独立した文としては数えない。

❹ ①「ね」や「よ」を添《そ》えて判断する。「描《か》くのが」は「描く（ね）のが（ね）」とすると不自然なので、「描くのが（ね）」で一文節とわかる。②「……ている」「……てくる」などの言葉は、「……て／いる」「……て／くる」とくぎる。

❺ ①②④「らしい」「ような（ようだ）」「そうだ」はそれだけで一文節ではないので注意する。

❻ ②「受講する」のように「……する」という言葉は一単語。

❼ ②「静かな」は、言い切りの形が「静かだ」という言葉で、 単語。

❽ 言葉のあとにつく「は」「を」「で」なども一つの単語なので気をつける。①「おもしろかった」は「おもしろい」という単語に、「た」という単語が続いている。

❾ ①「悲しくて」は「悲しい」に「て」、「流した」は「流す」に「た」がついた言葉。②「親友だ」は「親友」に「だ」がついた言葉。

自分の脳を知っていますか

12〜13ページ ステージ1

漢字と言葉

❶ ❶みょう ❷くせ ❸ひかく ❹ぬ ❺おちい ❻たが

❷ ❶比較 ❷妙 ❸抜 ❹互

❸ ❶イ ❷エ ❸オ ❹ア ❺カ ❻ウ

教科書の要点

❶ ①要素 ②はたらき

❷ ①効率化 ②条件 ③判断

❸ ①半々 ②（クッキー）B ③存在 ④すばやく ⑤要素 ⑥誤った ⑦予防策

おさえよう 〔順に〕イ・ア

14〜15ページ ステージ2

✪
1 ・実験① 例半々の割合で選ばれる
・実験② 例（クッキーAを選ぶ人が減り、）クッキーBを選ぶ人が増える

2 選ばれる・人の判断

3 例幅ではクッキーCに勝っているが、高さでは劣っている・例幅でも高さでもクッキーCよりも優れている

4 (1) 判断をすば〜に選び抜く
(2) エ

解説

✪ 1 実験①と②における、「クッキーの選ばれ方」が問われている

ので、「実験①では」で始まる段落と、「では、実験②のように」で始まる段落に着目する。そして、それぞれの段落から、どのクッキーがどのように選ばれるのかを読み取る。実験①については、「両者は半々の割合で選ばれます」とある。「両者」とは、前の部分から、クッキーAとBであるとわかる。実験②については、「クッキーAを選ぶ人が減り、クッキーBを選ぶ人が増えます」と書かれている。

2 「おとり効果」がどのような現象かについては、同じ段落の最後の一文で述べられている。**「それ自体は選ばれることのないものが、そこに存在することで、人の判断を変えてしまう現象」**とある。ここでは、クッキーCを加えたことで、クッキーBを選ぶ人が増えたことを指している。

3 「これがクッキーBを選ぶ人が増える理由です。」とあるので、前の部分から理由を探す。同じ段落内で「ヒトは……少しでも得なほうを選ぼうと」する性質があることを述べ、この実験ではその判断の際に「『幅《はば》』と『高さ』に着目」していることを押さえる。

4 (1) 「脳がもともともっている癖」とは、直前の「一見理《り》不《ふ》尽《じん》な判断」を意味し、前の段落で説明された、クッキーCを加えることでクッキーBを選ぶ人が増える判断のことを指す。――線③を含む段落の最後の文にこの判断をする脳のはたらきについて書かれているので、その部分を抜き出す。

(2) **重要** 「おとり効果」に引っかかってしまう脳の癖とは、どのようなものかを捉《とら》える。**2**で捉えたように、クッキーCが存在することで、人の判断が変わってしまったことを踏《ふ》まえて、脳の癖について説明している最後の段落に着目する。「脳は、必ずしも合理的に物事を判断している」のではなく、「**同じ選《せん》択《たく》でも、状況《じょうきょう》によって判断が変わります。**」と述べられているので、**エ**が適切。

資料から得た根拠《こんきょ》をもとに意見文を書く／漢字の広場1

16〜17ページ　ステージ1

漢字

1 ①ぶ ②そぼく ③か・い ④がくかんせつ ⑤ちっそ ⑥とう ⑦おんねん ⑧たいへい ⑨くぶくりん ⑩ほうこうおんち ⑪せんじょうち ⑫しゅうじん ⑬しい ⑭こうわん ⑮にんしん ⑯しんしつ ⑰ひょうしょう ⑱めんえき ⑲はいき ⑳られつ

2 ①頑固 ②匿名 ③睡眠 ④覚悟 ⑤拡充 ⑥茂 ⑦敷地 ⑧違

★基本問題 資料から得た根拠をもとに意見文を書く

1 エ

2 共通・増えている・根拠

3 読みたいと

基本問題 漢字の広場1

1 ①カ ②ウ ③エ ④ア ⑤キ ⑥イ ⑦オ

2 ①イ ②オ ③ウ ④エ ⑤ア

3 ①部首 穴・部首名 あなかんむり
②部首 疒・部首名 やまいだれ
③部首 刂・部首名 りっとう

解説

★基本問題 資料から得た根拠をもとに意見文を書く

1 ア「**資料1**では……」、「**資料2**では……」と、どの資料を参照したのかを明確に示している。イ「……とわかります」「……状況《じょうきょう》だとわかります」という言い方で、資料からわかったことを話している。ウ「『よくある』『たまにはある』と思う人が年々増えているとわかります」と、**資料1**から、年々変化している点を捉《とら》えて示している。**エ**この意見文では、自分の推測は述べていないので不適当。

2 この意見文では、**資料1**と**資料2**の共通点（＝読みたい本が借りられないと答えた人が増えたこと）に着目し、その事実を根拠《こんきょ》とすることで、「読みたいと思ったときに借りられるように、多めの冊数を用意しておいたほうがいい」という意見の説得力を強めている。

3 **資料1**と**資料2**を示したあとに、[3]段落で意見を述べている。

言葉の小窓1 日本語の音声／内容を整理して説明する

18〜19ページ ステージ1

基本問題 言葉の小窓1

1 ①ウ ②ア ③エ
2 ①シ ②ハ
3 ①ウ ②エ ③オ ④イ ⑤カ ⑥ア ⑦キ
4 ①ウ ②イ
5 ①イ ②ア

★ **基本問題** 内容を整理して説明する

1 自分に自信 ～ きないこと 2 言葉
3 ビル＝ゲイツ・先輩〔順不同〕 4 イ・エ

解説

基本問題 内容を整理して説明する

★ 1 今の自分の課題→課題と人の言葉を関係づけた説明→別の人の言葉の引用→課題に対する考え、の順で話されていることをおさえる。

3 **重要** 話し手は、自分に対する自信という観点から未来の自分がどうありたいかを考えるために、まずビル＝ゲイツ氏の言葉を引用し、聞き手の反応を見て、次に先輩《せんぱい》から言われた言葉を引用している。

4 発表の途中《とちゅう》にある「（あれ、納得《なっとく》していないみたい……話そう。）」は、話し手が心の中で思ったことである。

ベンチ

20〜21ページ ステージ1

漢字

1 ❶ぼく ❷こうがい ❸つまさき ❹かのじょ ❺さ ❻あみ ❼なが ❽ほ ❾さ ❿ようちえん ⓫なべ ⓬げんかん ⓭あいさつ ⓮お ⓯こし ⓰ひざ ⓱の ⓲おそ ⓳てんとう ⓴しか

2 ❶突然 ❷交換 ❸我慢 ❹休暇 ❺匂 ❻黙 ❼袋 ❽恥

教科書の要点

❶ ①フリードリヒ（＝シュナイダー） ②ヘルガ
❷ ①ドイツ ②ユダヤ ③ベンチ ④収容所
❸ ①（もう）我慢 ②思い出 ③会えなくなる（もの） ④ユダヤ人 ⑤泣きたかった ⑥収容所行き

おさえよう 〔順に〕イ・ア

22〜23ページ ステージ2

❶ 1 エ
2 例りんごが欲しいので、もし、落ちたらかすめ取りたいということ。
3 エ

❷ 1 エ
2 僕も話せな
3 イ・ウ
4 例お父さんが心配する気持ちもわかるけれど、どうしてもヘルガと会いたい（という気持ち）。

解説

❶ 1 うつむいている様子からは、「僕」（＝フリードリヒ）の気持ちが晴れやかではないことが読み取れる。

2 記述対策
・考え方…中にりんごが入っている袋をじっと眺めている。次の段落にそのときの思いが書かれている。
・書き方…「りんごが欲しい」「落ちたらかすめ取りたい」の要素をまとめる。

3 直後に「思い出にね」とある。ヘルガと自分が出会ったときの記念の品だから、思い出にとってあるのである。フリードリヒにとってヘルガとの思い出がいかに大切なものであるかがわかる。

❷

1 フリードリヒの横顔を見つめるヘルガの様子から、ヘルガもフリードリヒに好意を抱《いだ》いていることが読み取れる。

2 ユダヤ人が差別されていた時代背景を捉《とら》える。お父さんの「よく考えてみなくちゃだめだぞ！」という言葉は、自分がユダヤ人であることをよく考えろ、という意味。フリードリヒもそのことは理解しており、「話したら、もう会えなくなる」＝(**自分がユダヤ人であることをヘルガに話したらもう会えなくなる**)と考えていた。

3 重要 お父さんはフリードリヒに外出を思いとどまらせようとしつつも、ひと言声をかけるだけで顔をそむけてしまった。父親としては、ユダヤ人であることでフリードリヒが傷ついたり周囲に迷惑《めいわく》をかけることを心配しているが、フリードリヒの気持ちを考えると強く止めることもできず、苦しんでいるのである。

4 記述対策
・考え方…「やっぱり」から、お父さんの思いを理解しているものの、それでも出かけたことがわかる。
・書き方…「お父さん」という言葉を使い、「お父さんの心配する思いを知っている」、「ヘルガに会いたいという思い」の二つの要素をまとめる。

☆ 24〜25ページ ステージ3

1 ウ　2 ユダヤ人・緑のベンチ　3 イ
4 例ユダヤ人専用の黄色いベンチ。
5 例「僕」がユダヤ人であること。
6 ア

☆解説

1 ――線以降で「僕」のユダヤ人としての葛藤《かっとう》が読み取れることから、自分がユダヤ人であることを知っている人に会いたくないのだとわかる。当時、一般《いっぱん》のドイツ人とユダヤ人との交際は禁じられていた。

2 なぜ、「腰を下ろす」のに「勇気」が必要なのか。それは、そのベンチがユダヤ人は座《すわ》ってはいけない「緑のベンチ」だったからである。

3 ヘルガは、「そわそわ辺りを見回し」たり、「もぞもぞし」たりしているフリードリヒの落ち着かない様子に気づき、変だと思ったのである。

5 記述対策
・考え方…――線⑤はユダヤ人専用のベンチなら落ち着いて座れるのかと、ヘルガに問われて、フリードリヒが言った言葉である。
・書き方…「フリードリヒ（「僕」）が、ユダヤ人である」という内容を、「……こと。」の文末でまとめる。

6 重要 ヘルガは、人種のことなど気にしなくてもいい場所で会おうと提案している。

全ては編集されている

26〜27ページ ステージ1

言葉 ❶エ　❷オ　❸ウ　❹イ　❺ア　❻カ

教科書の要点
❶ ①編集　②おもしろい　③卒業式　④順番　⑤おもしろくない　⑥編集　⑦嵐　⑧語らしめる
❷ ①メディア　②テロップ　③逆　④幸せ　⑤波乱　⑥危険性

おさえよう 〔順に〕ア・イ

28〜29ページ ステージ2

★

1 (1) 卒業式・消防技術の披露
(2) 例順番に記した・例おもしろくない

2 例卒業式が行われました。

3 イ　4 ウ

5 ①美しい花の映像　②嵐が近づく空の映像

6 エ

★解説

1 (1) 前の段落に、「私は、卒業式の様子から、順番に原稿《げんこう》を書いてデスクに提出しました」とある。また、――線①の二つ前の段落に「卒業式のあと、出動服に着替《きが》えた学生たちが、訓練で身につけた技術を披露《ひろう》する」とあり、技術の披露については――線①のあとの「消防技術の披露」が字数に合うので、こちらを抜き出す。

(2) 「これでは……おもしろくないというのです。」からデスクが原稿の順番を変えようと言った理由がわかる。「これ」とは、できごとを順番（卒業式→消防技術の披露の順番）に記した筆者の原稿を指す。

2 記述対策

・考え方…――線②は、デスクが筆者の原稿を直したもの。前の段落の「消防技術の披露の映像を見せて……そのあとで卒業式のことを伝えよう」からデスクが直した原稿では、「消防技術の披露」→「卒業式」の順番になるとわかる。「これに先立ち」の「これ」が、直前の「消防技術披露」をさすことを捉える。

・書き方…「卒業式が行われた」という内容を、文末を「です」「ます」調の敬体の言い方でまとめる。

3 重要 ――線③の「これ」とは、デスクが筆者の書いた原稿を、「消防技術披露のことを先に書いたあと、『これに先立ち、消防学校では……』と直した」ことをさす。デスクの直した原稿は、実際のできごとの順番とは逆になってはいるが、「これに先立ち」という表現を使うことで、実際のできごとの順番が、きちんと視《し》聴《ちょう》者に伝わるように直してあった。それで筆者は「これなら、まちがいではありません」と考えたのである。

4 ――線④を含《ふく》む文「ニュースも編集されている、というのは、例えばこういうことなのです。」の「こういうこと」は、この前にあげられている筆者の体験をさす。嘘《うそ》にならないように配慮《はいりょ》しながらも、視聴者の興味をひくように工夫《くふう》されていることを、筆者は、「ニュースも編集されている」と述べているのである。

5 ①は、文章中の「……幸せな結婚《けっこん》のイメージが伝わります」とある一文、②は「……波乱の結婚生活を予感させます」とある一文にそれぞれ着目する。

6 「映像をして語らしめる」とは「映像に語らせる」という意味。前にあげられた結婚式のシーンの例は、同じ映像であってもそれにつなぐ映像が異なると、まったく違うイメージが相手に伝わることを示している。言葉にはたよらず、映像によってあるイメージを伝えられるのである。

漢字の広場2／材料を整理して案内文を書く

30〜31ページ ステージ1

漢字

1 ❶かくにん　❷じみ　❸よくせい　❹たい　❺りょうぼ　❻すきま　❼しゅりょう　❽もう　❾ちくさん　❿だんがい　⓫うみがめ　⓬う　⓭ろうか　⓮そうじ　⓯いっしゅうき　⓰きんごう　⓱ひがた　⓲びん　⓳しょくたく　⓴けいひん

2 ❶納得　❷逮　❸産卵　❹掃除　❺索引　❻葛（葛）藤　❼遺言　❽健

基本問題 漢字の広場2

1 ①イ・エ　②ア・ウ

2 ①ウ・五　②イ・十三　③ア・六

3 ①九　②十三　③七　④十二　⑤十二　⑥十三

4 ①総画数…十一・読み…きょう・意味…例（ふる）さと。
②総画数…十一・読み…すこ・意味…例健康である様子。
③総画数…十五・読み…ゆい・意味…例死後に残す。

基本問題 材料を整理して案内文を書く

1 1 例1学校内の案内図。
例2校門から図書室までの行き方。
2 出番・注目

2 ア・ウ

解説

基本問題 材料を整理して案内文を書く

1 1 「校内に入ったことがない地域のかたがた」とあることに着目する。学習発表会が行われる図書室までの行き方の情報があると、初めて校内に入る人が迷わずに済む。

2 「自分の家族に向けた案内文」とあるので、家族にとってどんな情報があるとよいかを考える。例えば、出番などは是非《ぜひ》知りたい情報である。

2 案内文は、**相手が興味をもってくれるように**、書体や文字の大きさなどを工夫《くふう》するとよい（ア）。また、日時や、場所、プログラムなどの必要な情報は、**箇条《かじょう》書きで示すとわかりやすい**（ウ）。

「エシカル」に生きよう

32〜33ページ　ステージ1

言葉 **1** ❶エ　❷イ　❸ア　❹ウ

教科書の要点

1 ①正しい　②社会的規範　③地球環境　④考え方

2 ①子どもたち　②背景　③未来　④海洋汚染
⑤消費者　⑥廃棄

3 ①工程　②殺虫剤（別解農薬）　③人　④貧困
⑤プラスチックごみ　⑥シロナガスクジラ　⑦支える
⑧見えないもの　⑨実践

おさえよう　［順に］ア・イ

34〜35ページ　ステージ2

1 1 例私たちが買っている手ごろな価格のTシャツ。
2 ・開発途上国の人たち・命を落としている
・劣悪な労働
3 ウ

2 1 (1) 人や地球環〜入すること
(2) ①貧困　②人権　③気候変動　④有効（だ）
〔①・②・③は順不同〕
2 イ
3 ウ

解説

1 1 ――線①の直前の文に着目する。

2 続く部分から「驚《おどろ》くような現実」とは、どんなことかを読み取る。**綿花の生産に従事している人たちの実態**や、**綿花農家やインドの綿花畑で働く子どもたちの厳しい状況《じょうきょう》が説明されている**。

3 この文章では、**1**でおさえた「私たちにとってあたりまえとなっている手ごろな価格のTシャツ」の**生産工程の実態を**、「九〇%は開発途上《とじょう》国の人たち」、「約十六%もの殺虫剤《さっちゅうざい》が使用されている」など、**具体的な数字をあげて説明している**。よって、ウが正解。アは「なぜよく売れるのかについて」が、イは「商品の良さや欠点について、身近な具体例をあげて」が、エは「品質に関する問題点を、実体験をもとに」の部分が誤り。

2 1 (1) ――線①のあとに「つまり、エシカル消費とは……」とある。この部分に、エシカルな消費とはどうすることかが説明されているので、字数に合わせて抜き出す。

(2) **重要**「エシカル消費」とは、(1)でおさえたように、「人や地球環境《かんきょう》の犠牲《ぎせい》の上に立っていない製品を購入《こうにゅう》すること」であるので、「エシカル消費」が注目されている理由は、**人や地球環境の犠牲と関係があると推測できる**。その視点で文章を読んでいくと、「今、世界の緊急《きんきゅう》課題である……この『エシカル』という概念《がいねん》が有効だといわれています。」の一文が見つかる。この一文から、空欄《くうらん》にあてはまる言葉を抜き出す。

2 ——線②の直前に「いわば」とあるので、前の内容を言いかえていることがわかる。「顔や背景が見える消費」＝「人や地球環境の犠牲の上に立っていない製品を購入すること」なので、生産者や製品が作られる環境や工程についてわかるという内容の**イ**が正解。「顔」は生産者の状況を表すので、「製品を使用する人」とある**ア**や、「消費者が求めているものやその理由」とある**ウ**は誤り。**エ**は、「生産上の工夫《くふう》や苦労」は文章中に書かれていないので誤り。

3 ——線③の直後に、「エシカル」の観点で選ぶTシャツの例があげられている。「働く農家にも、土壌にも優しい有機栽培《さいばい》」、「丈夫《じょうぶ》で長持ちする」、「古着としても人気が出そうな飽《あ》きのこないデザイン」とあるので、**ア**と**イ**と**エ**はあてはまる。**ウ**の「品質のわりに価格をおさえた製品」は、農家の人が手にする賃金が減り、「適正な価格を支払《しはら》」っているとはいえないので「エシカル」ではない。

36〜37ページ ステージ3

1 七〇％・生活ごみ・八〇〇万トン

2 自然には分解しない

3 例 プラスチック製の漁網やロープが、アザラシやウミガメに絡まること。
例 魚や海鳥がプラスチックごみを餌としてまちがえて食べて、消化されないこと。 〔順不同〕

4 ア

5 例 見えないものを見ようとする力を育み、身近な問題に疑問をもち、想像力をはたらかせること。

6 エ

解説

1 「国際海岸クリーンアップ」が調査した結果から、海辺のごみは、「**七〇％以上は陸域で使用される生活ごみであること**」がわかったとある。また、「国際環境《かんきょう》計画（UNEP）の報告書」では、「**世界には年間八〇〇万トンもの、プラスチックごみが海に流出して**」いることが報告されている。

2 前の部分から、プラスチックの特徴《とくちょう》を表した部分を、指定された字数にも着目して探す。二つ前の文に「自然には分解しない」とある。

3 ——線③を含《ふく》む一文から、「深刻な問題」とは「便利なプラスチックの特徴が、ごみになったとき」に引き起こされる問題のことであるとわかる。前の二文に二つ書かれている。

4 **重要** このできごとを受けて、**神奈川県がどう行動したかに着目する**。「プラスチック製ストローやレジ袋の利用廃止、回収などの取り組みを広げていく」行動は、**プラスチックごみを減らして、海に流出しないようにする取り組み**。「クジラからのメッセージ」を受けて、海へ流出するプラスチックごみを減らそうと考えているとわかる。**エ**の「元の美しい海岸の景色を取り戻《もど》してほしい」は読み取れない。

5 記述対策

- **考え方**…——線⑤を含む段落の初めに「ここで考えてきたような問題を解決するためには……想像力をはたらかせてみる。」とある。「ここで考えてきたような問題」とは、地球環境についての問題をさしているので、この部分をまとめればよい。
- **書き方**…「見えないものを見ようとする力を育む」、「身近な問題に疑問をもち、想像力をはたらかせる」という二つの要素をまとめ、「想像力」という言葉を使って書く。

6 最後の段落から、筆者の考えを読み取る。「見えないものや他者への思いをはせ、一人一人が自らの影響《えいきょう》を考えながら分かち合う心をもつ」という内容に合うのはエ。

森には魔法つかいがいる

38〜39ページ ステージ1

漢字と言葉

1 ❶まほう ❷い・え ❸どろみず ❹りゅうし ❺かい

2 ❶粒子 ❷壊 ❸魔法 ❹江 ❺泥水

3 ❶ウ ❷エ ❸オ ❹イ ❺ア

教科書の要点

1 葉緑素・肥料

2 〔右から順に〕3・2・4・1

3 フルボ酸鉄

4 ①プランクトン ②工業 ③森 ④一つ ⑤森づくり ⑥鉄 ⑦生き物

おさえよう 〔順に〕ア・イ

40〜41ページ ステージ2

1 （カキ養殖業の）漁師（別解 カキ養殖業）

2 きれいな海を取り戻す・森を見なければいけない

3 エ

4 例 日の光が入らないため下草が生えず、土はぱさぱさに乾いている状態。

5 例 生き物の気配が感じられない様子。

6 (1) イ
(2) 落葉広葉樹・森は海の恋人

7 例 森林が海に鉄を供給（する役目を）している。

8 ウ

解説

2 **重要** 「きれいな海を取り戻《もど》すにはどうしたらいいのだろう。」と考えていた筆者が、――線①の「今井《いまい》先生の言葉」を思い出し、「……気がついた」という流れである。「私は、はっとしました。」のあとの部分に、きれいな海を取り戻すためには、海のほうばかりではなく、森を見なければならないと気がついたことが書かれている。

4 直後の文に「……このためだとわかりました」とある。「このため」は――線③の前の内容を指しているので、ここに説明されている山の状態をまとめて書く。

5 直後に「生き物の気配が感じられません。」と、水田地帯の様子が説明されている。

6 (1) 2で捉《とら》えたように、筆者は、きれいな海を取り戻すためには森を見なければいけないと考えていることに着目する。「森と川と海は一つなのだ。」とは、**森と川と海は、切り離《はな》すことができないほど、深く影響《えいきょう》し合う関係である**ということを示している。

7 「森と海とをつなぐ科学的なメカニズム」は、松永《まつなが》先生と出会って「知ることができた」ので、松永先生の言葉に着目する。松永先生は森と海との関係について、「森林は海に鉄を供給する役目をしています。」と話している。

8 筆者は、文章の初めに「きれいな海を取り戻すにはどうしたらいいのだろう。」と課題を示し、その課題を解決するために森や水田地帯の状況《じょうきょう》を見に行って実態を知り、漁師による森づくりを始め、松永先生と出会った、と時系列に沿って説明している。よって、ウが適切。「問いに対する筆者の仮説」は、文章中に述べられていないので、アは不適切。体験から裏づけられる考えを最後にまとめていないので、イは不適切。文章の初めと終わりに筆者の主張は述べられていないので、エは不適切。

42～43ページ ステージ3

1 (1) 赤血球・酸素・二酸化炭素
(2) 鉄が人間にとって大切な栄養素であること

2 ・例光合成に必要な葉緑素を作るため。
・例育つために肥料の中の窒素やリン酸などを取り込むため。

3 例植物プランクトンが育つためには、鉄が必要だから。

4 (1) フルボ酸鉄
(2) 植物プランクトン・川（の水）

5 エ

6 例森は大きく、川はきれいに、海は豊かによみがえった。

解説

1 (2) 説明の流れをおさえる。筆者は、冒頭で「鉄が人間にとって大切な栄養素であることは知っていますよね」と語りかけたあと、続けて鉄のはたらきについて詳《くわ》しく説明している。「呼吸の仕組み」を説明することで、「鉄が人間にとって大切な栄養素であること」を伝えようとしているとわかる。

3 記述対策
・考え方…――線②までの説明の内容を読み取る。植物が生きて育つためには鉄が不可欠である。植物プランクトンも植物なので、鉄が少なければ植物プランクトン自体も少なくなることをおさえる。
・書き方…植物プランクトンに鉄が必要であることを「……から。」「……ため。」などの文末でまとめる。

4 重要 沈まない鉄については、松永《まつなが》先生の「沈まない鉄があることがわかったのですよ！」という言葉のあとに詳しく書かれている。海には鉄が少ないのに、鉄を必要とする植物プランクトンが、カキの養殖場である河口に多く発生していることがわかった。そこから、川の水が鉄を運んでいるのではないかと推測し、沈まない鉄（＝フルボ酸鉄）の存在が明らかになったのである。

5 ――線④のあとの部分で「魔法つかいの正体は、『フルボ酸鉄』だったのです」とある。「フルボ酸鉄」のできかたについては、松永先生の「森林の腐葉土《ふようど》では……海中に浮遊《ふゆう》するのです。」の言葉から捉《とら》える。「フルボ酸鉄」のできかたの順序は、「森林の腐葉土で『フルボ酸』が生まれる」→「フルボ酸が鉄に結びつく」→「フルボ酸鉄ができる」であり、この内容に合うのはエである。アは「空気中の」、イは「水中で結びつく」、ウは「水によって運ばれる」が誤り。

文法の小窓2 文の成分

44～45ページ ステージ1

教科書の要点

1 ①主語 ②述語 ③連体修飾語 ④連用修飾語 ⑤接続語 ⑥独立語

2 ①並立 ②補助

基本問題

1 ①朝の 高原の 空気は 冷たい。
②私たちも 一緒に 公園に 行きます。
③冷蔵庫には 飲みかけの ジュースさえ ない。
④私が この 学校の 生徒会長だ。

2 ①ア ②ウ ③エ ④オ ⑤イ

3 ①ウ ②オ ③エ ④ア ⑤イ

解説

1 ①・②・③ 「主語」は、「……が」以外にも、「……は」「……も」「……さえ」「……こそ」などがある。

2 ②の「はらはらと」は、どのように「落ちる」のかを詳《くわ》しくしているので修飾《しゅうしょく》語。

3 ①「～が、……」という形で、前後の文節が逆接の関係でつながっているので、ウ接続の関係。
②「……ている」となっていて、「いる」は意味を添《そ》えるはたらき

をしているので、オ補助の関係。
③「明るくて」と「元気だ」は対等に並んでいるので、エ並立《へいりつ》の関係。
④「私も」が主語、「読みました」が述語にあたるので、ア主・述の関係。
⑤「むくむくと」は「立ち上る」を修飾する連用修飾語なので、イ修飾・被《ひ》修飾の関係。

46〜47ページ ステージ2

1
①主語…鳥が　述語…いる　関係…エ
②主語…町は　述語…静かだ　関係…イ
③主語…弟も　述語…中学生だ　関係…ウ
④主語…小学生が　述語…参加した　関係…ア
⑤主語…君こそ　述語…ふさわしい　関係…イ

2 ①十時に・イ　②弟の・ア　③ぱらぱらと・イ　④きっと・イ

3 ①ア　②イ　③ウ　④オ　⑤ウ　⑥ア

4 ①だから　②読みたければ　③食事をしたが

5 ①こんにちは　②もしもし　③大自然　④ああ

6 ①高くて　険しい　②雨や　雪が　③いちごと　りんごです

7 ①試して　ほしい　②聞いて　おく　③置いて　ある　④忘れて　しまった

8 ⑴ⓐオ　ⓑウ　⑵ⓐア　ⓑイ　⑶ⓐエ　ⓑウ

9 ①エ　②ウ　③ア　④イ　⑤オ

10
①関係…並立の関係　文の成分…ウ
②関係…補助の関係　文の成分…イ

解説

1 ③・⑤　主語は、「……が」「……は」の形だけではない点に注意する。主語が見つけにくい場合は、まず述語を見つけてから、その述語に対して「そうするのは何（誰《だれ》）か」などと考えるのがよい。③は「中学生だ」が述語で、中学生になるのは弟なので「弟も」が主語だとわかる。⑤は「ふさわしい」が述語で、ふさわしいのは君なので、「君こそ」が主語だとわかる。

3 修飾する文節と修飾される文節だけを続けて読んで、意味が通るかを確認する。③「焼けた↓たくさんの」では意味が通らないが、「焼けた↓魚が」だと意味が通るので、「魚が」の文節を修飾している。

5 ①「こんにちは」は挨拶、②「もしもし」は呼びかけ、③「大自然」は提示、④「ああ」は感動を表す独立語。

6 並立《へいりつ》の関係では、「雨や雪が」↔「雪や雨が」のように、文節の一部を入れ替《か》えても意味が通じる。

7 ②「おく」はもとの意味（「置く」）が薄《うす》れ、「聞いて」という実質的な意味を表す文節を補助している。このように、もとの意味が薄れている文節が補助の文節である。

9 ②「痛いので」は理由を表す接続語。④「決して」は「忘れない」という動詞を詳《くわ》しくする連用修飾語。

10 並立の関係や補助の関係にある文節は、それ全体で一つの大きな文の成分になる。このように、一文節ではなく、複数の文節で一つの大きな文の成分になる場合は「主部」「述部」などと呼ぶことをおさえる。
①「テニスとサッカーが」は並立の関係にある二つの文節で「得意だ」という文節を詳しくしているので、修飾部である。「……が」の形だが、述語の「得意だ」に対応する主語は「私は」であることにも注意する。
②は、「見る」という意味が薄まった文節「みる」が「聞いて」を補助している補助の関係で、文の成分は「どうする」を表す述部である。

根拠《こんきょ》を明確にして意見文を書く　ほか

48〜49ページ ステージ1

漢字

1 ①せんぱい　②つい　③ほんだな　④ともな　⑤まんがか　⑥なぞ　⑦しょみん　⑧とら　⑨こうきょうがく　⑩とびら　⑪ふつう　⑫ほ　⑬ほうしゅう　⑭さけ　⑮あく　⑯あわ

2 ❶普通 ❷先輩 ❸交響楽 ❹本棚 ❺伴 ❻扉 ❼謎（謎） ❽叫

教科書の要点 根拠を明確にして意見文を書く

❶ ア

❷ イ

基本問題 根拠を明確にして意見文を書く

1 活気ある地

2 ②段落…ウ ③段落…ア

3 ウ

解説

1 筆者は①段落で、「……なんでしょうか。」という読み手に問いかける言い方で、意見文のテーマを示している。

2 ②段落では、意見の根拠《こんきょ》として、A町新聞の記事から得た情報を示している。**新聞などの情報源の信頼《しんらい》できる事実を示すことで、客観性のある根拠としている。**③段落では、「私は町の清掃ボランティアに参加しています。」と、**自分の経験したことをあげて、②段落の根拠を補っている。**複数の根拠をあげることで、より説得力のある意見になる。

昔話と古典――箱に入った桃太郎《ももたろう》――

50～51ページ ステージ1

教科書の要点

❶ ①桃太郎 ②ほほえましい ③おじいさん ④印象的 ⑤かぐや姫 ⑥気持ち

❷ ①子どもたち ②亀 ③鶴

おさえよう 〔順に〕ア・イ

基本問題

1 例桃太郎や浦島太郎、かぐや姫の話が、江戸時代にも広く知られていたこと。

2 奈良時代

3 地域・誕生の仕方

4 ウ

2 解説

1 直後に「桃太郎《ももたろう》や浦島《うらしま》太郎、かぐや姫《ひめ》の話が、当時も広く知られていたことがわかります。」と、「右の三句」からわかることが述べられている。「当時」は川柳がよまれた「江戸時代」であることも踏《ふ》まえて、答えをまとめる。

2 「浦島太郎は……奈良時代の書物に出てきます。」とある。

3 **重要** ――線②を含《ふく》む段落に「これらの昔話は、時代や地域によって少しずつ異なって記録されてい」るとあり、次の段落で、山形県の昔話では、桃太郎は川から流れてきた桃からではなく、木の箱に入っていた桃から生まれる、という例が示されている。つまり山形県の昔話は、**地域によって桃太郎の誕生の仕方が違うことを伝えるための例だと言える。**

4 昔話は時代や地域によって内容が異なるとあるので、アは「そのままの内容で今でも親しまれている」が誤り。イは川柳によって広まったのではない。エは、明治時代以降に私たちがよく知っている桃太郎の話が広まったという内容は文章中にあるが、「昔話の多く」とは述べられていないので誤り。

物語の始まり――竹取《たけとり》物語――

52～53ページ ステージ1

漢字

❶ ❶ひめ ❷ころ ❸きゅうこん ❹たつ ❺だれ ❻おか ❼はごろも ❽らくたん

❷ ❶落胆 ❷渡 ❸迎 ❹頃

教科書の要点

❶ ①かぐや ②平安

❷ ①いうもの ②あわせたる ③なん ④たたかわん ⑤うつくしゅうて ⑥ようにて ⑦よろず ⑧いたり ⑨かし ⑩がんじつ

❸ ①ア ②ウ ③イ ④エ

❹ ①イ ②ウ

❺ ①睦月 ②弥生 ③子の刻

❻ ①かわいらしい ②難題 ③月 ④不死 ⑤山頂

おさえよう 〔順に〕イ・ア

54～55ページ ステージ2

1 ⓐなん ⓑいいける ⓒうつくしゅうて ⓓいたり

2 さぬきの造

3 例いろいろなことに使うため。

4 竹取の翁（別解翁・さぬきの造）

5 エ

6 Aイ Bウ Cイ Dア

7 例翁がしばしば竹の中に黄金を見つけるようになったこと。

8 ウ

9 イ

解説

1 ⓐ「む」は「ん」に、ⓑ「ひ」は「い」に、ⓒ「しう」は「しゅう」に、ⓓ「ゐ」は「い」に直す。

2 あとの部分に、「名をば、さぬきの造《みやつこ》となむいひける。」と名前が示されている。

4 重要 古文では主語が省略されていることが多い。場面の様子をよく思い浮《う》かべて、言葉を補いながら読むようにしよう。

5 指示語の内容は前の部分から探す。ここでは、前の文にある「筒《つつ》の中光りたり」を指している。光っている竹の筒の中を見ると、「三寸ばかりなる人」が座《すわ》っていたという内容を捉える。

6 Aは「今は昔」、Bは「あやしがりて」、Cは「うつくしうて」、Dは「ゐたり」の現代語訳があてはまる。「今は昔」の「今は」は、「今となっては」という意味。「あやしがりて」「うつくしうて」「ゐたり」は、どれも現代語と語形はあまり変わらないが、意味が異なるので注意して覚えよう。

7 記述対策
・考え方…――線⑤を含む文に「不思議なことに……ようになり」とある。
・書き方…「翁が竹の中に黄金を見つけるようになった」という内容を、「……こと。」の文末でまとめる。

8 「このちご（＝三寸ぐらいの人）」は三か月ぐらいで「よきほどなる人（＝一人前の大きさの人）」になったのである。

9 ア「養ふ」は、翁《おきな》がかぐや姫を養うこと、ウ「とかくして」とエ「裳着《もぎ》す」は、翁がかぐや姫に対して行った動作や行動である。イ「なりまさる」はかぐや姫が成長していくという意味なので、イが正解。

56～57ページ ステージ3

1 ⓐおそわるるようにて ⓑいとおし ⓒものおもい

2 月の都

3 例かぐや姫がもの思いにふけるようになり、月を見て泣くことが多くなった理由。

4 例昼間よりも明るい様子。

5 人…ウ 内外なる人…ア

6 (1) イ (2) 例何かに襲われたようになって、対戦しようという気持ちもなくなった。

7 天上で罪を犯した

8 さっと

9 (1) かぐや姫（別解姫） (2) 例もの思いが消えてしまう。

10 の・を

✪解説

1 ⓐの「は」は「わ」、「やう」は「よう」に、ⓑの「ほ」は「お」に、ⓒの「ひ」は「い」に直す。

2 かぐや姫の言葉から読み取る。

3 記述対策
・考え方…「その」が指す内容を、直前の一文から捉《とら》える。
・書き方…「かぐや姫が」「もの思いにふけり」「月を見て泣くことが多くなった」という要素をまとめる。

4 辺りの様子は、直前に「夜中の十二時頃、辺りが昼間よりも明るくなり」とある。

5 **重要** ――線③の「人」は、雲に乗って下りてきた人なので、かぐや姫を迎えに来た人である。――線⑤の「内外《うちと》なる人」は、かぐや姫の家の中や、家の周囲にいた人なので、翁《おきな》や、帝《みかど》の兵士たちのことである。

6 (1) 雲に乗って下りてきた人が、地面から五尺ほど上の辺りに立ち並んだ様子を指している。
(2) 「ものにおそはるるやうにて、あひ戦はむ心もなかりけり」の現代語訳を捉える。

7 天人《てんにん》が翁に伝えた言葉から読み取る。

8 現代語訳と照らし合わせて意味を捉える。

9 (1) 天人が羽衣を着せた人とは、かぐや姫である。
(2) 「この衣《きぬ》着つる人は、もの思ひなくなりにければ」とある。羽衣を着ると物事を思いわずらう気持ちが消えてしまうのである。

10 古文では、「誰が」を表す言葉とともに、「の」や「を」などの意味を添《そ》えるはたらきをする言葉が省略されることが多い。前後の文脈から言葉を補って読むようにする。

故事成語――中国の名言――

58〜59ページ ステージ1

漢字

1 ❶むじゅん ❷するど ❸さる ❹び ❺なえ ❻つか ❼むすこ ❽か

2 ❶矛盾 ❷枯 ❸鋭 ❹苗

教科書の要点

1 ①中国 ②故事

2 ①語順 ②翻訳 ③片仮名 ④右下 ⑤一字 ⑥二字

3 〔上から順に〕①2・1・4・3 ②3・1・2・4

4 ①盾 ②矛 ③堅い ④鋭い ⑤矛 ⑥盾 ⑦答える 〔①と②は順不同〕

5 ①伸びない ②引っぱり上げる ③助けて ④枯れて

おさえよう 〔順に〕イ・イ・ア・イ

60〜61ページ ステージ2

1

1 売る

2 (1) 盾と矛とをひさぐ者 (2) わが盾の堅 〜 すものなし

3 ⓐイ ⓑウ

4 どうなるだろう(。)

5 ウ

6 (1) 矛盾 (2) ウ

2 ①エ ②ア ③カ ④オ ⑤ウ ⑥イ

3 ①株を守る。 ②備へ有れば憂ひ無し。 ③虎の威を借る狐。

1 解説

1 「ひさぐ」は「売る、商売をする」という意味。

2 「いはく」は、「言うことには」という意味。

(2) (1) 楚人《そひと》＝「盾と矛とをひさぐ者」である。

(2) 書き下《くだ》し文では、「いはく、……と。」という形で会話の内容を表すことが多い。

3 ⓐ「利」はア～エの意味を表すが、ここでは矛を売る場面なので、「鋭利な刃物《はもの》」などと用いるイがあてはまる。ⓑ「とほさざるなし」は「（どんなものでも）貫《つらぬ》いて穴をあけられないものはない」と否定の表現を重ねることで、「（どんなものでも）貫いて穴をあけることができる」という強い肯定《こうてい》を表す。

4 「いかん」は、「どうなるだろう」という疑問の意味を表す。

5 **重要** 「ある人」は、「あなたの矛で、あなたの盾を貫こうとしたならばどうなるだろう。」と聞いた。楚の国の人は、自分の言っていることのつじつまが合わないことを指摘《してき》されて、答えにつまったのである。

❷ ④「漁夫の利」は、シギとハマグリが争っているとき、通りかかった漁夫が両方ともつかまえてしまったという中国の故事に基づく言葉。

❸ ①・②レ点は、一字下から返って読むときの符号《ふごう》。「A㆑B」は、「B→A」の順で読む。③一・二点は、二字以上、下から返って読むときの符号。「A㆓B C㆒」は、「B→C→A」の順で読む。

62～63ページ ステージ3

❶
1 予
2 苗
3 引っぱり上げる
4 すっかり疲れはてて
5 宋の国の人・家族
6 例苗が伸びないことを心配したから。
7 イ
8 エ
9 (1) 助長 (2) イ・オ

❷
①故事成語…エ 意味…キ
②故事成語…ウ 意味…カ
③故事成語…イ 意味…ク
④故事成語…ア 意味…オ

解説

❶ 1 「宋人《そうひと》（宋の国の人）」の会話文に着目する。「予《われ》 苗を 助けて長ぜしむ。（わしは苗を助けて伸《の》ばしてやったのだ。）」とある。「予」には「われ」「おのれ」といった意味がある。

5 「人」は、現代語訳から「家族」とわかる。家に帰って、「家族」に「今日《こんにち》病《つか》れたり。（今日は疲れたよ。）」と言ったのは、「宋人（宋の国の人）」である。

6 **記述対策**
・考え方…最初の文から、「自分の畑の苗が伸びないことを心配して」苗を引っぱり上げた（伸ばしてやった）ことがわかる。
・書き方…「苗が伸びないことを心配した」という内容を、理由を表す「……から。」などの文末でまとめる。

7 **重要** 「その子（その息子）」が、親（宋の国の人）の「わしは苗を助けて伸ばしてやった」という言葉を聞いて、走って畑に行ったことと、「苗はもう枯れていた」とあることに着目する。ここから、苗はどうなったのかと心配する気持ちが読み取れる。

9 (2) 「助長」には「不必要な力添《ぞ》えで、悪い結果になること。」「力を添えて成長や発展を助けること。」の二つの意味がある。後者は、「通信の発達が国際化を助長する。」などと使われる。

蜘蛛《くも》の糸 ほか

64～65ページ ステージ1

漢字
❶ ①おお ②じごく ③すいしょう ④ふ ⑤う ⑥くらやみ
⑦ちゅうと ⑧かく ⑨かんじん ⑩むじひ ⑪とんでんへい
⑫ねこ ⑬あねったい ⑭はなは ⑮へんぼう ⑯しょうてん

2 ❶平凡 ❷懸命 ❸書斎 ❹一緒 ❺道端 ❻透 ❼咲 ❽堪

教科書の要点

❶ ①お釈迦様 ②犍陀多

❷ 〔右から順に〕3・5・1・6・4・2

❸ ①救い出して ②手 ③恐ろしい ④悲しそう ⑤あさましく ⑥頓着

おさえよう 〔順に〕イ・イ

66〜67ページ ステージ2

1 (1) 玉のように真っ白・よい匂い
(2) 極楽はちょ

2 (1) イ
(2) 地獄
(3) 例犍陀多が他の罪人と一緒にうごめいている姿。

3 (1) 人を殺した〜大どろぼう
(2) ウ

4 例善いことをした報いに、犍陀多を地獄から救い出してやろうと考えたから。

5 イ

解説

1 極楽の蓮池《はすいけ》には、「玉のように真っ白」な蓮の花が咲き、その花のまん中にある金色のずいから、「よい匂い」が絶え間なく辺りへあふれているとある。**地獄と対照的な、美しく清らかな極楽の世界を捉《とら》える。**

2 (1) 水に関する表現に注目する。「水晶のような水を透き通して」や、下の地獄の景色が「ちょうどのぞき眼鏡を見るように、はっきりと見える」から、水が透き通り、下のほうまではっきりと見える様子がわかる。

(2) 「極楽の蓮池の下は、ちょうど地獄の底にあたっております」とある。

(3) 次の段落の、「犍陀多《かんだた》という男が……姿が、お目にとまりました」の部分に注目する。この部分の内容を、問いで求められている、「誰のどんな姿」がわかるように簡潔にまとめる。

3 (1) 「それでもたった一つ、善いことをいたした……」の「それでも」に注目する。この前に、「善いこと」とは逆の悪いことをした内容が書かれているとわかる。

(2) **重要** 「と申しますのは」のあとに、犍陀多がした善いことの中身が説明されている。自分が「踏み殺そう」とした蜘蛛《くも》を、「小さいながら、命のあるものにちがいない」と思い、殺さなかったことがその内容である。

4 **記述対策**
・**考え方**…犍陀多がたった一つ善いことをしたのを思い出したお釈迦様《しゃかさま》が、考えたことを捉える。
・**書き方**…「善いことをした報いに」「犍陀多を」「地獄から救い出してやろう」という要素をまとめる。理由を問われているので、「……から。」などの文末にする。

5 「玉のように真っ白」、「翡翠《ひすい》のような色をした蓮の葉」、「玉のような白蓮《しらはす》」という表現に注目する。**比喩《ひゆ》を用いて**、極楽の世界を美しく描《えが》いている。「玉」は、ここでは「宝石」を指す。

68〜69ページ ステージ3

1 地獄・くたびれて

2 イ・ウ

3 が、そうい

4 (1) 例数かぎりもない罪人たちが、蜘蛛の糸を上へ上へよじ上ってくる様子。
(2) エ

5 ア 6 ウ

7 例蜘蛛の糸が切れて、犍陀多はあっというまもなく闇の底へ、真っ逆さまに落ちた。

解説

1 ——線①の前後に注目して、くたびれて上れなくなった犍陀多《かんだた》の様子を捉える。

2 ——線②から、犍陀多が地獄へ来て何年もたったこと、そして、その間に笑ったことがないことがわかる。また、——線②の前に、「このぶんで上っていけば、地獄から抜け出すのも、存外わけがないかもしれません。」とあることから、犍陀多が地獄を抜け出せるのは難しくないと期待していることがわかる。

3 同じ段落内後半にある「うようよとはい上がって」という表現に注目する。「うようよ」は、たくさんの小さな生き物がひしめき合っている様子を表す。

4 (1) ——線④の直前に「犍陀多はこれを見ると」とあるので、その前の部分から、犍陀多が見たものを捉える。「多くの罪人たちが蜘蛛《くも》の糸を上ってくる」という内容が書けていればよい。

(2) 犍陀多が恐れていることは、あとの「もし万一途中で切れたといたしましたら……。」の一文から読み取れる。

5 「今のうちにどうかしなければ……落ちてしまう」に注目する。このままでは、地獄に落ちてしまうという不安と、「今のうちにどうかしなければ」という焦《あせ》りの気持ちだとわかる。

6 犍陀多が「大きな声を出して」言った言葉に注目する。蜘蛛の糸を上ってくる罪人たちに、「下りろ。下りろ。」とわめいていることから、自分だけは地獄から抜け出したいという利己的な思いが読み取れる。

7 記述対策

- **考え方**…直後の部分から、どうなったかを捉える。
- **書き方**…「蜘蛛の糸が切れて」「犍陀多が真っ逆さまに落ちた」という要素をまとめる。

河童《かっぱ》と蛙《かえる》

70〜71ページ ステージ1

漢字と言葉

1 ❶おど ❷ぬま ❸わ ❹うた ❺あわ

2 ❶沸 ❷泡 ❸踊 ❹沼 ❺長唄

3 ❶ア ❷ウ ❸イ ❹エ

教科書の要点

1 ①イ ②イ

2 ①音や声 ②ものごとの様子 ③唄 ④体 ⑤蛙

3 ①しなやかな動き ②山 ③驚いて ④月

4 ①かお ②皿 ③手 ④天 ⑤沼の底 ⑥泡 ⑦ぐぶう

おさえよう 〔順に〕ア・イ

72〜73ページ ステージ2

1 イ

2 河童・皿・月

3 六

4 (1) ウ (2) エ

5 例沼の底に沈んでいった。

6 沼・月

7 ウ

解説

1 「るんるん　るるんぶ／……つるんぶ　つるん」を声に出して読み、どんな様子が伝わってくるか考えよう。明るく心地《ここち》よいリズムが感じられるので、イが正解。

2 「河童《かっぱ》の皿を月すべり。」とは、「かおだけ出して。／踊ってる。」河童が頭を動かすと、皿に映った月がすべっているように見えるということ。

3 激しく歌い踊っていた河童が、突然水の上に立ち上がり、天のあたりをにらんで見回している様子（第六連）から、河童の気持ちが頂点に達していることがわかる。

4 (2)「山」が「息をのみ」という表現に着目する。人間ではない山の様子を、人間のふるまいにたとえて表現しているので、擬人《ぎじん》法。沼の周囲の山が河童の踊りに驚いているとたとえて表現している。

5 記述対策
・**考え方**…第八連に「もうその唄もきこえない。／沼の底から泡がいくつかあがってきた。」から捉える。
・**書き方**…「沼の底（水中）に」「沈んだ（もぐった）」という要素をまとめる。

6 水面に波がなく、月をはっきりと映している夜の沼を描写《びょうしゃ》している。

7 **重要** 蛙《かえる》の鳴き声が、河童の激しい唄や踊りが終わったあとの静けさをいっそう際立《きわだ》たせている。

オツベルと象

74〜75ページ ステージ1

漢字と言葉

1 ①す ②けむり ③ふ ④がんじょう ⑤ぞうきん ⑥いそが ⑦たいくつ ⑧なな ⑨たきぎ ⑩あお ⑪しば ⑫はげ

2 ①威勢 ②砂漠 ③愉快 ④躍起 ⑤痩 ⑥履

3 ①ウ ②ア ③イ

教科書の要点

1 ①牛飼い ②オツベル ③白象（別解 白い象・象）

2 〔右から順に〕2・3・5・1・4

3 ①たいした ②細くして ③分銅 ④水 ⑤愉快 ⑥さようなら ⑦（白象は）寂しく

おさえよう 〔順に〕ア・イ

76〜77ページ ステージ2

1
1 ウ
2 イ
3 オツベルは言
4 ウ

2
1 ①鎖 ②分銅
2 例 象が逃げられないようにするため。
3 エ
4 ウ

解説

1
1 大きな体と対照的な、きれいでかわいらしい声の描写《びょうしゃ》が表現しているものを読み取る。

2 ——線②と、その直後の「オツベルは……がたがた震《ふる》えだす。」から、オツベルの言葉は、象をとどめるためのもので、一歩まちがえると危険な結果をもたらす内容だったことから考える。

3 オツベルの「にわかにがたがた震えだす」という様子に着目する。象に対して、ここにいるように言ったあと、象の反応におびえていることから、オツベルの気の小ささがわかる。

4 象を自分のものにしたいオツベルが、ここにいたらどうかと言ったら、象が「いてもいいよ。」と答えたことから考える。

2
1 「時計」と「靴」を与えると言いながら、鎖や分銅をつけようとしていることを読み取る。

2 記述対策
・**考え方**…時計や靴は、本当は重い鎖や分銅を象につけるための口実である。それを象につけた目的を考える。
・**書き方**…「象が逃《に》げられないようにする」という内容を、「……目的。」や「……ため。」の文末でまとめる。

3 **重要** オツベルは、親切そうな言葉とは裏腹に象をだまそうとしている。そのため、表情から本心を読み取られることをおそれている。

4 「『うん、なかなかいいね。』象は……さもうれしそうにそう言った。」「象は鎖と分銅だけで、大喜びで歩いておった」という部分から、象が全くオツベルのことを疑わず、素直《すなお》に喜んでいたことがわかる。

78~79ページ ステージ3

1 例税金が上がること。
2 ア
3 (1) イ
(2) (ああ、)疲れたな(、うれしいな、サンタマリア。)
4 例象の力の強さを知り、恐ろしく感じたから。
5 ウ
6 イ・オ
7 ア

解説

1 オツベルの言葉に注目。オツベルは税金が上がる(高い)ことを理由にして、象の同情を買って働かせている。

2 「僕はぜんたい森へ行くのは大好きなんだ。」という言葉に、ぎょっとしている。象がそのまま森へ帰ってしまうことをおそれたのである。

3 (1) 象は薪を運んだあと「目を細くして喜ん」でいることから、働くことに喜びを感じていることがわかる。象の働くことに対する気持ちは、これより前の「ああ、稼ぐのは愉快だねえ、さっぱりするねえ。」という言葉にも表れている。

4 記述対策
・**考え方**…「本気でやったら、僕、もう、息で、石も投げ飛ばせるよ。」という言葉を聞いて、オツベルは象の力を知り、どきっとしたのである。
・**書き方**…「象の力の強さを知った」という内容を、「……から。」の文末でまとめる。

5 ここでの「経済」は、経済的という意味で使われている。

6 重要 オツベルの、象に対する仕打ちは、日を追うごとにひどくなっている。えさを減らした理由の一つは、えさを買うお金を節約するため、もう一つは、人間に逆らう力を象から奪うためである。

7 ひどい仕打ちをされても、象の口からは不満の声は出てこない。「疲れたな」と言いながらも「うれしいな」と言って働き、働くことや、オツベルの役に立てることに喜びを感じていることを読み取る。

随筆《ずいひつ》を書く/言葉の小窓2 日本語の文字 ほか

80~81ページ ステージ1

漢字

1 ❶ついとう ❷か ❸せんこう ❹まゆ ❺じゅんすい ❻しがいせん ❼こうせい ❽はちみつ ❾せんばづる ❿くふう ⓫ゆうへい ⓬ほどとお ⓭かど ⓮ひろう ⓯うね ⓰ねんざ

2 ❶昆虫 ❷紫外線 ❸純粋 ❹披露 ❺追悼 ❻陶器 ❼蜂蜜 ❽翼

基本問題 随筆《ずいひつ》を書く

1 ①ア ②エ ③ウ ④イ
2 ①春…花曇り・山笑う ②夏…油照り・せみしぐれ ③秋…いわし雲・馬肥ゆる ④冬…山眠る・枯野 〔①~④はそれぞれ順不同〕

基本問題 言葉の小窓2

1 漢字仮名交じり文
2 ・表音文字…意味・音
・表意文字…音・意味
3 ①楷書 ②行書 ③草書
4 ①イ・キ ②ア・ウ ③ア・オ ④ア・エ ⑤ア・カ 〔①~⑤はそれぞれ順不同〕
5 ①礼 ②毛 ③多 ④加

子どもの権利

82～83ページ ステージ1

漢字と言葉

1 ❶ぎゃくたい ❷うば ❸ふく

2 ❶虐待 ❷含

3 ❶ウ ❷イ ❸ア

教科書の要点

1 ①未熟 ②言うとおりに

2 ①国連 ②子どもの権利条約 ③生きる ④教育 ⑤国

3 人権を学ぶ・他人（別解他者）・平和

4 ①大人 ②人権 ③責任 ④監視（別解審査） ⑤保障 ⑥知らなかった ⑦日常の生活 ⑧平等 ⑨他人

おさえよう 〔順に〕イ・ア

84～85ページ ステージ2

1 (1) 将来の世代を戦争の惨害から救いたい

(2) 人権の保障・子どもの権利条約

2 〔右から順に〕・外見・言葉・家庭環境

3 ・例互いの違いを認め合うこと。

・例意見が異なるときは対話によって解決すること。

・例自分と違う立場にいる人の気持ちや心の痛みを想像すること。 〔順不同〕

4 イ

5 イ

解説

1 (1) 重要 国連について詳《くわ》しく書かれている最初の段落に着目する。「二度の世界大戦の悲惨《ひさん》な経験を踏まえ……との決意から一九四五年に設立された」の部分が国連が設立された経緯《けいい》であることを捉える。

(2) 国連の活動について問われているので、「活動」という言葉を手がかりにする。すると、――線①を含む段落に、「人権の保障を目的の一つに掲《かか》げ活動してきた」「子どもの権利条約も、国連の活動の中で作られた国際人権条約の一つ」が見つかる。

2 「そうした」という指示語があるので、これより前の部分を探す。

3 **記述対策**

・**考え方**…「……といった、日常の生活の中での努力が」とあるので、直前の部分を読み取る。「、」（読点）はひとまとまりの内容に対してつくことが多いので、「、」に注意して三つに分ける。

・**書き方**…「違いを認め合うこと」「意見が異なるときも対話によって解決すること」「違う立場の人の気持ちや心の痛みを想像すること」という三つの内容をそれぞれ書く。文末は「…こと。」でまとめる。

4 直後の「子どもに権利なんて教えると……心配する人もいます。しかし」の部分から、筆者は子どもに権利を教えることに反対する考えに反論（＝子どもの権利を守る「子どもの権利条約」を肯定）していることがわかる。「どれだけ……でしょうか」という表現には、「**子どもの権利条約」を知らない人が多い現状を残念に思う気持ち**が含まれていることを読み取る。

5 筆者の主張は最後の段落にまとめられているので、この部分の内容を正確に読み取る。**ア**は、「真の平和を学ぶには大人が適している」とは述べていないので誤り。**ウ**は、子どもが人権について学ぶことについては述べているが、「大人が適切な時期に教える」とは述べていないので誤り。**エ**は、「特別な学習時間を設ける」が誤り。平和な社会を築くには、日常生活の中での努力が大切なのである。

調べた内容を聞く／漢字の広場3　漢字の音と訓　ほか

86～87ページ　ステージ1

漢字

1 ❶ほはば　❷わきやく　❸かたすみ　❹あいまい　❺じょうまえ　❻えんじょう　❼とうそう　❽たき　❾かはん　❿よくよう　⓫じゅうなん　⓬ふんぜん　⓭きばん　⓮ひっす　⓯ぶんせき　⓰かかん　⓱ひっけい　⓲つうこん　⓳しんらつ　⓴ちんせい

2 ❶厄介　❷妥協　❸傑作　❹峠　❺狭　❻鈴

★ 基本問題　調べた内容を聞く

1 (1) 小林さん…ごみ問題　鈴木さん…水問題
桜井さん…自然開発

(2) 例一人一人が地球の資源には限りがあることを意識する

2 ①ア　②ウ　③イ

1 基本問題　漢字の広場3

①えき・A　②こころざし・B　③ぼん・A　④まく・A
⑤から・B　⑥すず・B

2 ①ア・ウ・カ・キ
②イ・エ・オ・ク　〔①②はそれぞれ順不同〕

3 ウ・オ

解説

★ 基本問題　調べた内容を聞く

1 鈴木《すずき》さんの「……通じます。」や、桜井《さくらい》さんの「……共通しています。」に着目し、小林《こばやし》さんの述べた意見に対して、どんな考えが「通じている」「共通している」と言っているのかを捉える。

2 ①田中《たなか》さんは「なぜそう思いますか」という言い方で、小林さんに、聞きたいことを質問している。②鈴木さんは「私たちのグループでは……にまとまります」という言い方で、これまで出されたみんなの意見をまとめている。③小林さんは、田中さんの質問に答えて、「一人一人が意識するようになると、割り箸《ばし》などの使い捨ての商品の利用や、食べ残しが減る」と自分の考えを述べている。

2 基本問題　漢字の広場3

それぞれ音を片仮名、訓を平仮名で示すと、ア「シごと」、イ「ばショ」、ウ「キャクま」、エ「あいズ」、オ「ねダン」、カ「ダイどころ」、キ「フクぶくろ」、ク「てホン」となる。

学びのチャレンジ

88～89ページ　ステージ1

1 基本問題

1 イ・オ

2 それぞれの～ているから

3 ウ

2 1 イ

2 (1) 私だって、負けないよ。
(2) エ

3 1 エ

解説

1 1 重要 図やグラフが提示されている文章では、文章と図やグラフを照らし合わせながら読んでいくことが大切である。【図1】のグラフは、湿原《しつげん》のどの花にどんな昆虫が何匹訪《おとず》れているのかを調査した結果をまとめたものである。この調査でわかったこととして、「一つは、花には、実におびただしい数の昆虫が訪れているということ」、「もう一つわかったことは、花の種類によって訪れる昆虫の種類が異なっている、ということ」と文章中で説明されている。

2 第⑤段落の「問い」とは、「こうした偏りはなぜ起きたのだろうか。」であり、「こうした偏《かたよ》り」とは、花の種類によって訪れる昆虫の種類に偏りが見られたことである。この「問い」の内容をおさえて、その答えをあとの部分から探す。すると、最終段落に「花によって訪れる昆虫に偏りが見られるのは、それぞれの花の形によって……から、と考えることができる」の部分が見つかる。

3 ハナアブやハエの仲間がよく訪れる花の特徴《とくちょう》が説明されている第⑦段落の内容に合う花を選ぶ。「小さな花がたくさん集まって、一つの大きな花の穂を形作っている。足がかりとなる凸凹《でこぼこ》も多い。」という特徴に合うのはウの花。（＝アキノキリンソウ）

2

1 「くちびるを引きしめた」、「ピストンにのせた指が細かく震《ふる》え始めた。」は、トランペットを吹こうとするときの未来《みく》の表情やしぐさを表している、この表情やしぐさを具体的にイメージし、そこからどんな気持ちが伝わってくるのかを考える。アの「いら立つ思い」や、ウの「後悔《こうかい》する気持ち」は読み取れない。エは、「くちびるを引きしめた」「……指が細かく震え」は「心の中の声」ではないので誤り。

2 (1) [ ]で囲んだ場面は、自信を失っていた未来が、先輩の言葉や過去の写真によって前向きな気持ちになり、朝早くから練習しようと学校に向かっている場面である。そこで、朝の練習に向かう咲《さき》の姿を見つけた未来の、「私だって、負けないよ。」という心の中の言葉を捉える。

(2) (1)でおさえた「私だって、負けないよ。」という、未来の心の中の言葉からは、「咲ちゃんは、すごいね。」とうらやむ気持ちからの変化と関係の変化が読み取れる。

3

1 **【文章の下書き】**には「以上のように、言葉によって使用状況《じょうきょう》が異なることを踏まえると、」とあるので、その前にある、Aでは、言葉によって「ら抜き言葉」の使用状況が異なることを示す事例が説明されるのが適切とわかる。「食べれない」と「考えれない」の使用状況の違いを示している**エ**が適切。**ア**、**イ**、**ウ**は、どれも**【資料二】**から読み取れる内容だが、**ア**は、年による変化、**イ**と**ウ**は年齢《ねんれい》（年代）による変化を示しているので、不適切。

言葉がつなぐ世界遺産

90〜91ページ ステージ1

漢字と言葉

1 ❶そうしょく ❷かんきょう ❸ちょうこく ❹はくらく ❺はくりょく ❻びみょう ❼のきした ❽ひとみ ❾たよ ❿しょうさい ⓫せんさい ⓬はだ

2 ❶審査 ❷湿気 ❸豪華 ❹鮮 ❺濃 ❻塗

3 ❶イ ❷ウ ❸ア

教科書の要点

1 ①修復し保存する ②蓄積 ③伝承

2 イ・エ

3 ①修復 ②見取り図（別解和紙） ③困難 ④指示（別解情報・手がかり） ⑤説明（別解口移し） ⑥技術 ⑦驚かせた

おさえよう （順に）ア・ア・ア

92〜93ページ ステージ2

1 建造物を修復し保存するための方法

2 イ・エ　3 エ

4 (1) ア
(2) 修復の手がかり

5 エ

6 例職人たちが彫刻そのものとその技法を記録し続けた、数千枚の見取り図。

解説

1 「その一つ」の「その」は、直前の「専門家たちが驚いたその方法」を指しているので、「その方法」の指す内容を、「方法」という言葉に着目して、さらに前の部分から探す。すると、「建造物を修復し保存するための方法」が見つかる。

2 「一匹の竜が描かれた、畳一畳《たたみいちじょう》ほどの大きさの和紙」＝「見取り図」なので、まず、「一匹の竜」の絵が描かれていることがわかる。それについて、あとの部分に「実物の彫刻と同じ大きさや色合いで描かれている」とある。また、「そして、余白には、修復のための指示が細かな筆文字で書きこまれていた。」とある。

3 □の前には、「確かに……描き留めることができる。」とあり、後ろには、「絵だけで完全に伝えることは難しい」とあることに着目する。前後が反対の内容になっているので、逆接の接続語の「しかし」があてはまる。

4 (1) **重要** **筆者が具体例をとおして言いたいことは、具体例の前後に書かれていることが多い。** ——線③の前の段落に「絵で伝えることの困難な情報を、後世の職人が見たときにもわかるよう、丁寧《ていねい》に文字で書き留めていた」とある。

(2) 五段落めで——線③の具体例を挙げたあと、六段落めで「その指示が……修復の手がかりなのだ。」と述べられている。

5 浅尾《あさお》さんの言葉の直後の段落、「先人から私たちへ、そして私たちから未来へと受け渡していくために、言葉による情報が欠かせないのだと、浅尾さんは語ってくれた。」に注目する。

6 記述対策
- **考え方**…「これ」が指す内容を、前の部分から読み取る。
- **書き方**…「職人たちが彫刻そのものとその技法を記録し続けてきた見取り図」という内容を、二つの指定語を使ってまとめる。

94〜95ページ　ステージ3

★

1 世代を超えた技術の伝承

2 (1)
- 例現代では、日光ほどの装飾を社寺に施すことはきわめて少ないから。
- 例継承者が減少しているから。
- 例昔ながらの材料が確保しにくいから。　〔順不同〕

(2) 口移し

3 ウ・オ

4 (1) 言葉で教えられたことを自分の技術へと高めていく。

(2) ア

5 師弟の間・長い技術伝承の鎖・職人たち

★解説

1 ——線①を含む文に「どんなにすばらしい見取り図があっても、それをもとに修復できる技術者がいなければ、日光の世界遺産を保存し続けることはできない」とあり、「技術」の大切さについて述べていることがわかる。それについて直後で「世代を超《こ》えた技術の伝承」と述べている。

2 記述対策
- **考え方**…直前に「……ため」とあるので、その部分に理由が書かれている。
- **書き方**…「日光ほどの装飾を社寺に施《ほどこ》すことはきわめて少ない」「継承《けいしょう》者が減少し」「昔ながらの材料も確保しにくい」の三つの内容を、それぞれ理由を示す「……から。」などの文末でまとめる。

3 五段落めに日光での彩色のしかたについて詳しく説明されている。「絵の具は、十種類にも満たない」「微妙に混ぜ合わせ」「複雑な色彩を生み出している」、さらに、「その日の湿度や温度によっても、絵の具の溶《と》き方をきめ細かく変え」の部分に着目して、正しい選択肢《せんたくし》を選ぶ。

4 (1) 「(教えられたことを) 自分の肌でつかんで、初めてできるようになる」と同じような意味を表す文を探す。次の段落に「言葉で教えられたことを自分の技術へと高めていく。」がある。

5 直後に「それは、これがただ師弟《してい》の間だけで技術を受け渡すのではないということだ。」とある。では、技術はどのように受け渡していくのかを、続く部分から読み取る。「江戸時代から連綿と技術を伝承してきた職人の連なり」は、「長い技術伝承の鎖」と言い換えられているので、指定字数に合わせて、あとのほうの言葉を書き抜く。

地域から世界へ――ものづくりで未来を変える――

96～97ページ ステージ1

教科書の要点

❶ ①五分の一 ②収入 ③素材 ④技術 ⑤活性化 〔③④は順不同〕

おさえよう

❷ ①後継者 ②素材 ③はさみ ④町づくり
〔順に〕ア・イ

基本問題

1 ・着物離れ
・（海外に依託して作られた）安い商品の流入 〔順不同〕

2 例工程ごとに専門の職人がいるから。

3 後継者・技術・多くの模様 （別解模様の種類）

解説

1 直前の「……や……により」という言い方に注目して、二つの原因を捉える。

2 ――線②の直前に「そのため」という理由と結果をつなぐ接続語があるので、この前の部分から理由を捉える。多くの伝統的な工芸品では、「工程ごとに専門の職人がい」る。→「そのため」→「工程の中のどこかが継承《けいしょう》できなくなると、工芸品全体が消えてしまう」という流れをおさえる。

3 重要 第一段落には、「国内の『絞《しぼ》り』の仕事量」が失われたことで、「模様の種類」が減ったことが述べられている。第三段落には、「模様ごとに糸で縛る専門の『くくり手』」、つまり専門の職人（後継者）が減ったために、「技術が受け継《つ》がれず、多くの模様が消えてしまった」ことが述べられている。この内容を踏まえ、空欄の前後の言葉や指定字数を手がかりにして、あてはまる言葉を抜き出す。

98～99ページ ステージ2

1 ア・ウ

2 例新しい分野で海外で認められれば、日本での価値観を変えると考えたから。

3 ポリエステル・しわ・技術 （別解技法）

4 ・例「絞り」の技術が地域の文化や伝統としてつながっていることを誇りに思うこと。
・例「絞り」の体験を生かし、世界を視野に入れて考えてみること。 〔順不同〕

5 ア

解説

1 「会議に実行委員として参加した村瀬《むらせ》さんは、各国から集まった『絞《しぼ》り』職人から……ことを教えられました。」の部分に着目して、この会議で、村瀬さんが海外の職人から教えられたことを捉える。また、「海外の職人からも……という要望が寄せられた」の部分から、村瀬さんが海外の職人の要望を知ったことを捉える。

2 記述対策
・考え方…――線②を含む文が「そのために」で始まっているので、この直前の文から理由を捉える。指定字数を手がかりに、要点をまとめる。
・書き方…「新しい分野で」「海外で認められることが」「日本での価値観を変える」という要素と二つの指定語を入れて、理由を示す「……から。」などの文末でまとめる。

3 この照明が、素材にポリエステルを使い、従来の方法では、しわを伸《の》ばして製品化するところを、絞ったしわをそのまま残して仕上げた製品であることを捉える。――線③の二つあとの段落の一文目にも「新しい素材や技術と伝統的なものづくりを融合《ゆうごう》させ」と工夫の内容について簡潔にまとめられている。

5 重要 村瀬さんの考えや行動に着目して、人物像を捉える。「有《あり》松《まつ》・鳴海《なるみ》絞りを生かした海外での商品開発や宣伝を工夫していきました」（二段落め）、「絞りの技法も工夫しました」（三段落め）、

「これからも、新しい素材や技術と……発想の転換をはかっていきたい」（五段落め）などの部分から、新たな発想で世界に挑戦する人物であることがわかるので、アが正解。イは、「伝統を変えずに守り」の部分が、新たな技術や素材を取り入れていく村瀬さんの行動に合わない。ウは、「職人の技には頼らず」の部分が文章の内容と異なる。エは、「海外と日本の技術を融合させて」とは述べられていないので誤り。

100～101ページ　ステージ3

★
1 ・例海外に移転したことで、一気に国内需要がなくなったから。
・例その安さに対抗しようとますます安くしているから。
2 製品として～のよい刃物
3 (1) ③ウ　④ア
(2) すると、日
4 地域の職人・後継者
5 例自分の国について気づくことができ、相手から自国の文化を大事にしてもらえるから。

解説

1 ――線①の前に、「日本の縫製《ほうせい》工場がアジアなど海外に移転して、一気に国内の需要《じゅよう》がなくなり」と、はさみの価格が下がっている理由の一つが述べられている。また、直後に「同時に」とあり、「海外製で安価なはさみが出回り、その安さに対抗《たいこう》しようとますます安くするという悪循環《じゅんかん》に陥ってい」るという、もう一つの理由が述べられている。

2 「こんなにすばらしい」とあるので、この前の部分から刃物《はもの》のすばらしさについて述べている言葉を探す。すると、「製品としては……美しく切れ味のよい刃物」が見つかる。

3 重要 (1) ――線③では、「産地を代表する」はさみに「播州《ばんしゅう》の刃物であるという商標」をつけたとある点、「包装する箱」を新しくしたとある点に着目する。「商標」とは、商品の独自性を示すためにつけるマークで、特別なはさみであることを示して売るための工夫といえる。また、「包装する箱」も特別な商品であることを伝える効果があるので、ウが適当。――線④は、布などの切る対象物と刃物を一対一で組み合わせたデザインのカタログやホームページを作ったとある点に着目する。これは、さまざまなはさみの特徴《とくちょう》を視覚的に伝える見せ方の工夫といえるので、アが適当。

4 小林《こばやし》さんがこの工房を作った目的を捉える。――線⑤のあとの一文に、「地域の職人がみんなの師匠《ししょう》となって、後継者《こうけい》づくりを進めています」とある。小林さんがこのような工房を作った背景には、二段落めに述べられている「後継者がいない現実」があることもおさえておく。

5 記述対策
・考え方…最後の段落の小林さんの言葉を、指定字数を手がかりにして、要点をまとめる。
・書き方…「自分の国について気づくことができる」「自国の文化を大事にしていると、相手にもそれを大事にしてもらえる」という内容を、四十字以内でまとめる。

読み手を意識して報告文を整える／文法の小窓3

102～103ページ　ステージ1

基本問題　読み手を意識して報告文を整える
★ イ

教科書の要点　文法の小窓3
❶ ①自立語　②付属語
❷ ①名詞　②連体詞　③副詞　④接続詞　⑤感動詞　⑥動詞　⑦形容詞　⑧形容動詞　⑨助詞　⑩助動詞

基本問題　文法の小窓3
1 ①公園｜で｜同じ｜学校｜の｜生徒｜に｜会っ｜た。

②九時 まで に 宿題 を 終わら せ ます。

2 ①明日 から 雨 が 降る らしい。

②湖 に 近い ホテル で 朝 を 迎え た。

3 ⓐオ ⓑイ ⓒア ⓓエ ⓔウ

4 ⓐウ ⓑア ⓒイ ⓓウ

5 ①晴れ て い た ので、ふとん を 干し た。

②滝 の ような 雨 に 降ら れる。

6 ①エ ②コ ③ア ④ケ ⑤キ ⑥オ ⑦イ ⑧カ ⑨ク ⑩ウ

解説

4 ① ⓐ「静かな」は、言い切りの形が「静かだ」で形容動詞。ⓑ「響い」の言い切りの形は、「響く」。言い切りの形がウ段の音で終わっているので動詞。② ⓒ「苦かっ」は、言い切りの形が「苦い」で形容詞。ⓓ「元気に」は、言い切りの形が「元気だ」で形容動詞。

104～105ページ ステージ2

1 ①自立語…合唱団・美しい・歌声・耳・すます 〔順不同〕

付属語…の・に・を 〔順不同〕

②自立語…駅前・とても・大きな・ビル・建つ 〔順不同〕

付属語…に・が・らしい・よ 〔順不同〕

2 ア・エ・オ・ク 〔順不同〕

3 ①この 写真 は たしか 夏 に 撮っ た もの だ。

②ああ、世界 が 全く 違っ て 見える。

③食後 に おいしい コーヒー を 飲み ます か。

④どんな とき も 努力する こと が 重要だ。

4 ①ウ ②エ ③イ ④ア

5 ①形容動詞 ②形容詞 ③動詞

6 ⓐイ ⓑイ ⓒイ ⓓア ⓔエ ⓕエ ⓖエ ⓗウ

7 ①オ ②ウ ③ク ④イ ⑤カ ⑥ケ ⑦エ ⑧コ ⑨キ ⑩ア

8 ①エ ②イ ③ウ ④エ

9 ①オ・タ ②シ・ト ③コ・ス ④ウ・サ ⑤イ・カ ⑥ケ・ツ 〔①～⑥はそれぞれ順不同〕

解説

7 ②・④「ある」は、「日」という名詞（＝体言）を修飾しているので連体詞。「すらすら」は「述べる」という動詞を修飾している副詞。副詞は主に用言を修飾するので、修飾される語に注意して確認する。⑦「しかし」は前後の文をつなぐはたらきをしているので接続詞。⑧「聴きながら」で一文節であり、「ながら」は活用しないので助詞とわかる。⑨言い切りの形が「い」で終わるので形容詞。

8 ③用言を修飾するのか、体言を修飾するのかで判断する。ア・イ・エは主に用言を修飾する副詞、ウは、体言を修飾する連体詞。④ア・イ・ウは、前後の文をつなぐはたらきをする接続詞。エは、「すぐに→答える」などと、主に用言を修飾する副詞。

発言を結びつけて話し合う／漢字の広場4 ほか

106～107ページ ステージ1

漢字

1 ❶らいめい ❷ていせい ❸かふく ❹ゆううつ ❺じゅう ❻そち ❼しんちょく ❽ていたく

2 ❶古墳 ❷不朽 ❸拍手 ❹柿

教科書の要点 発言を結びつけて話し合う

1 例1 前よりも進歩していること 例2 少しでもよくできるようになること

教科書の要点 漢字の広場4

1 ①主語—述語 ②修飾—被修飾 ③述語—対象 ④同類語 ⑤反対語 ⑥接頭語 ⑦接尾語

基本問題 漢字の広場4

1 ①イ ②ウ ③ア ④エ ⑤イ

2 ①無 ②未 ③性 ④然
3 ①的 ②化
4 ①イ ②ア
5 ①ウ ②ア

1 解説

①「人造」は、「人が造る」で主語―述語型。②「出荷」は、「荷を出す」で述語―対象型。③「暗黒」は、「暗い」と「黒い」で同類語型。④「舞台」は、「舞う台」で修飾―被《ひ》修飾型。⑤「非常」は、「常に非《あら》ず」で接頭語型。「不」「非」「無」「未」などの接頭語がついて、あとの部分を打ち消す関係。

四季の詩

108～109ページ ステージ1

教科書の要点

❶ 口語自由詩
❷ ①行末 ②対になる
❸ ①てふてふ（別解ちょうちょう） ②貝のから ③虫 ④雪

おさえよう 〔順に〕イ・ア・イ・イ

★基本問題

1 ちょうちょうがいっぴきだったんかいきょうをわたっていった。
2 てふてふ
3 (1) イ (2) しぜんと／涙をさそわれる
4 ア
5 ①C ②B ③A

★解説

1 「てふ」は「ちょう」、「けふ」は「きょう」と直す。大きい「つ」は、促音《そくおん》を表す小さい「っ」に直す。

2 雄大《ゆうだい》な情景の「韃靼海峡《だったんかいきょう》」と、小さくか弱い存在の「てふてふ（チョウチョウ）」が対比されている。「韃靼海峡」が漢字で、「てふてふ」が平仮名で書かれていることにも着目して、伝わってくるイメージの違いも捉える。

3 (1) 「いま ないておかなければ／もう駄目《だめ》だというふうにないてる」とある。短い命を燃やそうとして懸命に鳴く虫の様子が伝わってくる。アは、「小さな声」が誤り。ウは、「美しい声を響かせたい」が「もう駄目だというふうに」という表現に合わない。エは、「ないても無駄《むだ》と知りながら」が誤り。短い命だからこそ、必死にその命を輝《かがや》かそうと「ないてる」のである。

(2) 短い命を燃やすように鳴く虫に対して、作者は「しぜんと／涙《なみだ》をさそわれる」のである。作者が、虫の姿に共感し、悲しみの思いを抱《いだ》いていることがわかる。

4 雪が静かに降り続く様子に合うのは、「しんしんと」である。

5 ①「いつまでも続いていくような、静かな光景」とあるので、雪が降り続く夜の光景を描いているCの詩だとわかる。②「生き物の命のはかなさ」とあるので、短い命を燃やして必死に鳴いている虫の様子を描いているBの詩だとわかる。③「雄大な自然」「小さな生き物」とあるので、韃靼海峡を渡るチョウチョウを描いているAの詩だとわかる。

少年の日の思い出 ほか

110～111ページ ステージ1

漢字と言葉

1 ①す ②ゆうぎ ③しの・よ ④はんてん ⑤さしえ ⑥ゆうが ⑦たんねん ⑧けいべつ ⑨つぐな ⑩いまし ⑪しょうろく ⑫てっかい

2 ❶獣医 ❷歓喜 ❸模範 ❹澄 ❺羨 ❻遅

3 ❶ア ❷イ

教科書の要点 少年の日の思い出

❶ ①私 ②僕 ③エーミール
❷ 〔右から順に〕1・3・5・4・2
❸ ①不愉快 ②欲望 ③傷つけられた ④興奮 ⑤満足感 ⑥不安 ⑦苦しめた ⑧償い

おさえよう 〔順に〕イ・イ

112～113ページ ステージ2

1 例チョウの斑点を見たかった。
2 ウ
3 エ
4 ・例自分は盗みをした、下劣なやつだということ。
・例見つかりはしないかということ。〔順不同〕
5 宝
6 例チョウをもとに返して、できるならなにごともなかったようにしておかねばならないと、悟ったから。
7 (1) 例ヤママユガが潰れてしまったこと。
(2) イ

解説

1 記述対策
・考え方…「あいにく、あの有名な斑点《はんてん》だけは見られなかった。」とある。「細長い紙きれの下になっていた」からである。
・書き方…「チョウの斑点を見たかった。」という内容を答える。「チョウ」は「ヤママユガ」としてもよい。

2 ――線②には、「斑点が…僕を見つめた」と、擬人《ぎじん》法が使われている。「僕」が斑点に強くひきつけられとりこになっている様子を、「斑点が……僕を見つめた」と表現することで、より印象的に伝えている。

3 重要 「僕」は、美しい斑点に見つめられ、「この宝を手に入れたいという逆らいがたい欲望」を感じて、チョウを盗んだ。チョウが高価だから(イ)でも、エーミールを困らせたかったから(ア)でもない。また、初めから盗もうと思っていた(ウ)でもない。

4 「同時に」の前後に二つ書かれている。一つめは「大それた恥ずべきことをしたということ。」という内容でもよい。

5 「僕」がチョウを手に入れたいという欲望を感じた場面では、チョウのことを「宝」と表現している。

7 (2) 重要 あとの段落に「盗みをしたという気持ちより、自分が潰《つぶ》してしまった美しい珍しいチョウを見ているほうが、僕の心を苦しめた。」とある。ここから、「僕」が最もつらく思っているのは、盗みをしてしまったことではなくて、チョウを潰してしまったことだとわかる。

114～115ページ ステージ3

1 彼が僕の言
2 〔右から順に〕
・例それは僕がやったのだ(。)
・例僕のおもちゃをみんなやる(。)
・例自分のチョウの収集を全部やる(。)
3 エ 4 イ
5 僕は悪漢だ
6 一度起きた～ということ
7 例母が根ほり葉ほりきこうとしないで、かまわずにおいてくれたこと。
8 そしてチョ

解説

2 「 」を使わずに書かれている。「……と言い」「……と言った」に注目して探す。

3 「激したり、僕をどなりつけたりなどはしないで」、「冷淡《れいたん》にかまえ、依然僕をただ軽蔑的に見つめていた」、「ただ僕を眺めて、軽蔑していた」などに着目する。

4 「その瞬間、僕は……飛びかかるところだった。」とある。「その瞬間」とは、「自分のチョウの収集を全部やると言った」「僕」が、エーミールから「けっこうだよ。……今日また、君がチョウをどんなに取り扱っているか、ということを見ることができたさ。」と言われた瞬間である。このエーミールの言葉は「僕」のチョウに対する情熱を完全に否定するものであり、「僕」のプライドを決定的に傷つけるものだった。チョウへの思いを否定された「僕」の強い怒《いか》りが感じられる。

5 「悪漢」と「正義」という対照的な言葉に注目する。

6 最後の段落に「その時初めて僕は、……ことを悟った。」とある。

7 記述対策

・**考え方**…母が「僕」に対してどうしたことを「うれしく思った」のかを読み取る。

・**書き方**…「母が根ほり葉ほりきこうとしないで、かまわずにおいてくれた」という内容を、「……こと。」の文末でまとめる。

8 重要 「一度起きたことは、もう償いのできないものだということ」を悟った「僕」は、自分のチョウの収集を潰《つぶ》すことによって、自らを罰しようとしたのである。

銀のしずく降る降る

116～117ページ ステージ1

★基本問題

1 (1) 例アイヌ語研究をしている（言語学者の）金田一（京助）が、マツの母モナシノウクからユーカラを聞くため（に来た）。

(2) ところで、

2 ア

3 ・例幸恵が日本語で書いた作文の文章が、美しかったこと。

・例幸恵がアイヌ語の難しい古語でうたわれている長編叙事詩を暗唱していること。〔順不同〕

4 ⓐ民族の歴史 ⓑ大事な文学 ⓒ文字 〔ⓐ・ⓑは順不同〕

5 例生涯を祖先が残してくれたユーカラの研究にささげるという決意。

★解説

1 (1) ——線①の直前の「彼《かれ》」とは、アイヌ語研究に取り組んでいる言語学者の金田一京助《きんだいちきょうすけ》のこと。訪ねてきた目的は、その次の文に「……ためである」と説明されている。

2 「アイヌ語で口々に」に続く部分の会話のやりとりから、金田一をもてなす食べ物がなくて困っている様子がわかる。この当時、米の値段が上がっていたため、伝道師のマツの収入では金田一をもてなす米も買えなかったのだ。

3 重要 「そのうえ」の前後に注目して、二つのことを読み取る。

4 金田一が答えた言葉に注目する。

5 記述対策

・**考え方**…幸恵《ゆきえ》が目に涙《なみだ》を浮《う》かべて話した言葉から、幸恵の決意の内容を捉《とら》える。

・**書き方**…「生涯《しょうがい》をユーカラの研究にささげる」という内容を、「……決意。」の文末でまとめる。

蓬莱《ほうらい》の玉の枝と偽《いつわ》りの苦心談——竹取《たけとり》物語——

118～119ページ ステージ1

★基本問題

1 ⓐかじをなん ⓑうるわし ⓒよそおい ⓓこたえていわく ⓔのぼるべきようなし ⓕもうできたる

2 イ

3 天人のよそほひしたる女

4 求めている山

5 さらに登るべきやうなし
6 ⑦
7 ・世の中になき花の木ども（立てり。）
・金、銀、瑠璃色の水（、山より流れいでたり。）
・色々の玉の橋（渡せり。）
・照り輝く木ども（立てり。）　〔順不同〕
8 (1) ア
(2) 例 自分のうそがばれないようにするため。

★解説

2 「いと」は、代表的な古語なので覚えておく。「いと」は、「大変、たいそう、とても」という意味。

3 「天人のよそほひしたる女」が山の中から出てきて、銀のおわんで水をくみ歩いているという文脈である。

4 女の人に山の名前を尋《たず》ねると、女の人が、「これは、蓬莱《ほうらい》の山です。」と答えたので、うれしくなったということ。「蓬莱の山」とは、「私」（＝くらもちの皇子《みこ》）が「求めている山」である。

5 「さらに登るべきやうなし」の意味は、「全く登れそうもない」である。登ることができないほど険しいということ。

6 現代語訳と照らし合わせて考える。⑦の主語は「かぐや姫」、ほかは、「私」（＝くらもちの皇子）である。

8 **重要** (1) 現代語訳と照らし合わせて考える。ここに取ってきたのは見劣《みおと》りするものだが、（よいものを取ってきても）「かぐや姫《ひめ》のおっしゃったのと違《ちが》っていたら」困ると思って、この花を取ってきたと説明している。

(2) 記述対策
・**考え方**…くらもちの皇子は自分が持ってきた花が見劣りする訳を話している。なぜそのようなことを言うのかを考える。
・**書き方**…「自分のうそがばれないようにする」あるいは、「本物の花だと思わせるようにする」などの内容を、「……ため。」などの文末でまとめる。

花の詩画集

120～121ページ　ステージ1

基本問題

1 1 イ・ウ・エ
2 ウ
3 にてるけれど／みんな ちがう
4 太陽の弓矢
5 ウ

2 1 イ
2 六
3 噛み砕きたい・突きたてたい　〔順不同〕
4 ア
5 ウ
6 ウ

1 解説

1 「麦の穂《ほ》」「太陽の弓矢」と行末が名詞（体言）になっているので、体言止めが使われている（ウ）。「特に高いものもなく」「特に低いものもなく」は言葉の組み立てが同じなので対句《ついく》法（エ）。「麦の穂」を「太陽の弓矢」と、「ような」などの言葉を使わずにたとえているのは、隠喩《いんゆ》である（イ）。

2 「となりも」とあることから、麦の穂がたくさん並んで生えている様子がイメージできる（ア）。また、「ぶつからず／離《はな》れすぎず」は、同じような間隔《かんかく》をあけて生えている様子が（イ）、「特に高いものもなく／特に低いものもなく」は、同じような高さで生えている様子が（エ）描《えが》かれている。

3・5 **重要** 作者は、同じように並んで生える麦の穂について、似ているようだが、みんな違《ちが》っていると感じている。また、「麦の穂」の形から、太陽から放たれた弓矢をイメージし、力強い生命力を感じている。

2

1 「槍《やり》のように」「風のように」と「ように」という言葉を使ってたとえているので、直喩である。

2 一〜五行めには、激しい思いが、六〜八行めには、それらの感情が去ったときの様子が描かれている。

4 「さまざまな思い」とは、一〜五行めの「〜たい／時」の思いを指している。「筆を噛《か》み砕《くだ》きたい」「槍《やり》のように／突《つ》きたてたい」という表現から、いらだちやあせりなどの激しい思いが伝わる。

6 **重要** 一〜五行めまでのいらだちやあせりなどの激しい感情は風のように過ぎている。悩《なや》みや苦しみがありながらも、それらを受けとめ、落ち着いた様子で花と向きあう作者の姿が浮《う》かんでくる。

デューク

122〜123ページ ステージ1

基本問題

1 (1) 死因は老衰 (2) ウ

2 ぴょおぴょお・いぶかしげ

3 デュークは、グ

4 イ・オ

5 いつのまにか泣きやんでいた

6 例 少年がずっとそばにいて、さりげなくかばってくれたから。

解説

1 (2) **重要** 「私のデューク」という表現と、「私」がデュークの死を強く悲しんでいることから、「私」のデュークに対する思いの深さを読み取る。

4 「妙《みょう》に明るい声で」とある点と、表に出たとたんに涙《なみだ》があふれていることから、無理をして明るい声を出したことがわかる。

5 三つあとの文に「いつのまにか泣きやんでいた」とある。

6 記述対策
- **考え方**…直前から、少年が「私」にしてくれたことを捉《とら》える。
- **書き方**…「少年がそばにいてくれた」「さりげなくかばってくれた」という要素を、理由を示す「……から。」などの文末でまとめる。

124〜125ページ ステージ2

1 例 （落語が好きだった）デュークのことを思い出したから。

2 ウ

3 悲しくて、〜ほどだった

4 イ

5 ウ

6 ア

7 例 「私」の深い愛情を受け止めているということを伝えたいという気持ち。

8 デューク

解説

2 デュークが死んで悲しみにくれていたはずなのに、それを忘れて楽しんでいた自分を責める気持ちが読み取れる。

6・8 **重要** 少年もデュークも「落語」が好きなこと、初対面の相手なのに「懐《なつ》かしい」目をしていること。少年のキスが「デュークのキスに似ていた」ことなどから、少年はデュークの化身と考えられる。また、ここから、「今までずっと（楽しかったよ）」は今日一日のことだけではなく、「私」と過ごしてきた日々全体を指していると読み取れる。

7 記述対策
- **考え方**…「僕《ぼく》も」という言葉から、少年が「私」の愛情を受け止めていることを捉《とら》える。
- **書き方**…「『私』の愛情を受け止めている」という要素を、「……気持ち。」などの文末でまとめる。

プラスワーク　聞き取り問題①　スピーチ

126ページ

〔解答の漢字や片仮名《かな》の部分は、平仮名で書いてもかまわない。〕

★

(1) 池や田んぼ
(2) 例ヤゴを踏《ふ》みつぶしてしまうから
(3) 二千四百匹《びき》〔別解二四〇〇匹〕〔算用数字でも可〕
(4) （餌《えさ》の）アカムシ〔別解餌〕・飼い方の説明書　〔順不同〕
(5) ウ

★解説

(2) 交代で入るのは、大勢が一度に入ってヤゴを踏《ふ》みつぶすことを避《さ》けるためである。
(3) 坂上《さかがみ》さんのチームでは七百匹《ぴき》ほど捕《つか》まえたが、全体では二千四百匹のヤゴが見つかったと話している。
(4) 坂上さんは、「最後に、」以降で子供たちにヤゴを配るときのことを詳《くわ》しく説明している。
(5) **重要** 坂上さんはスピーチの中で、「ヤゴ救出大作戦」の手順を「まず、……」「次に、……」「最後に、……」と話していたので、**ウ**が正解。**ア**は「イベントについての質問に最初に答えることで」が、**イ**は「生物部に入った理由を話すことで」が、**エ**は「当日の天気や参加人数を具体的に示すことで」が、それぞれ誤り。

放送文

それでは、聞き取り問題を始めます。

これから、中学生の坂上《さかがみ》さんが国語の時間に行ったスピーチと、それについての問題を五問、放送します。放送は一回だけ行います。聞きながら、メモを取ってもかまいません。それでは、始めます。

皆《みな》さんは、ヤゴという生き物を知っていますか？　ヤゴとは、トンボの幼虫のことです。トンボはもともと、池や田んぼに卵を産む生き物です。ただ、最近はそういった環境《かんきょう》が減っているため、人が泳いでいない時期のプールに産み付けることが増えているのだそうです。私たちの学校のプールにも、ヤゴがたくさんすみついているので、みんなが使う夏の前に掃除《そうじ》をしなくてはなりません。

私の所属する生物部では、毎年六月の初めに「ヤゴ救出大作戦」というイベントを行います。それは、近くの小学校からたくさんの子供たちに参加してもらい、プールからヤゴを救い出すというイベントです。

今日は先週の土曜日に行われた、「ヤゴ救出大作戦」の手順について説明します。

まず、参加者を四つのチームに分け、チームごとに交代でプールに入ります。なぜ、交代で入るのかというと、大勢の人が一度にプールに入ると、ヤゴを踏《ふ》みつぶしてしまうからです。プールの水はひざがつかるぐらいの深さですが、滑《すべ》りやすいので気をつけながらヤゴを捕《つか》まえます。

次に、捕まえたヤゴを平たいお皿に入れて数を数えます。数え終わったら、チームごとに用意された大きな水槽《すいそう》に入れます。その日は私たちのチームだけで、七百匹《ぴき》ほど捕まえることができました。全体では、なんと二千四百匹のヤゴが見つかりました。

最後に、子供たちにそれぞれ十匹ずつヤゴを配ります。ヤゴを配るときいっしょに渡《わた》すものは、水草と餌《えさ》のアカムシ、それと、飼い方の説明書です。残ったヤゴは、生物部が交代で世話をします。

今回参加した子供たちに、小さな命を守ることの大切さが少しでも伝わっていたらうれしいです。

問題文

以上で、スピーチは終わりです。それでは、問題です。
(1) 坂上《さかがみ》さんは、トンボは、もともとどのような場所に卵を産む生き物だと話していましたか。
(2) 参加者が交代でプールに入るのは、なぜですか。解答欄《らん》にあてはまる言葉を書きなさい。

解答文 大勢の人が一度にプールに入ると、□。

(3) 坂上さんは、全体で何匹《びき》のヤゴが見つかったと話していましたか。

(4) 子供たちにヤゴを配るとき、水草のほかに何を渡《わた》しますか。二つ書きなさい。

(5) 坂上さんのスピーチには、どのような工夫《くふう》がありましたか。あてはまるものを次の**ア**・**イ**・**ウ**・**エ**から一つ選び、記号で答えなさい。

ア イベントについての質問に最初に答えることで、聞き手が理解しやすくしている。

イ 自分が生物部に入った理由を話すことで、聞き手の興味を引きつけている。

ウ イベントの内容を順序よく話すことで、聞き手に伝わりやすくしている。

エ 当日の天気や参加人数を具体的に示すことで、イベントの内容を想像しやすくしている。

これで、聞き取り問題を終わります。

メモを取るコツ

- 全てを丁寧《ていねい》に書こうと思わず、キーワードだけを書こう。
- 漢字で書かなくてもOK！　全部平仮名《がな》でもいいよ。
- 乱暴に書いて後で読み返してもわからない……とならないように気をつけよう。自分で見てわかる程度の字で書こう。
- 複数の人が話している場合は、誰《だれ》の話なのかも書いておこう。
- 問題文は一回しか読まれないことが多い。何が問われているかに注目して、最後までしっかり聞こう。

プラスワーク 聞き取り問題② 会話

127ページ

〔解答の漢字や片仮名《かな》の部分は、平仮名で書いてもかまわない。〕

(1) 例 まちの駅に案内する

(2) 例 お店の情報を発信するため。

(3) (商店街の) 郵便局の隣《となり》。

(4) 例 まちの駅を紹介《しょうかい》するポスターを作ること

(5) ウ

解説

(1) 森《もり》さんの話を聞いて、平田《ひらた》さんは「『まちの駅』に案内するっていう方法があるよ」とアドバイスしている。

(2) 平田さんは「まちの駅」を「商店街の人たちが……発信したりするための場所」だと説明している。

(4) 森さんは、まちの駅について学校のみんなに知ってもらうために、総合学習の授業で**ポスターを作ること**を先生に提案しようとしている。

(5) 森さんは、「『まちの駅』を紹介するポスターを作ることを、先生に提案してみるのはどうかな」と言っているので、**ウ**が正解。**ア**は「自分の不思議な体験を」が、**イ**は「インターネットで得た情報をもとに」が、**エ**は「自分からも新しい提案をしている」が、それぞれ誤り。

放送文

それでは、聞き取り問題を始めます。

これから、中学生の森《もり》さんと平田《ひらた》さんの会話と、それについての問題を五問、放送します。放送は一回だけ行います。聞きながら、メモを取ってもかまいません。それでは、始めます。

森さん　平田さん、ちょっといいかな。この間の休みの日に、困ったことがあったんだ。

森さん　何があったの、森さん。

平田さん　商店街で道をきかれてね。その人はインターネットで話題になっているドーナツ屋さんを探していたんだけど、私が知らなくて……。だから交番まで案内したんだけど、交番の人もどこにあるか知らなかったんだ。

平田さん　そうだったんだ……。森さんも知らないお店だったんだね。もし、今度道をきかれてわからなかったら、「まちの駅」に案内するっていう方法があるよ。

森さん　「まちの駅」って、何？　どんなところなの？

平田さん　「まちの駅」はね、商店街の人たちが、この町を訪《おとず》れた人に町を案内したり、お店の情報を発信したりするための場所なんだ。最近できたばかりなんだよ。

森さん　へえ、そうなんだ。どこにあるの？

平田さん　場所は、商店街の郵便局の隣《となり》だよ。

森さん　平田さん、よく知っているね！　どうしてそんなに詳《くわ》しいの？

平田さん　実は、僕もこの間利用したばかりでさ……。連休中にいとこが遊びに来て、商店街を案内していて見つけたんだ。中にはボランティアの人がいて、おすすめのお店や、「まちの駅」で行われるイベントを紹介《しょうかい》してくれたよ。

森さん　私ももっと早く知っていればなあ……。今度、道をきかれることがあったら案内してみるね。

平田さん　ぜひ、そうしてよ。ボランティアの人も、「まちの駅」をもっと知ってもらいたいって言っていたよ。学校のみんなにも教えたいよね。

森さん　それなら、総合学習の授業で「まちの駅」を紹介するポスターを作ることを、先生に提案してみるのはどうかな。ポスターを目立つところに貼《は》れば、みんな見てくれるよね。

平田さん　いいアイデアだね！　明日、さっそく先生に提案してみよう。

問題文

以上で、会話は終わりです。それでは、問題です。

(1)　平田《ひらた》さんは森《もり》さんの話を聞いて、道をきかれてわからなかったときに、どのような方法があると話しましたか。解答欄《らん》にあてはまる言葉を書きなさい。

解答文　□方法がある。

(2)　「まちの駅」が作られた目的は、訪《おとず》れた人に町を案内するためのほかにもう一つありました。それは何のためですか。

(3)　平田さんは、「まちの駅」は商店街のどこにあると言っていましたか。

(4)　森さんは、「まちの駅」を学校のみんなに知ってもらうために、どのようなことを考えましたか。解答欄にあてはまる言葉を書きなさい。

解答文　総合学習の授業で□を先生に提案してみる。

(5)　この会話の内容にあてはまるものを、次の**ア・イ・ウ・エ**から一つ選び、記号で答えなさい。

ア　森さんは、自分の不思議な体験を平田さんに聞いてもらおうとしている。

イ　平田さんは、インターネットで得た情報をもとに、「まちの駅」のことを説明している。

ウ　森さんは、平田さんの話を受けて、自分たちにできることを提案している。

エ　平田さんは、森さんの提案に対して、自分からも新しい提案をしている。

これで、聞き取り問題を終わります。

定期テスト対策 得点アップ！予想問題

1 桜蝶《さくらちょう》 130ページ

1 桜蝶が一斉
2 寂しい思い
3 イ
4 ①B ②A

解説

4 Bの文章では、親友が以前言った言葉を思い出したことで「僕《ぼく》」の気持ちが、前向きなものに変化している。よって、①の文はBの文章についての説明だとわかる。Aの文章では、桜蝶《さくらちょう》の様子が、「花びらのような羽を持った淡《あわ》いピンクの蝶」、「渦《うず》を巻きながら天高く昇《のぼ》っていく」など、詳《くわ》しく描写《びょうしゃ》されている。よって、②の文はAの文章についての説明だとわかる。

2 自分の脳を知っていますか 131ページ

1 判断をすば ～ 化を進めた
2 恩恵…オ　問題点…イ

解説

1 ――線①を含《ふく》む文は、問いかけの文なので、その後ろの部分に答えが説明されている。二つあとの段落に、「……結果、脳に奇妙《きみょう》な癖ができた」とあるので、「結果」の前の部分から、脳に奇妙な癖ができた原因を捉《とら》える。

2 「すばやい判断のための直感」がもたらす恩恵については、――線②を含む段落の最後に、「これが直感のもたらす最大の恩恵《おんけい》」とあるのでこの段落から読み取る。問題点については、「しかし、直感はいつでも正しいとは限りません。」で始まる段落から読み取る。

3 ベンチ 132ページ

1 例ユダヤ人と一緒に遊びに出かけたことなどなんでもないというふうにふるまってくれている。
2 ウ
3 Ⅰ…外出禁止時間　Ⅱ…引っぱって
4 例ヘルガを大切にしたいという気持ち（から）。

解説

1 ユダヤ人であることが彼女にわかってしまい、すっかり気が転倒している「僕」に対して彼女は、たわいもない日常の話をしている。その姿は「僕」には、ユダヤ人と遊びに出かけたことなどなんでもないというようにふるまってくれているように感じられたのである。

4 「自分に会うことでヘルガが収容所に送られる」のを防ぎたいという「僕」の思いを読み取る。「ヘルガを収容所へ行かせたくない」「ヘルガを危険な目にあわせてはいけない」などでもよい。

4 全ては編集されている 133ページ

1 (1) ウ
(2) イメージショット
(3) 例悪用すれば、視聴者にまちがったイメージを与えることができる危険性。
2 メディアに

解説

1 (1) 「例えば」で始まる段落と、そのあとの段落で、筆者は、同じ結婚式の映像でも異なる映像をつなぐと、全く違うイメージが伝わることを述べている。そして、その具体例を通して「映像をして語らしめる、とは、「こういうこと」とまとめている。筆者は言葉にたよらず映像によって、視聴者《しちょう》にあるイメージを与える編集の技法について説明しているのである。

5 「エシカル」に生きよう　134ページ

1 例世界の緊急課題である、貧困・人権・気候変動の三つの課題(を同時に解決すること)。
2 ウ
3 製品の過去 ~ をすること
4 例製品を手放す

解説

2 「例えば」で始まる段落にあげられている、Tシャツの具体例に着目する。「働く農家にも、土壌《どじょう》にも優《やさ》しい有機栽培《さいばい》された綿を使って」「途上《とじょう》国の生産者に適正な価格を支払《しはら》い」「丈夫《じょうぶ》で長持ち」「リサイクルが可能な素材」「飽《あ》きのこないデザイン」とある。ここから、ここであげられているTシャツの例は、生産者や地球環境《かんきょう》に優しい製品だとわかる。

3 説明の流れをおさえて考える。二段落めで「Tシャツをエシカルな観点から購入するとは、どういうことでしょうか」と問いかけて、具体例をあげて説明し、三段落めで「このように、エシカル消費とは……」という言葉を使って、問いに対する答えをまとめている。

6 森には魔法つかいがいる　135ページ

1 Ⅰ…鉄　Ⅱ…沈んで
2 (1) 沈まない鉄　(2) イ

解説

2 (1) 直前に「『フルボ酸鉄』となって……、海中に浮遊《ふゆう》する」とフルボ酸鉄の特徴《とくちょう》が書かれている。これを言いかえているのは「沈まない鉄」である。

(2) 「魔法つかい」には、不思議なことをするものなどのイメージがある。「フルボ酸鉄」がどんな不思議なはたらきをするのかを前の二段落から読み取る。森で生まれたフルボ酸鉄が、河口でカキの餌《えさ》となる植物プランクトンを大量に発生させていることを、「魔法つかい」にたとえている。

7 物語の始まり――竹取《たけとり》物語――　136ページ

1 ⓐいう　ⓑよろず
2 さぬきの造
3 (1) 例不思議に思って
(2) 例竹の中に根もとが光る竹が一本あったから。
4 例光っている竹の筒の中。
5 例とてもかわいらしい様子。
6 (この)ちご
7 ウ

解説

1 ⓐ「ふ」は「う」に、ⓑ「づ」は「ず」に直す。

2 「竹を取りつつ、よろづのことに」使っていた「竹取《たけとり》の翁《おきな》」の名前は、「さぬきの造《みやつこ》」である。

3 (1) 「あやしがる」は、ここでは「あやしく思う」という意味ではなく、「不思議に思う」という意味。現代語と語形が似ていても異なる意味をもつ古典の言葉である。

4 「それを見れば」の前に「筒《つつ》の中光りたり」とあることから、「光っている筒の中」を見たことがわかる。

6 古文では、「は」などの言葉が省略されていることが多いので、補って読んでいく必要がある。ここでは、「このちご」が主語であることを示す「このちごは」の「は」が省略されている。

7　直後に「よきほどなる人になりぬれば」とある。「よきほどなる人」とは、ここでは「一人前の大きさの人」という意味。

8 故事成語――中国の名言――(1)　137ページ

1　ⓐいわく　ⓑもって　ⓒとおさば
2　Ⅰ…盾　Ⅱ…例堅い　Ⅲ…矛　Ⅳ…例鋭い
3　②ウ　④ア
4　例あなたの矛であなたの盾を貫くとどうなるのか。
5　(1) 盾と矛とをひさぐ者
(2) 例自分の言っていることのつじつまが合わないことを指摘されたから。

解説

1　ⓐ「は」は「わ」に、ⓑ大きい「つ」は小さい「っ」に、ⓒ「ほ」は「お」に直す。
2　「わが 盾の 堅《かた》き こと」と、「わが 矛の 利《と》き こと」に注目する。「利き」とは、鋭いという意味。
3　④の現代語訳は「どんなものでも貫《つらぬ》いて穴をあけられないものはない」。ここでは――に否定の表現を重ねて使い、強い肯定《こうてい》「どんなものでも貫くことができる」という意味を表している。
5　(1) 「その 人」とは、「ある 人」の「子《し》の 矛を もつて……いかん。」という問いかけに答えることができなかった人である。
(2) 盾を貫くことができなければ、矛について言っていることがうそになり、貫ければ盾について言っていることがうそになる。どちらにしても、両方について言ったことが成り立たず、つじつまが合わない。

9 故事成語――中国の名言――(2)　138ページ

1　ⓐうれえ　ⓑいいて
2　(1) 宋人
(2) 例自分の畑の苗が伸びないことを心配して、苗を引っぱり上げた。
(3) 例枯れた。
3　①ウ　②ア　③エ　④イ

解説

1　ⓐ「へ」は「え」に、ⓑ「ひ」は「い」に直す。
2　(1) 「予 苗を 助けて 長ぜしむ。」とあるので、「予」とは、苗を伸《の》ばした人物、つまり、「宋人《そうひと》(宋の国の人)」だとわかる。書き下《くだ》し文の中からという指定なので、「宋人」と答える。
(2) 「予」(＝宋人)が、どんな思いでどんなことをしたのかは、文章の冒頭に書かれている。この部分を現代語訳と照らし合わせてまとめる。
(3) 「予」が、苗を助けて伸ばしてやった→苗は枯れてしまった、という流れを捉《とら》える。

10 蜘蛛《くも》の糸　139ページ

1　ⓐ罰　ⓑ頓着
2　自分ばかり地獄から抜け出そう
3　ウ
4　イ

解説

2　文章の後半、お釈迦様《しゃかさま》が登場する部分に注目する。「自分ばかり地獄から抜け出そうとする、犍陀多《かんだた》の無慈悲《むじひ》な心」「その心相当な罰を受けて、もとの地獄へ落ちてしまった」とある。
3　――線のあとの部分にお釈迦様の気持ちが詳《くわ》しく書かれている。
4　犍陀多は自分だけ地獄から抜け出そうとしたために、もとの地獄に落ちてしまった。(ア)そのような犍陀多の心が「お釈迦様のお目から見ると、あさましくおぼしめされた」とあるのでイは誤り。地獄から抜け出そうと細い蜘蛛《くも》の糸を上る犍陀多と罪人の姿は、与《あた》えられた条件下でも必死に生きる人間のせつなさを描《えが》いているともいえる(エ)。また、「しかし極楽の蓮池《はすいけ》の蓮は、少しもそんなことには頓着いたしません。」とあり、この蓮池の風景は、人間とお釈迦様の違いなどに頓着しない、より大きな世界が存在することを暗示している(ウ)。

11 オツベルと象 140ページ

1 ⓐ碁 ⓑ嵐
2 例非常に怒っている気持ち。
3 ウ
4 ウ

解説

2 仲間に対する、オツベルのひどい仕打ちを知った象たちの、激しい怒《いか》りを捉える。
3 「花火みたいに」「一度に噴火した」「林のような」「汽車より速く」といったたとえの表現に気をつけて読み取る。
4 自分に仕返しをするために迫《せま》ってきている象の存在に全く気づいていない、オツベルののんきな様子が読み取れる。

12 子どもの権利 141ページ

1 ⓐ虐待 ⓑ奪
2 子どもは心身ともに未熟だから、大人の言うとおりにするべき(だ)
3 親・国 〔順不同〕
4 ウ
5 子どもの権利条約が守られているかを監視する

解説

2 ――線①が「この」という指示語で始まっているので、前の部分に着目する。「子どもは心身ともに未熟だから、大人の言うとおりにするべきだ」の部分が、「子どもに対する見方」であり、「長い間、世界中で支配的」だった「考え方」である。
4 まず、三段落めに挙げられている事実を捉える。日本の子どもたちの中には、親に虐待されたり、いじめに遭《あ》ったりしている者がいるという事実、また、世界の子どもたちの中には、武力紛争やテロで命を奪われたり、兵士として軍隊に参加させられたり、無理やり結婚させられたり、劣悪《れつあく》な環境《かんきょう》で働かされたりしている者がいるという事実があげられている。この文章の話題は、「子どもの権利」であり、日本や世界の例は、子どもの権利が守られていない現実を伝えるためだと考えられる。ア・イ・エは、どれも三段落めにあげられている事実の一つではあるが、事実によって筆者が伝えようとしていることではないので、不適切。

13 言葉がつなぐ世界遺産 142ページ

1 ・例(十種類にも満たない)絵の具を微妙に混ぜ合わせる(こと)。
・例立体的な置き上げ技法による陰影などを利用する(こと)。
〔順不同〕
2 イ・ウ
3 技術を受け渡していく

解説

1 ――線①を含む一文内の「また、」の前後から、二つの内容を捉える。
2 技術を受け継《つ》ぐことの難しさについては、最初の段落に書かれている。「……ため、技術の伝承はいっそう難しくなっている」の前の部分から、「加えて」という言葉に注目して理由を二つ捉える。
3 「言葉」というキーワードに注目し、「言葉」のはたらきや役割について説明されている部分を探していくと、三段落めの最終文「ここでもまた、技術を受け渡していくのは、言葉なのである。」が見つかる。

14 地域から世界へ――ものづくりで未来を変える――　143ページ

1　ⓐ提供　ⓑ模索
2　例宿泊プランを利用した外国人がインターネットで感想を世界に発信したこと。
3　・宿泊施設
　・木彫体験ができる宿泊プラン
　・井波地域のみで使えるアプリ　〔順不同〕
4　エ

解説

2　「それが新たな宿泊《しゅくはく》客を呼んでいる」とあるので、「新たな宿泊客を呼」ぶことになる内容を、前の部分から捉える。「どんなことを指していますか」と問われているので、「……こと。」の形でまとめるようにする。

3　一段落めの「山川《やまかわ》さんはその空き家に着目して……を作りました。」、三段落めの「さらに山川さんは……を開発しました。」の二つの文から、山川さんが作った（開発した）ものを三つ捉える。

15 少年の日の思い出　144ページ

1　エ　2　ア
3　しかしそれ
4　例少年のこっぴどい批評によって、獲物に対する喜びを傷つけられたから。

解説

4　コムラサキを捕《と》らえた「僕」は、得意のあまり隣《となり》に住んでいる少年（エーミール）に見せに行ったのである。それなのに、エーミールの批評によって、その獲物《えもの》に対する喜びが傷つけられてしまった「僕」の気持ちを捉える。「また批評されて、獲物に対する喜びを傷つけられるのが嫌《いや》だったから。」でもよい。

6 5 4 3 2 1
D C B

教科書ワーク国語 特別ふろく②

定期テスト対策に!

聞き取り問題

こちらにアクセスして，ご利用ください。
https://www.kyokashowork.jp/ja11.html

- 自宅学習でも取り組みやすいよう，放送文を簡単に聞くことができます。
- 学年ごとに最適な学習内容を厳選しました。
（1年：スピーチ・会話／2年：プレゼンテーション・ディスカッション／3年：話し合い・ディスカッション）
- 聞き取り問題を解くうえで気をつけたいポイント解説も充実。

放送文の内容もすべて掲載で確かめやすい！

▼解答解説

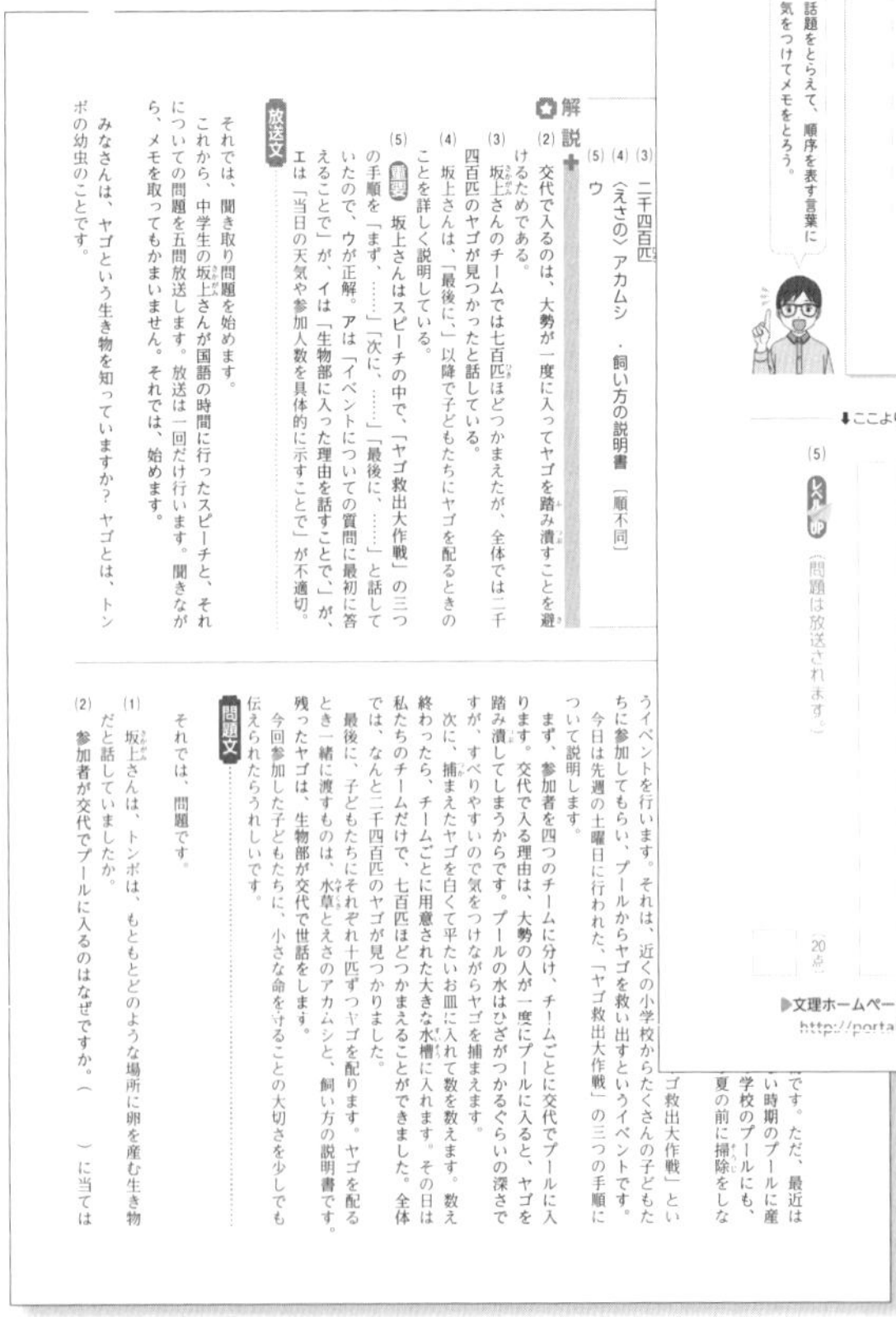

▼本冊

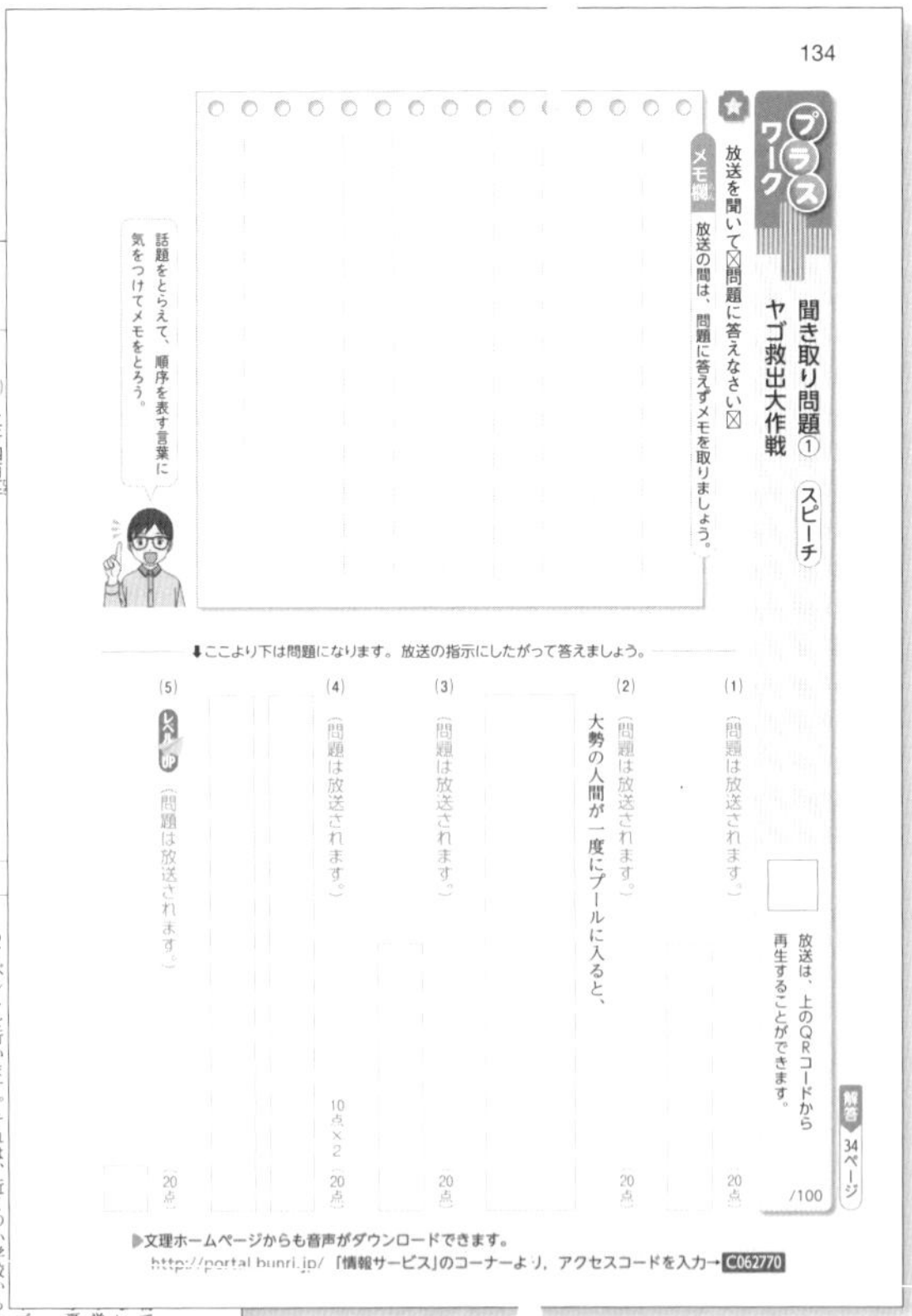

放送文を聞きながら書き込めるメモ欄

設問は音声で聞き取って解くタイプだよ。

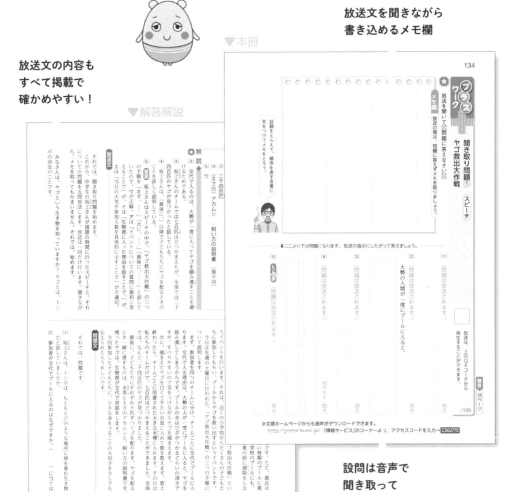